政治哲学论丛 • 总主编 段忠桥 第 4 辑

欧陆政治哲学

Continental Political Philosophy

蓝江 主编

中国社会科学出版社

图书在版编目（CIP）数据

欧陆政治哲学 / 蓝江主编. -- 北京：中国社会科
学出版社，2025. 4. --（政治哲学论丛）. -- ISBN 978-
7-5227-4773-6

Ⅰ. D095

中国国家版本馆 CIP 数据核字第 2025AN6559 号

出 版 人	赵剑英
责任编辑	杨晓芳
责任校对	李　莉
责任印制	张雪娇

出　　版	中国社会科学出版社
社　　址	北京鼓楼西大街甲 158 号
邮　　编	100720
网　　址	http://www.csspw.cn
发 行 部	010-84083685
门 市 部	010-84029450
经　　销	新华书店及其他书店

印　　刷	北京君升印刷有限公司
装　　订	廊坊市广阳区广增装订厂
版　　次	2025 年 4 月第 1 版
印　　次	2025 年 4 月第 1 次印刷

开　　本	710×1000　1/16
印　　张	21
插　　页	2
字　　数	319 千字
定　　价	128.00 元

总　序

　　自 20 世纪 90 年代以来，政治哲学在我国悄然兴起，并在短短十几年里成为一门"显学"。在我国现行的学科门类中政治哲学虽然尚无一席之地，但实际上，很多著名大学的哲学院、政治学院、法学院、公共管理学院早已开设了多门与政治哲学相关的课程，中国人民大学哲学院自 2013 年起已开始招收政治哲学专业的博士研究生。我们只要以"政治哲学"为主题词到"中国知网"或中国国家图书馆"文津搜索"检索，就不难发现，无论是相关的丛书还是专著，无论是发表在刊物的论文还是硕士生和博士生论文，其数量之大和速度增长之快都令人难以想象。

　　与政治哲学的发展不相适应的是，由于相关的学术论文都发表于不同时期的不同杂志，而目前国内尚无一本汇集这些论文的专业期刊，这种情况导致学者们在研究过程中经常遇到查找资料的困难。因此，我们决定编辑出版一套既能展现我国学者在政治哲学研究上已取得的成果，又能反映他们关注的重大问题的"政治哲学论丛"，这一想法得到了中国社会科学出版社领导的高度认可和大力支持。

　　本丛书由若干分册构成。每一分册聚焦于一个重大问题，由一位学者从国内各学术刊物已发表的论文选编而成，并附有一个简要介绍各篇论文内容的"导读"。我们计划通过各分册的陆续出版，将更多的研究成果汇入丛书，以成大观。

　　希望"政治哲学论丛"能为我国政治哲学的发展做出独特的贡献。

段忠桥

目 录

Contents

导　读 ··· 蓝　江（1）

一　批判理论的政治哲学

哈贝马斯对当代政治哲学的贡献 ····················· 李佃来（3）

哈贝马斯社会整合理论中共同体的三个基本层面 ··········· 杨礼银（22）

论哈贝马斯商谈合法化理论的社会理论逻辑 ················ 孙国东（41）

基于商谈的正义与基于承认的正义

　　——哈贝马斯与霍耐特两种正义观的比较分析

　　　　··············· 孔明安　黄秋萍（54）

后传统背景下的共同体重建

　　——兼论霍耐特承认政治学的理论意蕴与现实意义 ······ 陈良斌（69）

辩护、权力和解放

　　——莱纳·弗斯特政治正义理论探析 ·········· 刘光斌　陈海兵（81）

二　生命政治与政治哲学

哲学对政治的僭越：当代生命政治的隐形支点 ············· 夏　莹（103）

身份与生命：政治哲学与生命政治学的路径差异 ··········· 蓝　江（117）

福柯的生命政治学研究对政治哲学研究的三重启示 ……… 董键铭（132）

安济：权力有序性部署的一个谱系学研究

    ——阿甘本的政治哲学话语之三 ………………… 张一兵（150）

奈格里的生命政治生产及其与福柯思想的歧异 ………… 莫伟民（174）

德里达晚年思想的政治哲学转向 ……………………… 张　旭（193）

罗伯特·埃斯波西托的免疫范式

    ——一种肯定性生命政治的建构 ……………………… 刘　黎（206）

三　后现代主义政治哲学

当代激进左派的哲学与政治

    ——以德勒兹思想为例 ……………………………… 夏　莹（221）

异教主义的正义

    ——评利奥塔的后现代政治哲学 ………………… 姚大志（238）

齐泽克的"坏消息"

    ——政治主体、视差之见和辩证法 ……………… 吴冠军（249）

激进平等与后民主时代的政治

    ——朗西埃的政治哲学思想解读 ………… 宋建丽　孔明安（263）

共同体的生产与创造的两种路径

    ——哈特、奈格里和朗西埃的政治共同体理论之

      比较 ……………………………………… 莫　雷　吴友军（281）

书文的共同体主义

    ——论布朗肖和南希对共同体的文学化想象 ………… 谢超逸（293）

元政治学：穿越资本主义国家的幻象

    ——论巴迪欧关于政治内涵的全新界定 ……………… 张莉莉（308）

导　　读

　　无论人类如何理解和定义政治哲学，政治哲学都有一定的共同内涵。一般来说，它代表人们对于政治问题的追问和反思，尤其是对于人类社会如何建立公平正义的政治制度，如何更好地实施政治行为，如何触及至善的政治伦理等问题进行的讨论。在这个方面，政治哲学不分国别，不分流派，只要存在政治社会，就一定存在广义上的政治哲学。尽管当代西方政治哲学发轫于20世纪六七十年代的英美，但是以法国、意大利、德国为代表的主要欧陆国家，也对政治哲学表现出极大的热情，其中不仅有与英美政治哲学进行积极对话的法兰克福学派的第二代和第三代人物，还有法国的福柯、利科、德里达和意大利的特隆蒂、博比奥、奈格里等人。于是，对于西方政治哲学的研究，我们也需要专门编辑一本文集，来介绍欧陆思想中对政治哲学问题的关注和贡献。

　　其实，相对于英美政治哲学关于正义、自由、权利和规范等问题的探讨，欧陆政治哲学思想也展现出其独特的内涵。总体来说，欧陆政治哲学包含三个内容。第一个内容是社会批判理论，它主要延续了法兰克福学派的思路，将这种社会批判理论纳入政治哲学的思考之中，在这个方面，法兰克福学派的第二代代表人物于尔根·哈贝马斯是其翘楚，而且哈贝马斯及其弟子（如霍耐特、福斯特、罗萨等人）很积极地与罗尔斯、科恩等人英美政治哲学家进行对话，在以德国式思辨和理性的哲学语言中提出了具有批判性的政治哲学思想，例如哈贝马斯的交往理性和商谈伦理、霍耐特的承认理论，都具有明确的政治哲学色彩。第二个内容是以福柯、奈格里、阿甘本、埃斯波西托为代表的生命政治的政治哲学。福柯在《必须保卫社会》中，就意识到政治权力不仅会作用于明确的政治身份，因此仅从政治身份及其分配正义来研究政治哲学是不充分的，福柯认为存在一种特殊的政治权力：生命权力（bio-pouvoir），这是一种直接作用于人的生物性身体的权力，它在一定程度上悬置了既有的政治秩序和政治身份，从而导致一种直接作用于生物性身体的政治，即生命政治（bio-politique）。显然，后来的奈格里、阿甘本、埃斯波西托等人都在一定程度上延续了福柯的批判路径。第三个内容是20世纪80年代的后现代主义思潮，这个思潮最先诞生于科学和艺术领域，但也迅速地延伸到政治哲学，形成了独特的后现代主义的政治哲学，后现代主义最大的特征是解构一切宏大的命题和概念，那么，在政治哲学中的一些重要概念，如法律、道德、权利等，也分别被后现代主义所解构，成为碎片化的存在物。总体而言，后现代主义承袭的是尼采式的虚无主义，他们将生命、绵延、权力、意志视为政治的核心，没有永恒的政治观念，有的只是眼前转瞬即逝的生命之流。

本辑的篇目就是按照这三条不同的路径来编辑，第一部分是"批判理论的政治哲学"。

在这个部分，武汉大学李佃来教授在《哈贝马斯对当代政治哲学的贡献》一文中提出作为一位力图调和英美传统和欧陆传统的、具有综合意识的政治哲学家，哈贝马斯对当代政治哲学的发展具有开创性的贡献。这种贡献集中体现在三个方面：一是他对政治规范的证成，为理解个人性与公共性的关系提供了一个重要视角；二是他对普遍主义的阐释，为探索差异政治问题打开了一个重要缺口；三是他对"应当之软弱性"的揭示，为激活政治哲学的现实主义传统提供了一种重要思路。

复旦大学孙国东教授在《论哈贝马斯商谈合法化理论的社会理论逻辑》一文中指出哈贝马斯通过"合理化命题"和"殖民化命题"对其早期的"合法化危机"论说进行了重述，并初步展现了其后来的商谈合法化理论的问题意识和内在理路。在《在事实与规范之间：关于法律和民主法治国的商谈理论》中，作者哈贝马斯通过将"生活世界"转化为更具政治性的"公共领域"，并通过将"沟通行动"转化为"沟通权力"

以及将"行政系统"转化为视野更宏大、包含"合法化系统"的"政治系统"，最终建构了将合法化理论与民主理论融为一体的商谈合法化理论。

东南大学陈良斌教授在《后传统背景下的共同体重建——兼论霍耐特承认政治学的理论意蕴与现实意义》一文中讨论了霍耐特出于左派政治的立场，通过重新挖掘传统共同体的内涵，借助其承认政治学，力图以主体间承认的视角在后传统背景下重建共同体，来化解个体与集体之间的矛盾，进而解决自由主义与社群主义之间悬而未决的争论。而霍耐特的承认政治之所以在今天能够得到如此大的反响，其理论意蕴与现实意义就在于重新反思启蒙现代性规划的母题与当代人的生存状态，同时结合社会现实去实践人的解放构想，在后传统的解构时代毅然决然地提出有效的建构方案。

湖南大学刘光斌、陈海兵两位教授在《辩护、权力和解放——莱纳·弗斯特政治正义理论探析》一文中讨论的是法兰克福学派第四代代表人物福斯特的政治哲学的核心概念"辩护"。该文认为，弗斯特提出了主体间的辩护权力及其进行理性辩护的标准，为政治正义提供了方法论预设。其政治正义理论主要围绕政治领域的权力关系进行分析，他反对以商品分配为主的分配正义，主张政治是正义的主人维度，把正义追溯至关系和结构，建构了政治正义理论的权力要求，从而提出了政治正义的核心要义。

本辑的第二部分关注的是"生命政治与政治哲学"。

清华大学夏莹教授在《哲学对政治的僭越：当代生命政治的隐形支点》一文中给出了理解生命政治的一个哲学支点，文章提出福柯及其后继者重新掀起的生命政治的讨论使哲学重新实现了对政治的僭越：政治的哲学化意味着：首先，生命政治的核心命题在于探寻"斗争"之不可消除的理论基础，以及在无主体的现实中重构主体性；其次，政治面向未来的规划不可避免地重归乌托邦，由此导致生命政治作为一种政治哲学思想，陷入批判上游刃有余、行动上乏善可陈的尴尬境地。

南京大学张异宾（张一兵）教授在《安济：权力有序性部署的一个

谱系学研究——阿甘本的政治哲学话语》一文中对阿甘本的生命政治思想给出了十分清晰的研究。该文认为，西方社会治理的本质是一种空心的权力机器，看不见王座上的主权者，它意味着权力的不在场，但这空无却是最牢固的权力控制的象征。他通过探寻西方神学构境中的看不见的安济之手，指认安济有序即是上帝的看不见的手的无形力量，而斯密在经济学中引入的偶然博弈观的重新构境的谱系，正是神恩中的安济说在资产阶级经济世界中的重新构境。资产阶级世界的统治本质，正是没有统治者的统治。现代资产阶级生命政治的核心不再是有面容的主人，而是不可见的治理；不是形式上的法律，而是部署在生活细节中的治安。

复旦大学莫伟民教授在《奈格里的生命政治生产及其与福柯思想的歧异》一文中提出了奈格里生命政治理论对资本主义现代性及其权力机制作了深刻的、独特的批判思考。奈格里主张存在论吸纳政治，任何政治都是生命政治，从而否定政治自主；奈格里强调非物质"生产"已是当代世界一种普遍的共同行动，无产者的大脑和身体在生产过程中抵抗资本主义统治。从"生命权力""生命的生产"和"主体性的生产"这三个方面可以展现奈格里的生命政治生产思想的特点和理论内涵。奈格里所说的"诸众"，作为反抗帝国权力机器的新主体，是一个由欲望、语言、斗争实践以及理论思考等特征来刻画的、旨在政治解放的革命主体，并具有存在论的、生命政治的和经验的三重规定性，因此不同于马克思、恩格斯所说的肩负全人类解放使命的无产阶级。

南京大学蓝江教授在《身份与生命：政治哲学与生命政治学的路径差异》一文中思考的则是英美的政治哲学与欧陆生命政治哲学在研究方法和路径上的具体差异。该文指出，从福柯、阿甘本、埃斯波西托等人开始的生命政治学，尽管没有直接指向罗尔斯、哈贝马斯等人，但是他们的理论主张的确挑战了传统的政治哲学，尤其是新自由主义政治哲学的支配性地位。对于正义观念，在传统政治哲学中，是在不同既定身份的个体之间所实施的安排，但是，按照阿甘本的说法，在特定的例外状态下，原先个体的身份会遭到悬置，原先具有权利的个体变成了身份之空，也意味着成为生命政治学意义上的赤裸生命。这样，赤裸生命的生命政治学逐渐开始挑战基于政治身份的政治哲学，相对于常规状态下的政治哲学，生命政治学在例外状态下悬置了政治身份，使至高权力直接面对人们的理性生命。

本辑的第三部分重点关注"后现代主义政治哲学"。

吉林大学姚大志教授在《异教主义的正义——评利奥塔的后现代政治哲学》一文中对后现代主义的开创者弗朗索瓦·利奥塔的政治哲学进行了十分清晰的介绍和研究。该文指出，利奥塔把自己的政治哲学称为异教主义。异教主义是一种没有标准的多元论，主张正义没有本质，是异质的和多元的，即坚持"正义的多样性"。这种没有标准的多元论最终将导向相对主义，而相对主义则会侵蚀政治哲学的合理性。因此，利奥塔不得不提出一种"多样性的正义"，用其所含有的普遍价值来限制相对主义。"正义的多样性"与"多样性的正义"之间的张力表现了利奥塔异教主义正义的基本矛盾，即摇摆于现代主义与后现代主义之间。正是这种基本矛盾使利奥塔区别于其他后现代主义者：他既不能像罗蒂那样对现存政治秩序进行坚定的辩护，也不能像福柯那样进行坚决的批判。

中国人民大学张旭教授在《德里达晚年思想的政治哲学转向》一文中则分析了法国另一位后现代主义代表人物德里达的政治哲学思想。该文指出，对德里达的思想流行三种解释模式，分别是解构传统形而上学的海德格尔模式，以文学对抗哲学的德曼模式以及他者的伦理和政治的列维纳斯模式。德里达借助列维纳斯模式实现了他晚年政治哲学的转向，提出了一套以宽恕、友爱、好客、新国际等概念为核心范畴的新政治哲学，对全球化时代的新国际政治秩序和人权政治给出了深刻而负责任的反思。

华东师范大学吴冠军教授在《齐泽克的"坏消息"——政治主体、视差之见和辩证法》一文中为什么展现了齐泽克这位红极一时的东欧学者的政治哲学思想。吴冠军教授认为，当代世界正处于一个"双重终结"的时代：全球资本主义构成了"历史的终结"；后结构主义确立了"哲学的终结"。尽管后结构主义思想家多为全球资本主义秩序的批判者，但该批判恰恰可以被有机地吸纳该秩序之中，帮助该秩序巩固自身。与施特劳斯提出"返回"以形而上学为基础的古典政治哲学不同，齐泽克政治哲学的贡献恰恰在于以秉持"后形而上学"的方式彻底冲破了"双重终结"的矩阵，以其独特的政治主体论和政治本体论对全球资本主义与后结构主义同时提出了激进的批评。

天津大学宋建丽、孔明安两位教授在《激进平等与后民主时代的政治——朗西埃的政治哲学思想解读》一文中则讨论了法国政治哲学家朗西埃的主要思想。该文认为，在朗西埃看来，后民主时代"民主政治"的实质是以一种"治安秩序的单一化治理"取代了"平等与否"的政治争议，从而产生了理论视角和日常生活视角之间的"认识论断裂"。为了弥补这种断裂，朗西埃投身于19世纪工人著作档案，通过一种智力平等的预设以及激进平等的策略来重新配置政治话语和实践，以为社会中的"无分者"开辟政治空间。朗西埃的激进平等策略是对晚期资本主义自由民主体制的深刻批判，是对民主政治中冲突与斗争的正视，有助于我们理解当今资本主义社会政治的本质。然而，由于朗西埃脱离对工人阶级现存状况的实际改变而只谈根据工人阶级的想象重新改造社会，他所说的激进平等及后民主时代的政治解放图景只是一种"话语政治"。

本辑的编写得到了中国人民大学段忠桥教授和中国社会科学出版社杨晓芳编辑的大力支持，在此向他们表示诚挚的感谢，文章初稿的审定和编辑工作由我的学生韩良弼来完成。本辑的主编，在学识上也有很多不足，如果书中存在不妥之处，敬请各位方家批评指正。

一

批判理论的政治哲学

哈贝马斯对当代政治哲学的贡献

李佃来*

哈贝马斯不仅是当代最重要的社会批判理论家之一，也是一位异常活跃的政治哲学家。不管是其早期的《公共领域的结构转型》，还是后来的《在事实与规范之间：关于法律和民主法治国的商谈理论》及《包容他者》，都可被视为政治哲学的经典之作。然而，一个不争的事实是，人们在勾绘当代政治哲学的理论图谱时，往往首先想到的是罗尔斯、诺齐克、德沃金以及柯亨等人，对哈贝马斯的政治哲学思想却很少关注。比如，加拿大学者威尔·金里卡在《当代政治哲学》一书中，就没有像对待罗尔斯和德沃金那样，把哈贝马斯放在"当代政治哲学"的任何一个位置上加以评论，而只是在个别地方作为一种补充性材料谈到了他。如果说这个情况起源于或反映出人们的一个直觉，即哈贝马斯的政治哲学不能被归入当代主流政治哲学的"另类"，那么，在我看来，这一作为"另类"的政治哲学，对于当代政治哲学的发展恰恰具有彰著显明的、从罗尔斯或诺齐克的视角与传统难以引申的独特贡献和意义。本文的基本工作，就在于从以下诸方面，来揭示和阐释这种独特贡献和意义。

一 哈贝马斯对政治规范的证成，为理解个人性与公共性的关系提供了一个重要视角

众所周知，当代政治哲学的主流是英美规范性政治哲学。英美规范

---

* 李佃来：武汉大学哲学学院教授。

性政治哲学的核心工作，就在于探寻并证成某种政治规范，进而以此为前提来思考如何构建一个公正理想的社会制度。比如，罗尔斯、诺齐克分别围绕"作为公平的正义"和"基于权利的正义"而展开的系统论证，就充分体现了这一点。由此可见，不同规范性政治哲学之间的差异和分歧，并不在于它们是否明确提出了某种政治规范，而在于它们提出的是何种政治规范，不同政治规范表达的是不同的价值诉求和立场。对于哈贝马斯而言，确立一种统一的政治规范，以此代替传统宗教形而上学来发挥社会整合功能，始终是其关切和思考的一个焦点问题，自然也是其政治哲学的一个核心议题。不过，与罗尔斯、诺齐克等政治哲学家迥然有别，哈贝马斯关切和思考的重心，首先不是"应当提出和建立何种政治规范"，而是"如何形成和建立某种政治规范"，也就是形成和建立政治规范的程序。这就说明，哈贝马斯是从程序主义的进路，来思考政治规范之证成问题的。

哈贝马斯对政治规范所作的程序主义证成，与其一贯倡导的交往行动理论是完全一致的。但我们不能因此而理所当然地认为，哈贝马斯是用一种由交往行动理论所推导出来的先验模型，来建立其政治哲学的叙事框架。情况毋宁是，作为一位旨在维护和修补现代启蒙精神的政治哲学家，哈贝马斯在很大意义上，是基于对个人性与公共性之关系的把握和阐释，来提出其政治哲学见解的。所以，事实上，居于哈贝马斯政治哲学立论中心的问题之一，就是个人性与公共性的关系。他之所以主张对政治规范作程序主义的证成，正是出于对这一关系的独特理解。

追溯起来，个人性与公共性的关系，不仅在哈贝马斯的政治哲学中，而且在近代以来几乎全部政治哲学史中，都是一个极其重要的问题。政治哲学家们在理解这个问题上，形成了两种不同传统的分化，一是肇始于霍布斯和洛克、强调个人性大于公共性的自由主义传统；二是肇始于亚里士多德、强调公共性大于个人性的共和主义传统。具体来看，之所以说自由主义传统强调的是个人性大于公共性，是因为根据这一传统，个人构成道德世界的基石，个人的生命、自由和财产，都是由"自然法"

所命定的、神圣不可侵犯的东西。之所以说共和主义传统强调的是公共性大于个人性，则是因为根据这一传统，任何不能促成或促进共同福利而只导向个人利益的行为，都是不值得追求甚至不具有合法性的。这两种传统固然都要求一以贯之地坚守和捍卫自己的价值立场，但实质上，又都蕴含了从其自身内部难以克服的逻辑和思想矛盾。对于自由主义传统而言，其所辩护的个人性虽然总是被标榜为"利己不损人"（洛克）或"利己又利他"（亚当·斯密）的价值取向，但正如马克思所揭示的，在原子化的个人主义世界里，并不会产生一种"互利"的关系结构，相反，"每个人都互相妨碍别人利益的实现，这种一切人反对一切人的战争所造成的结果，不是普遍的肯定，而是普遍的否定"①。在此意义上，个人性所带来的，恰恰可能是反个人性的东西。个人性与反个人性，成了自由主义逻辑框架中无法调节的一对矛盾。对于共和主义传统来说，其所辩护的公共性虽然可以在很大程度上弥补自由主义的缺陷，但往往不能很好地解释，共同福利何以能够与每个个体的利益关联在一起。事实上，一种无助于增进个体利益的公共性，可能会因为其抽象空洞性而丧失应有的规范性力量，在实现了政治解放、个体的权利和自由原则得以普遍确立的现代社会，这种情况尤其明显。

　　自由主义传统和共和主义传统所蕴含的逻辑和思想矛盾，为从第三种视角来界定个人性与公共性的关系留下了巨大空间。具体而言，如何将个人性与公共性协调在一个合理的平衡点上，从而避免在这两者之间所进行的非此即彼的选择及由之而导致的弊端，大致从休谟开始，就成为政治哲学的一个显在问题。在对这个问题的解决上，康德和卢梭的思考比较具有代表性。康德继承了霍布斯、洛克以来的自由主义传统，然而，他没有将自由和权利论证为经验意义上、以追求私利为目标的他律原则，而是将其严格确立为先验性的自律原则。如果说从康德的自由概念中衍推出的是一种公共理性而非私人理性，那么，在他的政治哲学中，个体权利与公共权利、特殊利益与共同福利、自由与平等实质上是结合

_____

① 《马克思恩格斯文集》第8卷，人民出版社2009年版，第50页。

在一起的。至于卢梭，其所着力阐释的"公意"和共同体，并非在主观权利和个人利益之外塑造起来并凌驾于后者之上的权威他者，毋宁说作为共同利益的表征，它们也是每个人的权利和利益得以平等实现的一个制度性框架。这正如卢梭在《社会契约论》中所指出的，"共同体在接受个人的财富时，不仅没有真正剥夺个人的财富，反而保证了个人对财富的合法拥有，把占有转化为一种真正的权利，把对财富的享用转化为对财富的所有权"①。由此可见，康德和卢梭都把个人性与公共性结合在了一起。

作为一位擅长进行理论综合的政治哲学家，哈贝马斯总体上延续了康德和卢梭的思路，注重在自由主义传统和共和主义传统之间做协调性的工作，以此化解个人性与公共性之间的矛盾。不过，以哈贝马斯之见，康德和卢梭并没有在这个问题上提供一个令人满意的理论方案，原因是他们并没有走出自由主义传统和共和主义传统的偏执：就康德而言，其政治哲学的主干是依系于自由概念和道德原则的法权论。然而，"作为其法权论之出发的，是每个人作为'他的人性'而享有的那个权利，也就是以强制力量为后盾的对于平等个人的自由的权利。……就此而言，那些保护人们的私人自主的'自然权利'，也是在主权立法者之前就存在的。在这方面，公民的'共同的、联合起来的意志'受到以道德为基础的人权的限制"②。就卢梭而言，公意概念的伦理含义远强于道德含义，他"把通过社会契约来构成人民主权想象为一种生存方式性质的结社行动，通过这种行动，个体化的、取向于成功而行动的个人转变为一个伦理共同体的取向于共同福利的公民。……但是，这种自我立法实践赖以为生的如果是一个在价值取向上已经取得一致的民族的伦理实体，卢梭就无法解释，他所设定的那种公民对共同福利的取向，怎么能够与社会中不同私人彼此分化的利益相协调，也就是说，规范地构成的共同意志

---

① ［法］让－雅克·卢梭：《社会契约论》，李平沤译，商务印书馆 2011 年版，第 27 页。
② ［德］尤尔根·哈贝马斯：《在事实与规范之间：关于法律和民主法治国的商谈理论》，童世骏译，生活·读书·新知三联书店 2003 年版，第 124 页。

如何在不借助于压制的情况下与个人的自由选择相一致"①。所以，简言之，康德更接近于自由主义传统，卢梭更接近于共和主义传统。如果说前者将个人性推置为一个优先于公共性的价值，那么后者的情况则完全相反。

哈贝马斯对康德和卢梭的评论旨在表明：无论是个人性原则及展现这一原则的人权、道德和现代人的自由，还是公共性原则及展现这一原则的主权、伦理和古代人的自由，都是政治生活中不可或缺也不可偏废的东西。所以，既不能因为强调前者的重要性而减损后者，也不能因为强调后者的重要性而贬抑前者，而应当始终把这两者的关系，理解为一种相互诠释、同宗同源的同构式关系。哈贝马斯提出这个观点，目标并不在于从纯粹的学术层面来破解个人性与公共性之间的紧张或竞争关系，而在于立足现代民主法治国的政治实践，为切实有效的政治规范的确立提供一种最佳模式。以他之见，现代民主法治国的政治规范既不可能体现在由自然法所给予的先验权利和自由中，也不可能体现在由强制性力量（如法西斯主义）所颁布的条文律令中，而只能体现在由人们所制定并由人们所遵守的实定法中。总体上，现代实定法表征的是一个权利体系。而作为权利体系的实定法要彰显其应有的规范性力量，即既需要将人权的理念纳入其中，也需要将人民主权的理念纳入其中，最直接的原因在于，"扎根于宗教和形上传统中的规范性内容，在经过后传统论证之过滤之后，就是凝结在这两个理念之中的"②。然而，哈贝马斯强调，"权利体系既不能被归结为对于人权的道德诠释，也不能被归结为对于人民主权的伦理理解，因为公民的私人自主既不能置于他们的政治自主之上，也不能置于他们的政治自主之下。我们与人权和人民主权相联系的规范性直觉要充分体现于权利体系之中的话，我们的出发点就必须既不是把对于平等的主观行动自由的权利当作道德权利、把它作为外在限制加在

---

① ［德］尤尔根·哈贝马斯：《在事实与规范之间：关于法律和民主法治国的商谈理论》，童世骏译，生活·读书·新知三联书店 2003 年版，第 125—126 页。

② ［德］尤尔根·哈贝马斯：《在事实与规范之间：关于法律和民主法治国的商谈理论》，童世骏译，生活·读书·新知三联书店 2003 年版，第 122 页。

主权立法者之上，也不是把这种权利工具化，作为实现立法者目标的功能性条件"①。显而易见，哈贝马斯不仅主张现代实定法要容纳人权和人民主权的理念，而且主张消除在人权所代表的个人性与人民主权所代表的公共性之间的任何不平衡性。

　　根据哈贝马斯的论述，人们要将人权所代表的个人性与人民主权所代表的公共性维系在一个绝对的平衡点上，从而使它们保持一种相互诠释、同宗同源的同构式关系，就不能满足于"既守护个体利益、又守护共同福利"这样一般性口号和价值立场，而应当使现代法的制定，切实地建立在一个民主的程序基础之上，直白地说，也就是让人们通过实质性地参与政治规范的构建而制定现代法。然而，这个民主程序不是人们在没有充分讨论的前提下进行抉择和决定的过程，而是一个以交往和商谈为中介与机制的开放性过程。依哈贝马斯的想法，也只有在这样一个交往、商谈的开放性过程中，个人性与公共性才可能找到一种真正的平衡，用他自己的话说就是，"私人自主和公共自主的同源性，只有在用商谈论来澄清自我立法这个意象之含义的时候才得到澄清，根据这个意象，法律的承受者同时也是这些法律的创制者"②。进言之，以交往和商谈为中介与机制的民主程序之所以能够确保个人性与公共性之间的平衡，是因为如下两个相辅相成的方面：一方面，人们在交往和商谈中不仅可以就私人利益充分发表意见，也会随着交往情境的逐步展开而使抽象的"人权"具体化为各种权利和自由形式；另一方面，在人们的交往和商谈中，不仅不会因一私之见的冲突而产生一种抵消公共性的力量，相反，会因为理解的达成而真正确立相互承认的、为人民主权作奠基的共识性政治理念。哈贝马斯相信，只要这两个方面在一个交往和商谈的民主程序中都能够得到充分实现，那么人权与人民主权、个人性与公共性就不可能是一种对抗性关系，而必然是不可分解的一体之两面。与此同时，

---

　　① ［德］尤尔根·哈贝马斯：《在事实与规范之间：关于法律和民主法治国的商谈理论》，童世骏译，生活·读书·新知三联书店2003年版，第128页。
　　② ［德］尤尔根·哈贝马斯：《在事实与规范之间：关于法律和民主法治国的商谈理论》，童世骏译，生活·读书·新知三联书店2003年版，第128页。

只要一种实定法的制定坚实地建立在这种民主程序的基础之上,那么,它就能够充分地彰显并发挥其应有的、用以整合人们社会生活的规范性力量。

哈贝马斯对现代实定法之规范性基础——交往和商谈的民主程序——的阐释,也就是他对现代政治规范的证成。在这一独特的见解中,哈贝马斯虽然并未像罗尔斯或诺齐克那样,明确地告诉人们一个社会究竟需要什么样的政治规范,但他在自由主义和共和主义之间所进行的调和,却显然为人们理解和处理个人性与公共性之错综复杂的关系提供了一种启发性视角,即便这个问题是包裹在这一证成中的。在我看来,一种富有思想解释力的政治哲学,已不能满足于像严格的自由主义和严格的共和主义那样,在个人性与公共性之间进行非此即彼的选择,而必定要在这两者之间赋予一种张力,从而既防止它们发生分离,又防止它们相互化约。在一定意义上,哈贝马斯立基于商谈理论的政治哲学,是符合这种要求的。相比而言,不仅是康德和卢梭,就连对自由主义作出平等主义修正、同样具有综合意识的罗尔斯,也没有像哈贝马斯那样,处理好个人性与公共性之间的平衡性问题,因为在他为正义所设定的两条正义原则中,表征个人性的第一条原则即平等的权利原则,是优先于表征公共性的第二条原则即差异原则的。

二 哈贝马斯对普遍主义的阐释,为探索差异政治问题打开了一个重要缺口

由于哈贝马斯所设计的以交往和商谈为基石的程序指向的是一种相互理解和共识,所以,我们可以在总体上将其政治哲学指认为一种普遍主义的政治哲学,普遍主义是其根本诉求之一。扩而论之,当代英美各种规范性政治哲学实质也都具有普遍主义的特点,因为可以明确的一点是,罗尔斯、诺齐克等人所确证和辩护的政治规范,都是针对整个社会结构和所有人的,而非社会中的某些群体。然而,英美规范性政治哲学在力图构建普遍主义政治规范时,却没有很好地解决甚至回避了差异政

治这个棘手的问题。实质上，一种没有认真对待和思考差异政治问题的政治哲学，就很有可能会制造一种疏离规范性的话语霸权或独断主义。从这一点来看，哈贝马斯基于交往和商谈而对普遍主义的阐释，展现出相较于英美规范性政治哲学的独特理论和实践价值，因为他不仅通过这一阐释而对差异政治问题进行了积极的思考和探索，也针对该问题提出了一种较优的解决方案。

当代英美规范性政治哲学之所以没有很好地解决甚至回避了差异政治问题，与其遵从和使用的方法是有直接关系的。当代英美规范性政治哲学的不同流派——如自由至上主义、平等的自由主义——虽然在价值立场上存在分歧，但在方法论上却是高度一致的，这就是都遵从和使用了契约论的论证方法。契约论既是近代以来最重要的一种政治哲学理论传统，也代表了近代以来最主要的一种政治哲学论证方法，霍布斯、洛克、卢梭、康德以及当代的罗尔斯和诺齐克，都是处在这一传统中、使用这一方法的政治哲学家。作为一种方法，契约论既有还原主义的特点，又有先验主义的特点，其总的运思路数，就是现实的、感性的、充满情感和欲望的人，还原为具有理性能力的、均质的、无差别的自然人，进而在此基础上先验地建构一个无矛盾的、整体性的、可普遍推广的规范性政治框架。契约论的这个运思路数，在某种意义上是它的一个优长之处，其优长性体现在两个方面，一是能够为政治哲学提供一个在逻辑上具有自洽性的阐释框架；二是有利于为社会制度和社会结构的设计与优化提供价值前提，从而有利于建构罗尔斯所指称的"严格服从"的政治哲学理论。然而，我们深入剖析会发现，契约论并不是无懈可击的，其不能自行克服的重大缺陷之一，就是容易将"差异政治"这个现实社会层面上的现象和难题遮蔽起来，而进一步的后果，则可能就是对一种隐性或显性压迫的默认与助长。因为事实上，现实社会中人们在身份、地位、信仰、道德观、习俗、性别、肤色等方面的差异，有时是无法也不应当以契约论所设定的均质的、单一的、无差别的、无矛盾的规范性框架来加以描述和把握的，而只有在充分考察和尊重这些差异的基础上，政治哲学才可能确立一种具有深广的涵摄力和普泛的可推广性的政治规范。

契约论的上述重大缺陷，在近现代以及当代都有其特定的表现，这来源于每个时代最突出的"差异性问题"本身。在近现代，也就是在资本主义从形成到走向结构相对"成熟"和明朗的时代，最突出的差异性问题是阶级问题，即工人和资本家在资本这一固化的结构中的分化问题。这一问题的存在虽然是铁定不移的，但却无法为契约论政治哲学家所洞察，因为在还原主义和先验主义的运思路数中，契约论把生活在资本主义社会中的每一个人，都界定为有自由人身、权利要求和平等诉求，并以理性法和契约来调节相互关系的市民社会成员。契约论政治哲学家没有也不可能像马克思那样看到，市民社会并不是一个可用先验的方式来设定和描述的关系组合模式，而是一个充满"迄今为止最复杂社会关系"的领域。在这个领域中，工人虽然与资本家一样，被赋予了一种法权人的资格，而且他们之间所进行的劳动力的买卖行为，也符合契约原则并受到法律的保护，但实质上，在市民社会所表征的"迄今为止最复杂社会关系"中，工人被排除在市民社会成员之外，其与资本家根本不可能以"自然人"的名义而归为一个整体，相反，他们之间在资本主义社会中的结构性差异以及由这种差异所造成的剥削，才是最突出、最根本的政治问题，因而，也才是一种有规范力量的政治哲学最需要把握和回应的问题。在此意义上，运用契约论来解释近现代的资本主义社会和历史，至多只能提供一种形式上的正义和平等观念，而这不仅不会带来一种实质的正义和平等，相反，一定会将工人与资本家之间的结构性差异及由之而造成的剥削，以一种机巧的方式掩盖起来。这正是马克思和恩格斯或直接或间接地批评契约论、自然法的深刻原因。

在当代，最突出的差异性问题发生了很大变化，呈现出更为复杂的局面。除了工人和资本家之间在社会结构上的隐性差异（虽然很多西方政治哲学家并不承认这种差异在当代的在场），更受关注的差异，来自于信仰、道德观、种族、性别等的多元主义事实，在美国和德国等国家，由这些方面的差异所带来的问题尤其复杂。在当代英美契约论政治哲学获得强势复苏的过程中，这些方面的差异无疑被人为地消除在一个硬质的理论框架中，因为事实上，不管是罗尔斯还是诺齐克，都没有真正将这些差异本身作为具有独立意义的政治哲学问题来加以探讨。在某种意义上，差异政治就是一种"中心—边缘"政治，其关键点就是边缘群体的处境、认同和命运。总体上，当代契约论政治哲学是一种理性主义哲学，其在先验的立场上所提出的价值主张，都是近代以来所形成的启蒙理性原则。然而，在差异政治中，有些边缘群体实际上是被排除在启蒙理性原则之外的。由此而论，当代英美契约论政治哲学所设定的同一性政治规范，往往可能是一些边缘群体无法达到的界域，或者也可能是他们遭受一种潜在歧视和排斥的根据。

如果说我们在罗尔斯和诺齐克的著作中找不到对上述差异政治的真正关注，那么，相反，在哈贝马斯的著作中，差异政治是一个十分显明的问题。在政治哲学上，哈贝马斯的商谈理论既是对契约论的一种批判，也是对契约论的一个替代。哈贝马斯敏锐地洞察到当代世界特别是当代欧美国家的多元化事实和错综复杂的差异性问题，因而，也深刻认识到契约论和自然法在描述这一事实和问题上的不可能性或潜含着的"排他"主张。他之所以不遗余力地为自己的商谈理论作辩护，一个很重要的考虑，就是把多元问题和差异问题放在他的政治哲学框架中加以解决。因为他所讲的交往和商谈作为一种公共政治规范的形成机制，是扎根于作为私人领域的市民社会的。这里的市民社会，并不是指黑格尔界定的那个由经济生产关系所维系的同质的生产领域，而是指由各种不同的文化认知群体所组成的异质的生活领域，从现实来看，对应的就是20世纪六七十年代以来由西方新社会运动所造就的多元政治文化。哈贝马斯将自己的这个考虑，定位于如何以"包容"的开放性姿态来对待"他者"："平等地尊重每一个人，并非仅仅针对同类，而且也包括他者的人格或他者的他性。携起手来，对作为我们中间一员的他者负责，这样做涉及共同体中变化不定的'我们'范畴。而这个共同体没有任何本质规定，处于透明和开放状态，并且还在不断扩大。这种道德共同体的结构原则就是要消除一切歧视和苦难，包容一切边缘群体，并且相互尊重。这样建构起来的共同体不是一个迫使一切成员用各自的方式都彻底趋于同化的集体。这里所谓的包容（Einbeziehung），不是把他者囊括（Einschließen）

到自身当中，也不是把他者拒绝到自身之外。所谓‘包容他者’，实际上是说：共同体对所有的人都是开放的，包括那些陌生的人或想保持陌生的人。”① 毫无疑问，一种公共政治规范如果是建立在“包容他者”的开放性商谈过程基础上的，而不是在契约论的先验框架下被设定出来的，那么，它可能就会对那些容易遭到排拒和歧视的边缘群体（包括一些潜在的边缘群体）具有持续的敞开性和切实的适用性。而这一点，对于英美契约论政治哲学来讲，是难以做到的。

哈贝马斯“包容他者”的政治主张，并不是以容许各种歧见的任意聚合为目标的，毋宁说其最终目标还是在于寻求政治共识，也就是要“异中求同”。这个在承认和包容差异基础上所求得的“同”，表征着哈贝马斯的普遍主义主张。与通过契约论所推定的普遍主义相比，这种普遍主义显然已在很大程度上消除了独断主义的可能以及潜在的话语霸权，差异政治问题在其中得到了令人比较信服的解决。

事实上，在当今欧美学术界，不仅是哈贝马斯，以艾丽斯·M. 杨为代表的一些政治哲学学者，同样在审察英美契约论政治哲学的基础上，介入了差异政治问题。在一定意义上，杨受到了哈贝马斯的深刻影响，但却不同意后者的普遍主义政治主张。在《正义与差异政治》一书中，杨这样说道：“哈贝马斯将公共空间视为一个理性的领域，与欲望和情感的私人领域相对，从而保存了同一性和普适主义的共和主义遗产。……交往行为理论追求的是一种主体间性的和语境化的参与式民主。没有超验的公正观，规范的理性就只能依赖于将它们理解成是经过所有受其制约的人相互讨论的结果。……对交往伦理有一个可能的解释，即在所有人都能平等地表达自己的需求和欲望的条件下，规范性主张是对那些个人需要被满足又被他人认可的需求、情感和欲望进行表达的结果。……康德式普适主义在哈贝马斯理论中所造成的紧张，导致他无法迈向一种激进的多元主义参与政治观。哈贝马斯保留了理性/情感二分法的印迹。

---

① ［德］尤尔根·哈贝马斯：《包容他者》，曹卫东译，上海人民出版社 2002 年版，前言第 1—2 页。

他更加坚定地将有关情感的话语从有关规范的话语中分离出来。他的语言模式本身进而高度依赖一种话语商谈的范式，忽视了语言中的隐喻的、修辞的、游戏的、具象的方面对交往效果具有非常重要的影响。尽管交往伦理是可能的，哈贝马斯本人仍然许诺了一种'普遍他者'的'道德观'，在这种观念中，理性的主体仍然来自于对其需求、欲望和情感牵系的抽象，仍然站在一个普遍性的立足点上来看待他者。因而，哈贝马斯保留了权利和原则的公共领域与语境化需求的私人领域之间的二元对立。最终，主张参与者在对话中寻求合意，仍旧念念不忘市民公共性的同一性理想。"① 杨对哈贝马斯的批评，表达了在差异政治问题上的一种激进主义的态度和立场。这种态度和立场的核心点，就是去除一切为构建普遍主义政治规范而作出的努力，从而使差异保持在一个尽可能大的范围内。如何评价这种接近于后现代主义的激进主义？进而如何评价以杨为代表的激进主义者对哈贝马斯的批评？

客观地说，上述激进主义的态度和立场，如同哈贝马斯"包容他者"的主张，对于修正英美契约论政治哲学在差异政治问题上所存在的缺陷和弊端，是有一定意义的。然而，政治哲学作为一种实践性很强的理论，其最为重要的宗旨之一，就在于为一个稳态社会（罗尔斯所讲的"良序社会"，就是一个稳态社会）的构建提供价值前提和思想指导。毋庸讳言，一个稳态社会的构建，是离不开人们在文化、价值观和政治规范上的共识的，因为似乎很难想象，一个布满各种不同利益要求和文化认同的社会，除了这种共识，能够靠什么成为一个稳态社会？就此而论，普遍主义——哪怕是一种受限制的普遍主义——不仅是当代英美各种规范性政治哲学以及哈贝马斯政治哲学的一个坚实诉求，它也应当成为一切政治哲学的一个重要诉求。英美契约论政治哲学对差异问题的遮蔽自然是一个重大偏误，但对该问题的过度放大与无限拔高也有矫枉过正之嫌。如果说在差异政治问题上，英美契约论政治哲学家与以杨为范例的激进

---

① ［美］艾丽斯·M. 杨：《正义与差异政治》，李诚予、刘靖子译，中国政法大学出版社2017年版，第142—143页。

主义者分别代表了两个极点，那么，哈贝马斯则代表了这两个极点间的一种折中的立场。这种折中的立场，或许是人们把握差异政治问题最需要的，只要人们既要求用相互承认的普遍主义规范来调节社会生活，又要求在各种"独异性"上持守彼此包容的开放性态度。

三　哈贝马斯对"应当之软弱性"的揭示，为激活政治哲学的现实主义传统提供了一种重要思路

在《在事实与规范之间：关于法律和民主法治国的商谈理论》中，哈贝马斯有一段极具挑战性和冲击力的论述："从70年代（指20世纪——引者注）初期开始，社会科学对理性法传统之规范主义的破坏，引起了出乎意料的反应。也就是说，在实践哲学问题总的来说得到重新重视的过程中，法哲学发生了一个转向，以相当直接的方式使理性法传统恢复了荣誉。至少从约翰·罗尔斯的《正义论》（1971年）开始，钟摆就偏向这另一边了。不仅在哲学家和法学家中间，而且在经济学家中间，人们已经习惯于毫无拘束地采纳那些17、18世纪的理论，似乎人们可以用不着重视社会科学对法的解密了。由于没有在元批判层次上涉及政治经济学和社会理论所造成的视角变化，在直接恢复理性法论证的同时，把这两个商谈域之间的桥梁给拆除了。但是，在规范性商谈的领域内，关于应当之软弱性［die Ohnmacht des Sollens］的问题同时也紧迫地提了出来。这个问题曾经促使黑格尔去研究亚当·斯密和大卫·李嘉图，以便确切了解作为伦理理念之现实性的环节之一的现代市民社会的结构。"①

哈贝马斯的这段论述，针对的是17世纪以来的整个理性法传统，特别是20世纪70年代以来以罗尔斯《正义论》的发表为契机而获得复兴的理性法哲学。这里的法哲学和理性法传统，就是指自霍布斯、洛克到卢梭、

① ［德］尤尔根·哈贝马斯：《在事实与规范之间：关于法律和民主法治国的商谈理论》，童世骏译，生活·读书·新知三联书店2003年版，第70页。

康德再到罗尔斯和德沃金的规范性政治哲学及其传统，因为众所周知，近代以来规范性政治哲学的内核就是"法"，也就是我们通常所讲的法权或权利（right）①。对于这种规范性政治哲学，哈贝马斯显然是以挑战的姿态来面对的。他要挑战的关键点是：这种规范性政治哲学在当代获得强势复兴固然是一件值得肯定的大事，但它实际上却被一个问题深深困扰，这便是"应当之软弱性"问题。"应当之软弱性"究竟是一个什么问题呢？

概括地说，霍布斯、洛克以来的主流规范性政治哲学，作为一种契约论和自然法传统，也是一种先验主义传统。这种传统始终如一的目标，是致力于以自然法为最高根据、以纯粹的应当为最终指令，在虚拟的原初状态下来先验地构建可用于指导社会分配和制度设计的政治规范。对于政治规范的构建固然是政治哲学不可或缺的工作，但这种以纯粹的应当自居的构建工作，却不仅会将差异政治问题遮蔽起来，也会在事实与规范、是与应当之间划出一道鸿沟。这种先验主义传统不是不关注事实和对应的现实，相反，它的一个基本诉求，就在于将先在的应当与规范"推广"和"运用"到现实中。毋庸讳言，这种诉求并不会触动和改变其立论的先验性以及应当和规范的纯粹性，所以，复杂多变的、充满各种矛盾的感性现实，并不会得到真正深刻的考察，也根本不可能在政治规范的构建中占有任何实质性的位置。对于规范与感性现实之间的这种隔离，作为法兰克福学派第三代传人的霍耐特有一个深刻检讨。他在《自由的权利》一书的"导论"中指出："在制约当代政治哲学最大的一些局限中，其中有一个局限就是它与社会分析的脱节，这使得哲学只能定位在纯粹规范性的原则上。不是因为阐述这些规范性规则——社会秩序的道德合法性是按这些规则来衡量的——不是正义论的任务；但是当今这些原则，大多是在与现存实践和机制（Institutionen）的道德行为相隔绝的状态中被构思出来，然后再被'应用'到社会现实中去的。"② 事实

---

① ［德］尤尔根·哈贝马斯的政治哲学，在很大意义上就是法哲学，至少在《在事实与规范之间：关于法律和民主法治国的商谈理论》中是这样。

② ［德］阿克塞尔·霍耐特：《自由的权利》，王旭译，社会科学文献出版社 2013 年版，第 9 页。

上，霍耐特所指认的这个与社会分析相脱节（与感性现实之间的隔离）的局限，就是哈贝马斯所指认的"应当之软弱性"。

如果说在近现代政治哲学史上，无论是霍布斯、洛克还是卢梭、康德，都没有意识到这个"应当之软弱性"的问题，那么，作为当代政治哲学的集大成者，罗尔斯实际上已经意识到这个问题给他带来的麻烦。正如哈贝马斯所看到的那样，罗尔斯构建正义理论，总体上分为两步：第一步是在原初状态下设计出"作为公平的正义"的两个规范性原则；第二步便是考察这两个原则的可接受性和稳定性问题。实际上，第二步的核心点，就是规范如何"应用"到现实，即如何与现实对接。然而，在《正义论》中，罗尔斯并没有突出"现实"这个端点，因为他是以证明人们的善观念和正义感的一致性和重合，来论证正义原则的可接受性和稳定性的。在很大意义上，这是一种基于形而上学意义上的人性假定和心理学的论证，因而没有涉及现实。但到后来，罗尔斯充分认识到：正义原则的可接受性和稳定性问题所面对的最大挑战，是多元文化和多元价值观这个西方社会特别是美国社会的现实。换言之，如何让持有不同文化认同和价值观的群体都能接受"作为公平的正义"原则，是不得不考虑的重要问题。按理说，罗尔斯的这个认识已经"迫使"他开始从纯粹的应当和规范，走向鲜活的现实生活。但在我看来，他在这个问题上的处理方式，实际上又以一种十分巧妙的方式回避了现实。原因是在后来的《政治自由主义》中，罗尔斯将"作为公平的正义"重新修正和论定为一种既与多元文化相容、又与之完全无关的纯粹的"政治正义"。罗尔斯的这个处理方式看似解决了多元文化这个现实给他所造成的麻烦，但其实他并没有认真思考和回答多元文化如何能够容纳和接受一个公共的正义规范这个根本性问题，进一步追溯，也就是没有针对多元文化及其内生矛盾进行深入细致的考察。由此来看，最有可能接近现实的罗尔斯，也没有解决政治哲学之先验主义传统的"应当之软弱性"问题。

然而，梳理近代以来政治哲学史会发现，除了先验主义传统，还有另外一个完全不同的传统也是十分重要的，这就是现实主义传统。大致说来，政治哲学的现实主义传统是由黑格尔开创的。黑格尔在《小逻辑》

中曾郑重强调，哲学（包括政治哲学）研究的不是"应当如此"的东西，而是"真实如此"的东西："哲学所研究的对象是理念，而理念并不会软弱无力到永远只是应当如此，而不是真实如此的程度。所以哲学研究的对象就是现实性，而前面所说的那些事物、社会状况、典章制度等等，只不过是现实性的浅显外在的方面而已。"① 事实上，黑格尔的这个观点，在很大意义上是要批评从霍布斯、洛克到康德的先验主义传统，因为这个传统就是以构建"应当如此"的东西为目标。当然，在政治哲学上，黑格尔不是要彻底地清除"应当"并解构规范性理论，而是要思考一个更根本的问题：应当和规范的东西，在何种历史条件和制度框架下才是可能的？黑格尔对这个问题的思考，决定了体现其政治哲学思想的典籍——《法哲学原理：或自然法和国家学纲要》的基本逻辑结构。众所周知，《法哲学原理：或自然法和国家学纲要》的第一篇为《抽象法》，讨论的核心论题是洛克以来凸显出来的"所有权"。然而，黑格尔并没有像洛克那样，将所有权论定为自然法或借助于自然法来为之作辩护，而是将之视为应当继续考察的"抽象法"。遵从自己确立的"从抽象到具体"的辩证逻辑，黑格尔实际上是在第三篇即《伦理》中，通过深刻检视市民社会及其内在矛盾，来完成对所有权论题的阐释的。在黑格尔的心目中，如果仅仅停留于抽象法来把握所有权，那就还没有走出"应当如此"的框架，而只有过渡到伦理特别是市民社会，才可认识到所有权关联到的"真实如此"的东西。这正如黑格尔本人所说，在作为需要体系的市民社会中，"所有权法不再是自在的，而已达到了它的有效的现实性"②。哈贝马斯显然就是因为深刻洞察到了这个问题，所以才在我们上面引述的那段话中特意强调，关于"应当之软弱性"的问题曾经促使黑格尔去研究亚当·斯密和大卫·李嘉图，以便确切了解作为伦理理念之现实性的环节之一的现代市民社会的结构。

第一个继承黑格尔所开创的政治哲学之现实主义传统的人，是马克

---

① ［德］弗里德里希·黑格尔：《小逻辑》，贺麟译，商务印书馆1980年版，第44页。
② ［德］弗里德里希·黑格尔：《法哲学原理：或自然法和国家学纲要》，范扬、张企泰译，商务印书馆1961年版，第217页。

思。我始终认为，马克思从来就没有否弃近代以来的政治哲学家们所重视的价值——权利、自由、平等、公正，等等。然而，与之前政治哲学家不同的是，马克思是在历史唯物主义的视域内，在政治经济学批判的框架中，来透彻地考察和把握这些为现代人所守护的价值的。所以，马克思政治哲学的任务已经不再是为所有权的合法性和分配的公正性进行辩护和论证，而是在于揭示所有权和公正的分配何以可能这个更深层次的问题，这与黑格尔的政治哲学显然是如出一辙的。然而，马克思超出黑格尔的地方，是将后者的"精神实体"根本性地置换为历史实体，从而真正向人们呈现了历史实体特别是资本实体的自我运动机制，所以，也真正使规范与现实发生了对接。简言之，马克思比自己的老师黑格尔更加彻底地贯彻了现实主义传统之原则。

令人遗憾的是，在当代规范性政治哲学的强势复兴中，黑格尔和马克思的思想资源并没有得到应有的重视，政治哲学的现实主义传统在一定意义上被先验主义传统所湮没，至少在英美国家，情况就是如此。比如说，以罗尔斯曾明确承认康德对他的深刻影响，但却很少提到黑格尔。他虽然在《政治哲学史讲义》中精细地探讨和论析了马克思的政治哲学，但他的工作，主要是以建构自己的正义理论的方式，来建构马克思规范意义上的政治哲学，所以，以深入研究生产关系为前提的现实主义维度，并没有出现在他的视野中。这个事实让我们更加清楚地看到，罗尔斯为什么也没有扭转政治哲学之先验主义传统的一贯套路，即没有解决"应当之软弱性"问题。

作为一位试图在英美传统和欧陆传统之间作调和的当代政治哲学家，哈贝马斯显然自觉继承了黑格尔所开创的现实主义传统①。这正如他在《在事实与规范之间：关于法律和民主法治国的商谈理论》的前言中所指出的："在德国，法哲学早已不仅仅是哲学家们的事情了。如果我对黑格尔的名字几乎只字不提，而更借重于康德的法律理论，那也表明我想回

---

① 阿克塞尔·霍耐特以"承认"为原则而建构的规范性政治哲学，也是以自觉继承黑格尔传统为基础的。

避一种为我们设置了无法实现之标准的模式。为了寻求同社会现实的接触，法哲学进入了各个法学流派，这绝不是偶然的。但是，我也不想纠缠于一种仍然把重点放在对刑法基础之讨论的法学上专业性很强的法哲学。曾经可以在黑格尔哲学诸概念中加以综合的那些东西，现在则要求从法律理论、法社会学、法律史、道德理论和社会理论的视角出发，进行方法上多元的处理。"① 进一步说，立足于黑格尔的传统和遗产，哈贝马斯所要着力思考和解决的问题，就是如何确立一种为人们所认可并自觉接受的政治规范。在哈贝马斯看来，政治哲学的先验主义传统向来都是把权利作为一种道德法强行地赋予立法者，但是这就违背了一个基本原则——法律的承受者同时也是法律的创制者（上文提到的）。如果要让法律的承受者成为法律的创制者，就只能将法建立在充分的交往和商谈基础上。从法的这一创制原则来看，权利不可能再被作为一种有先在约束力的东西，毋宁说，需要确定的是，人们在一种以理解为目标的交往结构中，会彼此认可什么样的具体权利。如果说人们彼此认可的具体权利在很大程度上就表征着一种有效的政治规范，那么，显而易见，政治规范就不可能是一种纯粹的"应当"，而是"应当"与"是"、"价值"与"事实"的一个合体，或者说是"事实"和"是"中的"应当"。在哈贝马斯看来，这样来理解政治规范之确立的问题，在很大意义上是为了实质性地破解事实与规范之间的如下紧张关系："规范主义的思路始终有脱离社会现实的危险，而客观主义的思路则淡忘了所有规范的方面。"②然而，由于哈贝马斯主要是针对当今英美规范性政治哲学特别是其中的"应当之软弱性"提出"事实与规范"问题的，所以最为他所重视的东西，还是"事实"与"是"及其所关联的社会现实。当然，需要更加明确的一点是，这里的是"事实"和"是"，不是一种既定的东西，而是人们开放的交往过程及在这一过程中所具体生成的东西。

---

① ［德］尤尔根·哈贝马斯：《在事实与规范之间：关于法律和民主法治国的商谈理论》，童世骏译，生活·读书·新知三联书店 2003 年版，前言第 1 页。

② ［德］尤尔根·哈贝马斯：《在事实与规范之间：关于法律和民主法治国的商谈理论》，童世骏译，生活·读书·新知三联书店 2003 年版，第 8 页。

　　与英美规范性政治哲学相比较，在某种意义上来说，我更认同哈贝马斯的方案。在向现实的敞开中，哈贝马斯虽然没有达到马克思以及黑格尔的深刻程度，但他毕竟在先验主义传统占据主导地位的当今政治哲学界，开辟出了一条向黑格尔和马克思传统复归的路径。这条路径其实没有使政治哲学丧失其对规范性的执着追求，从而也没有疏远政治哲学的本色。相反，在这条路径上，政治哲学的规范性因为获得了现实的奠基而能彰显其规范力量。

　　当今政治哲学的主流，依然是英美规范性政治哲学，罗尔斯几乎是一个人们研究政治哲学时无法回避的人物。哈贝马斯的政治哲学虽然不能归在罗尔斯所确立的范式中，但他也自觉地介入了后者所开创和开显的问题域，所以，近代以来，理性法传统的一些价值和要素，他也是认可的。如果说在此意义上，哈贝马斯的政治哲学成为联结英美政治哲学与欧洲大陆政治哲学的桥梁，那么，我们借助于这座桥梁，特别是借助于对以上三个方面问题的把握——个人性与公共性的关系、差异政治以及现实主义传统的复归，是可以更深刻地来认识当今主流规范性政治哲学，以及更富有成效地来构建当代中国政治哲学的。

（原载《东岳论丛》2019 年第 8 期）

哈贝马斯社会整合理论中共同体的
三个基本层面

杨礼银[*]

现代社会是一个高度一体化的世界，资本全球化浪潮剪断了所有"机械团结"的纽带，将全部个人、民族和国家都卷入其中。然而，伴随着这一浪潮的还有帝国主义、霸凌主义、恐怖主义、民族主义、民粹主义等思潮和运动的兴风作浪，它们与资本一起使得一体化的世界面临着深刻的分裂危机。由此就产生了如下不可回避的重要问题：现代社会的整合到底是依靠资本的市场调节还是政治权力的强制驱使，是依靠集体价值的伦理引导还是道德的普遍约束，是依靠利益的妥协还是法律的规范，是依靠革命的重建还是改革的修补，是依靠暴力的压服还是话语的说服？对于这一系列问题，哈贝马斯诉诸一种"有机团结"的路径，尝试通过多元一体共同体的建构来克服社会的分裂危机。在他看来，现代社会有系统性整合（systemisch Integration）与社会性整合（soziale Integration）两种主要方式，各个层面共同体的作用机制可以将这两种资源结合起来。故而，理解哈贝马斯的共同体理论是理解其社会整合①（Gesellschaftliche Integration）理论的关键。

哈贝马斯所说的共同体，是指特定社会主体通过特定互动行为结成

＊ 杨礼银：武汉大学马克思主义学院教授。

① 关于"社会整合"概念的译法，本文采用童世骏先生的观点，参见《在事实与规范之间：关于法律和民主法治国的商谈理论》第48页注释：Gesellschaftliche Integration 译成"社会整合"，把 soziale Integration 译成"社会性整合"，把 systemisch Integration 译成"系统性整合"，"社会整合"中的"社会"指的是广义的包括经济系统和政治系统在内的整全社会，而"社会性整合"中的"社会"则是指与系统相对的社会。

的稳定社会关系的总体。在其论著中有各种各样的"共同体"概念，如"交往共同体""文化共同体""历史共同体""政治共同体""民主共同体""道德共同体""伦理共同体""语言共同体""诠释共同体""科学共同体""民族共同体""欧洲共同体""国际共同体""法律共同体""社会共同体""具体共同体""抽象共同体"，等等。有学者曾从思想史的角度来考察这些概念从交往共同体向法律共同体的演进历程①，本文则试图从横向结构来综观哈贝马斯"共同体"的三个最基本层面，即生活世界中的交往共同体（Kommunikationsgemeinschaft）、公共领域中的语言共同体（Sprachgemeinschaft）和现代国家中的法律共同体（Rechtsgemeinschaft）。它逐渐从生活世界走向系统，从隐性意义走向显性结构。它们通过交往行为相互依托，而其他共同体则辅以各个侧面，一起汇通系统性整合与社会性整合的资源，共同搭建起现代社会的基本结构，对这三个基本层面的恰当理解是把握其共同体理论的关键。

一　生活世界中的交往共同体

哈贝马斯所理解的所有共同体，首先是生活世界中的交往共同体。在他看来，在交往共同体中，不管是对于特殊伦理价值的理解，还是对于普遍道德规范的认可，或是对客观真理的确认，相关各方都应以交往行为来形成对自我和共同体的理解。在这种共同体中，各方以理解为旨趣，以我们为视角，以语言为媒介，以共识为最终目标，以交往理性为依据展开以言施为的话语交往，从而形成特定的社会关系。通过这种主体间的互动方式，所有矛盾冲突都以更好的理由、和平地而非暴力地被化解。这样的共同体不能在真空中形成和发展，需要一定的背景和源泉，即生活世界。从理想的角度来看，生活世界应当是合理化的、非扭曲的、自发的。正是在这样的生活世界中，以理解为旨趣的语言才得以将具有

---

① 严宏：《从交往共同体到法律共同体——哈贝马斯对现代西方国家的演进式重构》，《华中科技大学学报》（社会科学版）2019 年第 3 期。

不同利益诉求和特殊价值取向的主体有机关联起来，并展开基于三个有效性要求（真实性、正当性和真诚性）的交往行为，从而形成一个交往乌托邦。由于在实际的社会生活中满足这三种苛刻的有效性要求非常困难，故而，哈贝马斯将这种合理化生活世界中的共同体称为"无限的交往共同体"（unbegrenzten Kommunikationsgemeinschaft）。需要注意的是，在哈贝马斯的语境中，生活世界与交往共同体并非同一概念①，而是有所区别又相互建构的两个范畴。

首先，生活世界为交往共同体的形成提供了行动的背景和前提。与胡塞尔一样，哈贝马斯也认为生活世界是自明的、非主题化的、前理论的和前科学的，但他还是从理论分析的角度将生活世界分为文化、制度和个性三个部分，并认为正是这三个方面为交往共同体的形成提供了必要的前提条件。其一，共有的文化传统既为交往共同体提供了总体的意义源泉，又为其单个成员提供了行动的背景和内涵。由于哈贝马斯明确将文化称为知识储备库，因而，学者们多强调其知识储备库的功能，在此基础上，我们还强调其作为意义储备库的功能。与语义学相对，哈贝马斯从语用学的视角把意义理解为社会自发性的极值，即交往主体从社会生活内部来牵引和组织其共同生活的自主能力和内在价值。这种意义蕴藏于文化传统中，并通过交往行为得以激活。同时，它也是推动交往行为的动力源泉，在一定程度上引导共同体发展的方向。这种意义不可以被政治权力和经济利益所随意支配，否则，交往共同体就会成为被操纵的机械对象。正是作为意义储备库的文化为共同体的产生和形成提供了不证自明的"良善""尊严"等共享意义，这些意义通过交往成为联结共同体成员互动的团结纽带。其二，共同遵守的社会规范为共同体提供必要的行动边界和意义边界。这种规范又分为道德和法律，它们为生活世界确定秩序。哈贝马斯指出："我把社会称之为合法的秩序，交往参与者通过这些合法的秩序，把他们的成员调节为社会集团，从而巩固

---

① 冯周卓、王益珑：《哈贝马斯对社会共同体的二维架构分析》，《河北学刊》2015 年第 5 期。

联合。"① 道德为共同体成员提供最普遍的基本行为准则和方向，其规范诉诸每个人，而法律则为特定共同体成员确定行为的底线，其规范诉诸特定个人，正是其规范的确定性使得法律成为将现代社会联结为共同体的最有效方式。在生活世界中，这些道德和法律为交往主体确定共同的视野和边界，在一定程度上不用质疑和批判就可以理解对方。其三，生活世界的个体是共同体最基本的要素，对其个性的承认与尊重构成交往共同体形成的前提。哈贝马斯曾指出："一切促使主体能够言说并且行动的动机和能力，我都把它们归入个性结构。"② 正是个性使得交往共同体的成员是"有限的、有血有肉的、在具体生活形式中社会化的、在历史时间和社会空间中占据特定位置的、交织进交往行动网络之中的行动者"③。因此，在他这里，生活世界中交往共同体的主体绝非抽象的人类，而是具体的个体或多样的族群；由他们组成的共同体绝非铁板一块的同质社会，而是包容了多样性、差异性和特殊性的意蕴整体；这样的共同体也绝非任由我行我素的自在世界，而是有方向、有规范的社会世界。

其次，交往共同体通过交往行为不断地再生产生活世界。生活世界的核心是由文化、社会和个性所形成的意义网络，而交往共同体的核心则是在这种意义网络中通过交往行为而在主体间达成的理解。尽管生活世界为共同体的形成提供了意义来源和背景，但这样的来源和背景不是一成不变的，因为共同体中的主体以理解为取向不断地对其中的内容进行质疑和批判，创造新的文化，形成新的社会关系，更新个体的自我认知。哈贝马斯指出："无论如何，生活世界的符号再生产都是一个循环过程。生活世界的核心结构自身依靠的是相应的再生产过程，反之，再生

---

① ［德］尤尔根·哈贝马斯：《交往行动理论·第一卷：行动的合理性和社会的合理化》，洪佩郁、蔺青译，重庆出版社1994年版，第189页。

② ［德］尤尔根·哈贝马斯：《后形而上学思想》，曹卫东、付德根译，译林出版社2001年版，第83页。

③ ［德］尤尔根·哈贝马斯：《在事实与规范之间：关于法律和民主法治国的商谈理论》，童世骏译，生活·读书·新知三联书店2011年版，第399—400页。

产过程也是因为有了交往行为的贡献才'成为可能'。"① 正是通过这种不断地生成流变和循环，交往的生活才得以丰富和拓展，交往共同体的流转变迁才为生活世界提供多重视域和有效问题域，并为交往的视角和主题的转换赢得时间与空间。这种交往行为的丰富和拓展往往通过特定的维度展开，比如通过历史维度而不断延展的交往实践形成历史共同体，通过科学维度而不断学习的交往行为形成科学共同体，通过文化维度而不断交流的话语实践形成文化共同体，等等。也正因此，交往共同体可以从家庭扩展到民族，从民族扩展到国家，从国家扩展到国际，从国际扩展到人类，由此形成家庭共同体、民族共同体、国家共同体、国际共同体和人类共同体。这些共同体的形成展开了更宽广的生活世界，结成了更丰富多彩的团结纽带。

最后，哈贝马斯也清醒地认识到，由于工具理性行为的片面扩张，以权力为媒介的政治系统和以货币为媒介的经济系统都以各种方式侵入生活世界，干预生活世界的意义再生产，使得整体的非主题化的生活世界也发生功能性分化，主体间共享的意义来源萎缩成系统控制的对象，生活世界逐渐丧失了其社会自发性，这就是生活世界殖民化。其直接后果就是其中的交往行为受到系统的重重挤压和扭曲，交往共同体丧失了家园和动力，趋于解体，进而必然导致严重的社会分裂危机。民族共同体、政治共同体、国际共同体、伦理共同体、文化共同体等丧失了天然的团结纽带，进而造成了严重的认同危机。如何克服这种分裂呢？哈贝马斯批判了以系统整合生活世界的路径，认为不管是卢曼的系统功能主义方法，还是马克思阶级革命理论，都忽略了生活世界本身的合理化潜能，而过多诉诸统分化所带来的合理化力量。他认为，危机虽然是由系统引起的，但是克服危机的潜能蕴藏在生活世界的交往共同体之中。

由上可知，在哈贝马斯的语境中，任何理想的交往共同体都出自合理化的生活世界，并不断地再生产生活世界。生活世界是殖民化还是合

---

① ［德］尤尔根·哈贝马斯：《现代性的哲学话语》，曹卫东等译，译林出版社2004年版，第387页。

理化直接决定了交往共同体是分裂还是整合。合理化的生活世界可以为交往共同体提供充足的意蕴动能、理性的社会规范和具有交往资质的个性，而殖民化的生活世界则为交往共同体提供碎片化的撕裂的功能联系。理想的交往共同体构成了不同层面、不同领域共同体的基底，使得所有主题化的行动有了厚实的根基。其中，交往主体可以自由选择交往的主题，自主运用理性来为语言共同体中的话语交往提供更好的理由，自然生成爱国主义信念，为法律共同体中对法律的服从提供意义动力。如约翰·西顿所说，哈贝马斯的"这种基于交往共同体而对人们的信念和行为理由的强调打开了新的大门"①，这些大门是通往主题化的民主共同体、政治共同体、民族共同体等的必经之路。

二 公共领域中的语言共同体

在哈贝马斯看来，生活世界中的交往共同体在日常生活中形成了理想化的、不触目的、非主题化的意蕴整体。但是，当其中的交往之流遇到障碍时，当共同体各方的互动遇到异议风险时，所有相关者就需要以特定的语言为媒介，在以言施为的言语行为中展开话语交往，这就形成了特定的语言共同体。换句话说，在交往共同体这一蓄水池中可以离析出各种各样以语言为媒介的共同体，其中所有交往都是通过语言这个媒介来实现的。交往的主体通过语言将生活世界中个体、群体或总体的意义主题化，将分隔的各个客观世界、主观世界和社会世界联系起来，以更好的理由以言施为地塑造出新的意蕴整体。

语言对于哈贝马斯来说具有根本性意义。他认为，语言确定了生存的界限，并将言说者与听话者联结起来形成语言共同体，人只能生存于这样的特定语言共同体之中。他这一观点是在充分地吸收了奥斯汀的言语行为理论、维特根斯坦的语言游戏理论、米德的符号互动理论、加达

---

① Sitton, J. , *Habermas and Contemporary Society*, New York: Palgrave Macmillan, 2003, p. 45.

默尔的哲学解释学、奥斯汀和塞尔的言语行为理论的基础上提出的。哈贝马斯的独特之处在于兼顾语言的三种功能——表意、行事和取效，强调言语的语用学内涵，凸显沟通（理解）对于语言的意义。他明确指出："一旦言语行动的语内行动力量承担协调行动的作用，语言本身将表现为是社会整合的首要源泉。"① 也就是说，言语行为者不能仅仅把对方视为陈述的对象，或达到某种效果的工具，而且需要以言施为地让对方得到理解，并形成具有约束性的共识。这种共识的前提有两个：其一，共同的语言形式——语法。哈贝马斯指出："不管怎样，一个语言共同体的成员在实践中必须从这样一点出发，即说话者和听话者对一个语法表达式是能够以同一方式来理解的。他必须假定，同一个表达在使用它的多样情境和多样言语活动中保持同样的意义。"② 其二，通过以言施为的言语行为，个体和共同体都得到了重塑。正如他强调的："语言对说话的主体起着一种深刻的塑造作用……语言结构只有通过语言共同体达成理解的实践才能得以维持和自我更新。"③ 如果语言没有对生活意义加以更新，言语活动就失去了其学习功能，那么主体就会有一种虚无感，语言就无法达到团结的效果。反之，语言的这种塑造作用又依赖于主体之间的理解实践来完成。如果社会实践本身是机械的无意义的，那么，再理想的语言也无法实现社会性整合的功能。就像哈贝马斯自己指出的，在理想的言语情境中，"个体语言、思想的发展和民族性格是如此地相互关联，以至于世界的语言形象和语言共同体的社会文化生活形式之间获得了内在的一致性"④，语言超越了交往媒介的角色，其本身就成为共同体。

---

① ［德］尤尔根·哈贝马斯：《在事实与规范之间：关于法律和民主法治国的商谈理论》，童世骏译，生活·读书·新知三联书店 2011 年版，第 22 页。

② ［德］尤尔根·哈贝马斯：《在事实与规范之间：关于法律和民主法治国的商谈理论》，童世骏译，生活·读书·新知三联书店 2011 年版，第 15 页。

③ Habermas, J., "A Reply", in Honneth, A., and Joas, H. (eds.), *Communicative Action: Essays on Jurgen Habermas's The Theory of Communicative Action*, trans. by Gaines, J. and Jones, D. L. Cambridge: MIT Press, 1991, p. 216.

④ Habermas, J., "A Reply", in Honneth, A., and Joas, H. (eds.), *Communicative Action: Essays on Jurgen Habermas's The Theory of Communicative Action*, trans. by Gaines, J. and Jones, D. L. Cambridge: MIT Press, 1991, p. 220.

　　然而，哈贝马斯强调的语言共同体不仅凸显了其以言行事的语用学方面，而且将这种语用学与社会学结合起来，着重强调了公共领域中语言共同体的特殊性。公共领域是贯穿其学术生涯和政治生活的关键概念，被哈贝马斯称为"问题的共振板""全社会敏感问题的传感器"①。在他看来，公共领域拥有一种神秘力量，它能使分散对立冲突的人们联合起来，尤其是其中的政治公共领域具有特殊的整合功能。用他自己的话说，"在现代社会的条件下，民主共同体的政治公共领域尤其赢得了一种对于社会整合的典型意义"②。这种整合的力量不是来源于政治权力的威慑，也不是来自经济利益的驱动，而是来自以语言为媒介的论证性民主话语的说服力。

　　公共领域中语言共同体的主要功能是联结交往共同体和法律共同体，将交往共同体中的问题主题化，为法律共同体提供合法性来源。

　　其一，公共领域中的语言共同体将生活世界无限制的交往共同体中具有疑问、充满分歧的意义主题化③，并通过论证言语（argumentativenRede）来提出问题。公共领域中的话语主体是平等的相关者，具有以言施为的语用学能力。这种能力要求对言语对方交往自由的承认。只有这样，他们的提议才"不仅仅察觉和辨认出问题，而且令人信服地、富有影响地使问题成为讨论议题，提供解决问题的建议，并且造成一定声势"④。这种提议不能虚张声势，而需要满足真实性的有效性要求，也不能逾越规范任性妄为，而需要遵循正当性的有效性要求，还不能言不由衷虚浮表演，而需要符合真诚性要求。只有这样提出的问题才能被公众真诚接纳并得到讨论。这种语言共同体往往是在特定事件中形成的，

---

　　① ［德］尤尔根·哈贝马斯：《在事实与规范之间：关于法律和民主法治国的商谈理论》，童世骏译，生活·读书·新知三联书店 2011 年版，第 444 页。

　　② ［德］尤尔根·哈贝马斯：《在自然主义与宗教之间》，郁喆隽译，上海人民出版社 2013 年版，第 12 页。

　　③ 王晓升：《现代性视角下的社会整合问题——哈贝马斯交往行动理论的启示》，《武汉大学学报》（哲学社会科学版）2018 年第 6 期。

　　④ ［德］尤尔根·哈贝马斯：《在事实与规范之间：关于法律和民主法治国的商谈理论》，童世骏译，生活·读书·新知三联书店 2011 年版，第 444 页。

同时可能随着事件的结束而解体。例如 2003 年 2 月 15 日，关于美国出兵伊拉克一事，欧洲各界对此展开了全面而深刻的舆论讨伐，由此形成了具有历史意义的"欧洲公共领域"和围绕此事件而跨越特定种族、特定语言形式和特定价值取向的语言共同体及其共同主题。正如哈贝马斯在《分裂的西方》一书的开篇所指出的，"分裂西方的并不是国际恐怖主义，而是现今美国政府的政策"①。在如何面对非西方共同体问题上，西方正在从内部瓦解。随着美伊关系的变化，围绕这一问题所形成的语言共同体很快又被因其他事件如欧洲难民潮问题所形成的语言共同体替代。

其二，这种语言共同体对议题进行充分讨论并形成共识。公共领域中言语行为的核心是论证言语。在哈贝马斯看来，论证言语包含了相互统一的三个层面：理想型言语情境的交往过程、依据理由的话语互动程序、依据话语逻辑而对令人信服的论据的生产结果。这里的论证言语不是单独对某一层面的言说，而是将三者统一起来的话语行为。其背后涉及的不仅有语义的表达，更有表达背后的"坚决反对压制和不公平"的社会规范，不仅有说服对方的充分理由，更有这些理由所依据的社会关系。因此，这样的语言超越了生活世界中的日常语言，只有在特定公共领域的语言共同体中才会出现。用哈贝马斯的话说，"这种主体间共享的言语情境空间，表现在参与者对对方的言语活动表达相互表态并承担语内行动责任的时候所进入的那种人际关系"②。通过相互表态和人际关系的确认而划定公共领域的边界，在这个边界内展开的言语行为被他称为"公共的意见形成和意志形成过程"，即交往共识达成的过程。由于共识是经过了每个成员自主意志和理性话语方式来达成的，因而，这样的共同体又被哈贝马斯称为"民主共同体"。换句话说，公共领域中的语言共同体执行民主的功能，它聚合众意，形成公意，但并非原子式的公民的集合，而是具有广泛共识的公众意志的凝结。

---

① ［德］尤尔根·哈贝马斯：《分裂的西方》，郁喆隽译，上海译文出版社 2019 年版，第 1 页。

② ［德］尤尔根·哈贝马斯：《在事实与规范之间：关于法律和民主法治国的商谈理论》，童世骏译，生活·读书·新知三联书店 2011 年版，第 446 页。

其三，这种语言共同体将公意转变为法律授权的政治权力。哈贝马斯将政治权力分为交往权力和行政权力，其中交往权力主要依靠无障碍的交往自主。它只可能产生于未受扭曲的非正式公共领域，而行政权力则是建制化的行政程序所指向的公共权力，只可能产生于正式的公共领域的语言共同体，如议会等立法机构。行政权力的运用意味着为了集体利益而贯彻集体意志的决策。然而在交往权力与行政权力之间需要一个媒介。在哈贝马斯看来，这个媒介非法律莫属："为此我建议，把法律看作是交往权力借以转化为行政权力的媒介。因为交往权力向行政权力之转化的意义就在于，在法律授权的框架之内赋予权力。"① 如何转化的呢？依靠正式公共领域的语言共同体。换句话说，非正式公共领域中语言共同体所形成的公意需要通过正式公共领域的语言共同体转变成具有法律效力的公共权力。哈贝马斯虽然重视非正式公共领域中话语共识的形成，但是从来没有低估正式公共领域中语言共同体的建制力量。在他看来，只有通过正式公共领域语言共同体的形成和作用，公意才能真正变成政治权力。这一过程也是成员之间确立新社会关系的过程。

上述语言共同体的三种功能都是通过理性的论证语言来确定的。在公共领域中生发或创造的特定论证语言不仅确定话语交往的程序，而且对共同体自身进行反思批判。因此，这样的语言共同体就具有双重形态：一是自然语言形态。以这种语言形态，作为共同体内部成员的参与者将自身视为共同体中普遍的平等一员，运用自主意志表达对公共生活的期待，从而具有语言共同体的内驱力；二是反思语言形态，以这种语言形态，公共领域的参与者往往跳出共同体范围以他者视角对共同体本身进行反思、质疑和批判，从而具有语言共同体的批判力。只有同时具有这两种形态，公共领域中的语言共同体才能够实现其社会性整合功能。从这个意义上讲，公共领域中的语言共同体并不是对所有成员开放的，有三方面的条件限制：对主题敏感且具有强的意义诉求；具有理性的论证

① ［德］尤尔根·哈贝马斯：《在事实与规范之间：关于法律和民主法治国的商谈理论》，童世骏译，生活·读书·新知三联书店2011年版，第184页。

言语行为能力；认同共同体的话语方式，即以更好的理由而非暴力来形成意见和意志。换句话说，这种语言共同体是半封闭半开放的。

由此可见，公共领域中的语言共同体不同于一般的语言共同体，它处于哈贝马斯各种共同体的中间层，发挥特殊功能，即联通交往共同体和法律共同体，聚沙成塔，承上启下。它既开放包容，又严格遵循言语论证逻辑；既植根于非主题化的生活世界，又聚焦于特定主题，成为良序社会不可缺少的重要组成部分。

三　现代国家中的法律共同体

上述关于交往共同体和语言共同体的阐释并没有完结哈贝马斯关于共同体的设想。因为交往共同体和语言共同体若要真正得以形成和发挥功能，还必须依赖法律共同体的整合作用。正如哈贝马斯所说："文化和语言所确立起来的文化躯体，还需要一件合适的政治外衣。语言共同体必须在民族国家当中与法律共同体重叠起来。"① 对于哈贝马斯来说，法律（Recht）在社会整合中具有重要意义。他把法律理解为现代意义上的实定法，它要求系统地论证和有约束力地诠释、执行。而法律共同体则是由平等而自由的法律同伴所结成的联合体。从社会整合的角度来看，法律必须同时确保共同体行为在事实层面的合法律性（Legalität，即确保共同体成员对规范的遵守）和在规范层面的合法性（Legalität，即规范得到共同体成员的承认）。

法律共同体的成员是来自于特定生活世界、具有交往理性资质、遵守法律规范的公民。在哈贝马斯看来，法律共同体不是一个自我陶醉的封闭系统，它需要得到公民的民主伦理生活的滋养和自由政治文化的推动。因此，法律共同体必须植根于生活世界，同时构成生活世界的"社会"的一部分，并从中汲取意义养料，因此，法律共同体有时被他称为

---

① ［德］尤尔根·哈贝马斯：《后民族结构》，曹卫东译，上海人民出版社 2002 年版，第12 页。

社会共同体。换句话说，法律共同体的成员是来自特定文化传统中遵循特定社会规范且具有特定个性的公民。这些公民需要具备基本的交往理性能力，能够与他人在特定的语言媒介中展开以言施为的话语交往，而这些交往不是随意的，需要遵守特定的法律规范，其交往具有明确的任务，最重要的是立法和司法。

法律共同体的首要任务就是确立规则，即立法，立法机构是社会整合的首要场所。立法的参与者需要采取法律共同体的视角，在立法行动中起重要作用的应该是以对共同体其他成员的理解为目的的交往行动，而不是以对其他成员的成功掌控为取向的策略行动，应该是以形成共同体规范为目的的政治行动，而不是以价值获取或评价为导向的伦理行动。这种政治行动遵循的是普遍道德原则和民主原则，而不是伦理原则。哈贝马斯说："法律共同体成员们可以假定，在自由的政治性意见形成和意志形成过程中，他们作为承受者必须服从的那些规则，恰恰是他们自己赋予权威的。"① 也就是说，联结法律共同体各成员的是出自其自主意志的普遍规范。

立法只是为法律共同体准备了有法可依的前提条件，共同体的运行更重要的是体现在司法当中。从宪法的判决实践到依法决策的实施，法律共同体都面临着合法化危机的挑战，即法律是否得到公众的认可和服从。哈贝马斯辩证地分析了司法的合法化问题。在他看来，如果法律是共同体成员运用政治自主能力和交往理性能力来形成的，那么，他们就有义务来遵守法律，自觉维护法律共同体的团结。反之，如果法律未经相关参与者的同意，那么，其成员可以不遵守或者有理由违抗。也就是说，哈贝马斯信奉的是自下而上的法律合法化路径。以此为据，他批判了当今西方法律的合法化危机。他说："当代法律批判的核心，是在一个越来越承担量多、质新的任务的国家中，议会制定的法律的约束力降低、

---

① ［德］尤尔根·哈贝马斯：《在事实与规范之间：关于法律和民主法治国的商谈理论》，童世骏译，生活·读书·新知三联书店 2011 年版，第 46 页。

权力分立的原则受到威胁。"① 那如何解决这些问题呢？哈贝马斯认为，应从源头上将法律共同体视为理性公民通过政治自主和理性交往而形成的自我组织，从而确保法律是公民自我意志的体现，进而使得遵守法律不过是遵守自己的意志。在这里可以看到哈贝马斯尽力弥合自由主义和共和主义法理学的努力，即：既想凸显个体在立法司法中的主体地位，又想彰显共同体的总体意志和价值；既想承认既成法律规范的事实性约束力量，又想提升共同体价值的引导性力量。理想的法律共同体既体现个人意志的总体意志，又体现共同体价值的普遍规范，成为兼具事实性与有效性的行动系统。

这样的法律共同体要发挥其作用，必须贯彻法治国理念，即必须在现代法治国理念的指导下才可能形成和运转。所谓法治国理念，哈贝马斯将它解释为这样的要求："把由权力代码来导控的行政系统同具有立法作用的交往权力相联系，并使之摆脱社会权力的影响，也就是摆脱特权利益的事实性实施能力。"② 这种能力往往表现为以公共权力为核心的政治共同体。在他看来，法律共同体的形成和发展必须拥有一个被授权来代表整体而行动的制裁权威、组织权威和执行权威，这个权威就是国家。正是在国家之中，交往权力、行政权力、立法和司法权力才得以平衡。只有在特定法治国家的共同体中，通过法律的授权，个人的尊严、生命等平等权利才能得到根本保障。③

其实，在哈贝马斯的语境中，法律共同体与法治国是相辅相成的一体两面。借助法治国的理念，社会整合的三种媒介——经济货币、政治权力和交往团结可以被统摄起来加以平衡。这样，作为一种整合机制的法治国使得法律共同体介于系统性整合与社会性整合之间。如果说，经济系统通过货币，政治系统通过权力各自在一定程度上都实现了系统性

---

① ［德］尤尔根·哈贝马斯：《在事实与规范之间：关于法律和民主法治国的商谈理论》，童世骏译，生活·读书·新知三联书店 2011 年版，第 530—531 页。

② ［德］尤尔根·哈贝马斯：《在事实与规范之间：关于法律和民主法治国的商谈理论》，童世骏译，生活·读书·新知三联书店 2011 年版，第 184—185 页。

③ Habermas, "The Concept of Human Dignity and the Realistic Utopia of Human Rights", in-Metaphilosophy 4, 2010, p. 464.

整合的功能，生活世界通过团结在一定程度上实现了社会性整合的功能，那么，法律则尝试将这三种媒介和两种整合资源结合起来，在一定程度上可以克服社会分裂的危机。哈贝马斯说："以这种方式，现代法律同社会整合的三种资源都有了联结。通过那要求公民共同运用其交往自由的自觉实践，法律归根结底从社会团结的源泉中获得其社会整合力量。"①相比于经济系统和政治系统的目的理性运作机制，以交往共同体为基础和以语言共同体为路径的法律共同体则更依赖于团结这一社会性整合资源。对于现代法律共同体而言，被称为"宪法爱国主义"的团结纽带尤为重要。在哈贝马斯看来，这是一种自法国大革命以来一直蕴藏在现代法治国家中不可缺少的社会资源。相对于民族爱国主义来说，宪法爱国主义指的是一种依据根本规范宪法而形成的对国家的普遍认同。这种认同不是来自天然联系的民族情感或利益，而是来自基于话语民主政治的理性共识。他还试图用这种宪法爱国主义来促进国家与国家之间的团结，甚至继承康德的永久和平观，"通过国际公民权利的法律化来驯化国与国之间的争斗"②。正是基于对这种现代法的理解，哈贝马斯才对现代社会的整合抱持希望。

四　对哈贝马斯共同体理论的反思

综上所述，在哈贝马斯看来，生活世界中的交往共同体为公共领域中的语言共同体和现代国家中的法律共同体提供意义源泉和主题背景；公共领域中的语言共同体则将交往共同体的问题主题化，并通过言语论证为法律共同体提供合法性；现代国家中的法律共同体则将交往共同体的意义和语言共同体的共识诉诸法律规范。这样，交往共同体、语言共同体和法律共同体就构成了现代社会的三个基本层面，它们并非各自独

---

① ［德］尤尔根·哈贝马斯：《在事实与规范之间：关于法律和民主法治国的商谈理论》，童世骏译，生活·读书·新知三联书店 2011 年版，第 48 页。

② 吴功青：《道德、政治与历史：康德的永久和平论及其内在困难》，《云南大学学报》（社会科学版）2019 年第 3 期。

立的领域，而是同一现代社会中相互联系和制约的有机组成部分。文化共同体、历史共同体、宗教共同体、科学共同体、民主共同体、政治共同体、国际共同体等则穿插其中，辅以各个侧面，并各司其职，从而形成整合现代社会的基本架构。只有在这种架构中，现代社会的分裂危机才能得以克服，复杂社会才能够被有机地整合起来。

哈贝马斯这一共同体理论从社会整合的角度阐述了其批判理论的逻辑思路：生活世界的殖民化导致现代资本主义社会的分裂危机，交往共同体不断扩展的交往需要及其意蕴关联为克服这种危机提供了强大动力，语言共同体所蕴含的交往理性潜能为克服这种危机提供了基本纽带和路径，而法律共同体所提供的规范要求则为克服这种危机提供了有力保障。这样，从个体到民族，从民族到国家，从国家到人类，就逐渐形成多元互通而命运与共的共同体，资本主义社会这座摇摇欲坠的大厦就重新变得稳固起来。若只就发达资本主义社会而言，这一理论在一定程度上展现出较为完备的社会整合方案，为现代社会克服分裂危机提供了一条思路。

然而，我们不难看出，哈贝马斯为其共同体设定了太多的条件和赋予了太高期待，以至于这样的理论不管是被置于发达资本主义社会还是其他社会，终将因水土不服而无法实施。

首先，哈贝马斯共同体理论的出发点是生活世界殖民化的社会现实，然而这一理论的基础是基于合理化生活世界中的无限制交往共同体。如果说前者是一种对资本主义的历史唯物主义批判，那么后者却又放弃了这种唯物主义。我们不得不承认，在一定程度上，哈贝马斯所揭示的生活世界殖民化是不争的事实，既然如此，生活世界中的无限制交往共同体如何可能呢？这个殖民化事实得到改善了吗？答案当然是否定的。系统对生活世界的殖民化不仅没有被纠正，而且愈演愈烈。这对于其共同体理论来说，无疑是釜底抽薪。没有合理的生活世界，就没有理想的交往共同体，更没有公共领域中的语言共同体，那么法律共同体就只剩下系统性整合功能。所以，哈贝马斯的共同体理论存在一道从出发点到立论基石的鸿沟。彻底的历史唯物主义应该是根据生活世界殖民化的社会危机去探寻现实的社会病理，到人们的实际交往实践中去奠定交往共同体形成的社会基础，而不是半先验地设定理想条件。

其次，哈贝马斯的共同体是被屏蔽了阶级矛盾、没有根本利益冲突、没有革命向度的共同体，这种理想化设定使得其语言共同体和法律共同体都是片面的。在哈贝马斯看来，推动现代历史进程的根本力量不是社会生产，更不是基于社会生产关系形成的阶级斗争，而是人与人之间基于语言的互动，即交往行为。正是这一历史观促使他过多地看到共同体的统一性方面而忽视了其斗争性方面。他明确指出："只有在一种从阶级限制的躯壳中生长出来、摆脱了千百年社会分层和剥削之桎梏的社会基础上，才能充分发挥一个没有拘束的文化多元性的潜力。"① 在这种社会共同体中，成员的根本利益是一致的，即双方或多方以承认其他成员的根本权利为前提。哈贝马斯的这种观点并非空穴来风，而是基于以德国为代表的发达资本主义社会阶级状况的变化，即无产阶级与资产阶级之间的矛盾冲突通过福利国家制度等措施得到了一定程度的缓和。② 然而，马克思在 200 多年前的判断"至今一切社会的历史都是阶级斗争的历史"③，在当今依然具有说服力。纵观人类发展史，阶级矛盾是贯穿整个阶级社会历史的基本矛盾之一，往往表现为不可调和的阶级对抗，而国家只不过是阶级统治的工具，法律不过是统治阶级意志的体现。工人阶级与资产阶级之间的矛盾和斗争并非全部消失，其主要部分随着全球化浪潮被转移到发展中国家，变成了全球资产阶级与全球无产阶级之间的矛盾与斗争。哈贝马斯则忽视了这种对抗，其公共领域的实质是资产阶级公共领域，其中的语言共同体是资产阶级牢牢掌握话语霸权的共同体。因此，他诉诸的法律共同体所提倡的成员之间的平等与自由只不过是就资产阶级而言的。这样的共同体只能是统治阶级共同体，而被统治阶级共同体的意志则被忽视，由此统治阶级与被统治阶级之间的对抗与调和

---

① ［德］尤尔根·哈贝马斯：《在事实与规范之间：关于法律和民主治国的商谈理论》，童世骏译，生活·读书·新知三联书店 2011 年版，第 381 页。
② 王凤才：《新世纪以来德国阶级问题研究》，《中国社会科学》2016 年第 4 期。
③ 《马克思恩格斯文集》第 2 卷，人民出版社 2009 年版，第 31 页。

机制更被忽视。至于在全球社会生产体系中，无产阶级与资产阶级之间如何建立交往共同体、语言共同体和法律共同体的问题，哈贝马斯直接摒弃了这种阶级分析方法。他虽然雄心勃勃论及国际共同体，却仍是在发达资本主义社会内部如核心欧洲的层面论及的。

即使在发达资本主义社会内部，仍然存在阶级或阶层斗争、民族压迫与抗争、身份蔑视与反抗等激烈冲突，而这些冲突所造成的分裂无一能够通过交往行为来整合，相反，往往需要阶级革命、民族革命和身份革命来克服。因此，哈贝马斯的共同体即使被置于发达资本主义国家，仍然只是一种思想实验，而非真正的现实共同体。而欧洲共同体就是这一思想实验品。在他看来，在现行生产体系下，建立统一的欧洲共同体是抵制资本主义最有效的路径。然而，欧洲共同体是在发达资本主义社会体系内由资产阶级所主导形成和运行的，其中的阶级、民族、信仰、身份等激烈冲突使它遭遇了前所未有的分裂危机。尤其是新世纪以来的恐怖主义、新帝国主义、民族主义、难民问题以及由互联网所引起的社会变革，都不断冲击着欧洲共同体的基石，令哈贝马斯感到"愤怒"甚至"绝望"。愤怒是因为他还寄予厚望的资产阶级为了维护其统治利益而达到了无所不用其极的地步；绝望是因为在这种社会内部来实现其基于各种共同体的社会整合已回天乏术。究其根本原因，在资本主义社会内部，仅靠个体的交往理性是不足以抵抗资本的操纵的，仅靠共同体的话语共识是不足以消除帝国主义宰制世界的尖端武器的，仅靠宪法或国际法的一纸规约是不足以协调共同体之间为了生存发展而展开的利益冲突的。这种情形之下，哈贝马斯仍然不愿意寄希望于革命，在资产阶级共同体内依旧向这些令他愤怒的主体妥协。

对于在话语中居于弱势地位的广大无产阶级和弱势族群来说，要实现哈贝马斯所说的共同体，需要一个前提，那就是在交往共同体中创生出充足的、与资产阶级对等的意义来源，在公共领域中获得实质上同等的话语交往的条件，在法律上获得同等的立法和司法保障，而这就需要通过革命改变资本主义这种宰制的社会生产体系。换句话说，只有从根本上改变资本的逻辑，改变资产阶级的统治地位，从而改变资本主义的经济系统和政治系统，才可能真正实现生活世界的合理化，交往共同体、语言共同体和法律共同体才得以形成和发展。

最后，哈贝马斯的共同体是剪断了情感联系的理性共同体，无法牢固维系主体间、代际间的团结。对于作为理性主义者的哈贝马斯来说，通过交往行为形成的关系都是合理的互动关系，通过论证语言表达的都是可理解的观点，通过程序确定的法律都是无情的规范。他对话语的三个有效性要求的理解有意地消除了交往主体之间互通共感的情感联系。虽然对主观世界的真诚性包含情感的因素，然而，哈贝马斯强调的是对说话者自身内心的真诚性，而关于听话者以及共同体的情感世界则没有被涉及。即使是在最有可能安置情感的生活世界中，也很难找到情感的因素。总而言之，共同体的情感冲动被压抑了，情感纽带被刻意剪断了。而这一缺失的情感维度则被霍耐特弥补了。在《为承认而斗争》一书中，霍耐特就将那表示人与人之间情感互动本源关系的爱理解为人与人之间"互相承认的第一个阶段"①。在《物化：承认理论探析》一书中，他从相反方向证明，既然承认就是联系自我与世界的原初形式，就是与他人维系共感参与关心挂念的情感联系，那么对这种基于情感共鸣的承认的遗忘就是物化。② 对于霍耐特来说，情感共鸣是共同体得以形成的前提，是共同体成员之间确立相互依赖相互需要的承认关系的第一步，并贯穿始终。对情感联系的破坏，就会造成个体同一性的破坏和共同体社会的分裂。此外，这种情感联系在共同体中还有一个重要功能，就是维系代际之间生活形式的连续性。哈贝马斯的共同体侧重于同一时空下的同代人之间的话语交往，对于代际之间的话语交往则鲜少涉及。因此，他无法回答奥菲提出的问题："如果连当代的薄弱纽带都明显不足以激励行动

---

① ［德］阿克塞尔·霍耐特：《为承认而斗争》，胡继华译，曹卫东校，上海人民出版社2005年版，第103页。

② ［德］阿克塞尔·霍耐特：《物化：承认理论探析》，罗名珍译，华东师范大学出版社2018年版，第50页。

上的团结，那么跨时代共同体又能依靠什么呢?"① 代际之间因信息的不对称、生活形式的差异、时代要求的不同很难展开有效的话语交往，然而每代人始终都是历史的话语主体。维系社会历史承前启后的纽带一方面是文化传统和社会制度，另一方面是代际间的情感互动。正是情感的互通共鸣将不同时空中的人们联结起来，形成内在稳固的代际共同体。

（原载《哲学研究》2019 年第 10 期）

---

① Offe, C. , "Bindings, Shackles, Brakes: On Self-Limitation Strategies", in Honneth, A. , McCarthy, T. , Offe, C. and Wellmer, A. (eds.), *Cultural-Political Interventions in the Unfinished Project of Enlightenment*, trans. by Fultner, B. , Cambridge: MIT Press, 1992, p. 82.

论哈贝马斯商谈合法化理论的
社会理论逻辑

孙国东*

哈贝马斯在其法哲学代表作《在事实与规范之间：关于法律和民主法治国的商谈理论》中，为我们建构了将复杂社会的激进民主与政治—法律秩序合法化（legitimation）融为一体，并以"双轨模式"为理论构件的商谈民主理论。正如哈贝马斯本人所言，"……我从合法化的面向来讨论民主理论。"① 在笔者看来，哈氏的这一自我定位对我们解读其晚期政治—法律哲学具有拨云见日之效：这意味着他不再像普通民主理论家那样局限于"就民主谈民主"的政治理论的内在视角，而是基于现代复杂社会的社会秩序机理将民主视为社会—政治秩序合法化的功能化要求和结构性需要。换言之，他从功能性的视角将民主视为现代复杂社会的一种合法化过程。同时，考虑到哈氏作为社会理论家的学术底色，这事实上也意味着其民主合法化理论具有深厚的社会理论基础。

然而，无论在专业的哈贝马斯研究学界，还是一般的思想史研究领域，我们仍未能较好地厘清其商谈合法化思想的社会理论逻辑。这方面的代表作如 Mathieu Deflem 的《导言：哈贝马斯沟通行动理论中的法律》，尽管力图探讨哈氏沟通行动论所预示的法哲学思想同其商谈理论间的关系，但由于仍囿于概念层面的考辨，对商谈理论的问题意识、内在理路

---

* 孙国东：复旦大学讲师，社会科学高等研究院专职研究人员。

① J. Habermas, *Between Facts and Norms*：*Contributions to a Discourse Theory of Law and Democracy*, trans. Williiam Rehg, Cambridge, Mass.：MIT Press, 1996, p. xl（preface）.

等仍缺乏较为深入的探究。① 本文试图弥补这一缺憾，将基于其问题意识和内在理路，深入探讨哈氏商谈合法化理论的社会理论逻辑。

一 哈贝马斯的"系统—生活世界二元论"

在《合法化危机》中，哈贝马斯不仅以投入—产出结构为基点较为系统地考察了晚期资本主义（现代社会）的各种危机形态，而且初步提出了"系统—生活世界二元论"。但正如国际著名哈贝马斯研究专家 T. McCarthy 所言，"在大多数情况下，系统和生活世界这两个不同的框架仍不协调，即是交替使用着的，而不是真正整合到了一起"②。他真正把这两个视角整合起来是在随后出版的《沟通行动理论》中实现的。在该书中，他不仅主要基于韦伯的合理化理论建构了以生活世界为基础的"系统—生活世界二元论"，而且在所谓的"生活世界合理化"（rationalization of lifeworld）的语境中对早期合法化危机论说进行了重述。正是在这种重述中，商谈合法化理论的问题意识和内在理路逐渐显现出来。

在《沟通行动理论》中，为了突破社会理论中长期存在的结构主义/系统理论传统与行动理论传统之间的二元对立，哈贝马斯继承韦伯和帕森斯社会理论的二元化倾向，系统建构了"系统—生活世界二元论"。

哈贝马斯借鉴帕森斯—卢曼系统理论对现代复杂社会的分析，承认帕森斯意义上的"边界维持系统"（boundary-maintaining systems）或卢曼意义上的"自创生系统"（autopoietic systems）可以不经行动者的沟通性参与、遵循目的合理性（工具合理性）逻辑并在超越多元行动者的非人格化层面得到整合，从而约减社会的复杂性。但是，不同于帕森

---

① Mathieu Deflem, *Introduction*: *Law in Habermas's Theory of Communicative Action*, in Mathieu Deflem (ed.), Habermas, Monernity and Law, London: SAGE publications, 1996, pp. 1–20.

② Thomas McCarthy, *The Critical Theory of Jürgen Habermas*, Cambrigde, Mass.: MIT Press, 1978, p. 379.

斯 AGIL 图式的四系统论①和卢曼更为精致的十二系统论，哈氏将韦伯基于目的合理性的资本主义经济和官僚制视为两个子系统，即经济系统和行政系统（对应于帕森斯的"适应"和"目标达成"子系统）。因为在他看来，只有在"金钱"和"权力"导控媒介已经制度化的领域，行动者才会采取"去语言的"（delinguistificated）客观化态度，即在有利/不利（经济系统）、有权/无权（行政系统）等二元代码的范导下，从对他人主观意图的关切（沟通行动）转向对客观结果或效果的追求（目的合理行动）。

同时，哈贝马斯以其对胡塞尔"生活世界"概念的交互主体性和形式语用学改造来对接帕森斯 AGIL 图式中"整合"和"模式维持"子系统，从而形成了"系统—生活世界二元论"。哈氏认为，"系统"是以金钱或权力为导控媒介的"规范无涉的社会性"（norm-free sociality）领域，对应的行动类型是取向"成功"的策略行动；其所实现的整合类型是洛克伍德意义上的"系统整合"（systemic integration），其整合机制为"交换与权力机制"。而"生活世界"则是以语言为互动媒介的"权力无涉的沟通"（powder-free communication）领域，对应的行动类型是取向"理解"和"共识"的沟通行动；其所实现的整合类型是"社会整合"（social integration），其整合机制为"共识形成机制"。在生活世界，语言主要发挥三种功能：一是使用语言就某一问题达致相互理解；二是理解取向的沟通被用于行动协调，进而促进社会整合；三是个体的社会化过程亦以语言为媒介发生。因此，生活世界在结构上包括三个成分：文化、社会和个性；它们分别对应沟通行动所面对的客观世界、社会世界和主观世界，并分别履行文化再生产、社会整合和个体社会化的功能。

但在哈氏那里，生活世界与系统并不是并立的，前者在功能上优位于后者。在他看来，生活世界中人们共享的文化知识、有效的社会

① "适应"（adaptation）、"目标达成"（goal attainment）、"整合"（integration）和"潜在模式维持"（latent pattern-maintenance）；分别大致对应着经济、政治、文化和个性诸领域。

规范和负责任的个性动机使得其成为沟通行动的始源地：它们既可以确保生活世界本身不被扭曲，其所蕴含的民主化的沟通性参与亦可以制约系统的运行。就本文关切的合法化问题而言，这涉及他的两个密切相关的著名命题，即"系统对生活世界的殖民化"命题（以下简称"殖民化命题"）和"生活世界合理化"命题（以下简称"合理化命题"）。其中，前者解释了以生活世界中的沟通行动来驯化系统、克服其合法化赤字（乃至合法化危机）的必要性，后者则解释了其可能性。

二 "合理化命题"与"殖民化命题"：对合法化危机的沟通行动论重述

合理化命题与殖民化命题堪称《沟通行动理论》第二卷中两个最为重要的命题。在分析的意义上，我们固然可以将其视为两个相对独立的命题，但考虑到后者在逻辑上可以从前者推演出来，我们不妨在前者的总逻辑中将两者一并重构如下：

第一，由于生活世界的合理化进程在很大程度上是社会进化的产物，哈贝马斯试图在社会进化语境中以"合理化命题"来把握系统与生活世界的社会—历史演化逻辑，而这种社会—历史进程体现为生活世界合理化的悖论，即"系统复杂性的增长"与生活世界的合理化之间构成了相反相成的关系。哈氏认为，生活世界合理化和系统复杂性的增长共同导致他所谓的"系统与生活世界的分离（或去耦合化）"（the uncoupling of system and lifeworld）的历史进程。从历史上看，在部落社会，系统与生活世界在很大程度上在结构上耦合在一起；随着社会分层（特别是国家）的出现，行政系统首先从生活世界的"社会"成分中分化出来；随着社会化大生产的资本主义市场经济的出现，经济系统亦从同一成分中分化而来。然而，"如果没有一定数量的一般化的行动取向（generalized action orientation），即使最简单的互动系统亦不能运行。每个社会都不得不面临协调行动的基本问题：自我（ego）如何让异他（alter）继续按照可欲的

（desired）方式互动？他如何避免阻挠行动次序的冲突？"① 简言之，这呼唤生活世界的合理化来确保系统分化的成就。遵循帕森斯，哈氏认为"价值一般化"（value generalization）适合行动者在社会进化的过程中制度化地予以要求的变得愈来愈一般化和形式化的价值取向，有助于巩固在社会进化中形成的系统分化成就。

这大体表现在：在部落社会晚期的分层社会中，主要依靠统治集团的声望和影响力来协调社会行动；在政治性地组织起来的社会，统治者的权威则扩大了一般化价值取向的范围："同意和遵循的意愿首先不是与有影响力的家族相一致，而是符合国家的法律权威"；在现代社会，则呼唤更高层次的价值一般化："在传统伦理生活（Sittlichkeit）分裂为合法律性（legality）和合道德性（morality）的范围内，在私人领域要求自主地适用一般化的原则，在职业领域和公共领域则要求遵循以实证的方式制颁的法律。"②

在哈氏看来，上述社会进化中的价值一般化趋向对沟通行动的影响在于如下两点：（1）价值的一般化愈是进一步推进，沟通行动就愈是与特定的、传统的规范性行为模式相分离，进而使得社会整合从根植于宗教情境的共识转向在基于语言的互动中达成共识的过程。（2）由于以沟通行动证成规范的有效性不堪重负（overloaded）（不可能在所有社会领域均依循沟通行动的模式行动），这既"呼唤一种合法化的延搁"（a deferment of legitimation），又使系统整合（以金钱和权力这种目的合理性媒介来导控社会行动）成为现代社会的必然现象。③ 可见，系统复杂性的增强与生活世界的合理化既是同一历史进程的两个不同方面，亦形成了相反相成的关系：系统复杂性的增强既带来了系统与生活世界的分离，又以生活世界合理化为必要条件；但是，生活世界中的沟通行动面对复杂

---

① J. Habermas, *The Theory of Communicative Action*, Vol. 2: *System and Lifeworld*, trans. Thomas McCarthy, Boston: Beacon Press, 1987, p. 179.

② J. Habermas, *The Theory of Communicative Action*, Vol. 2: *System and Lifeworld*, trans. Thomas McCarthy, Boston: Beacon Press, 1987, p. 180.

③ J. Habermas, *The Theory of Communicative Action*, Vol. 2: *System and Lifeworld*, trans. Thomas McCarthy, Boston: Beacon Press, 1987, p. 179.

社会时的不堪重负，却使系统整合及其所导致的"合法化延搁"成为必然，进而又促进了系统复杂性的增强，即经济系统和行政系统越来越自主地运行。

第二，从合法化的视角来看，生活世界合理化的悖论在实践中不仅体现为由前述合法化延搁所导致的合法化赤字，更体现为由系统对生活世界的殖民化所带来的合法化危机。在哈氏看来，生活世界合理化的悖论在实践中体现为系统复杂性和自主性的增强压制了生活世界的合理化。这就指向了著名的"殖民化命题"。哈氏的这一命题具有多重理论渊源：它既与马克思的"异化"的思想有关，亦与早期法兰克福学派（特别是卢卡奇）关于"物化"的思想有关。但从其最初出场的语境来看，它却主要与韦伯关于"自由丧失"和"意义丧失"的著名时代诊断有关：哈氏想以其沟通行动理论来重建韦伯的上述命题，既否弃韦伯对现代性的悲观论调，又纠偏其对目的合理性行动的排他性关注。因此，我们不妨以哈氏本人所勾勒的试图超越韦伯的三段论命题来把握其理论思路："（a）肇端于资本主义的现代社会的出现，要求把后习俗的（postconventional）道德和法律表征制度化地表现出来，并将其诱导性地锚定起来；但是，（b）资本主义现代化所遵循的模式是如此片面，以至于认知—工具合理性超越了经济和国家的边界而侵入那些以沟通方式组织起来的生活领域，并以牺牲道德—政治合理性和审美—实践合理性为代价而在那些领域取得了支配地位。（c）这导致了生活世界中符号再生产（symbolic reproduction）的紊乱。"①

上述（b）和（c）所包含的内容正是哈氏殖民化命题的核心内容："由于资本主义的增长，经济和国家子系统变得越来越复杂，并且更深地渗入到生活世界的符号再生产中。"② 它所表征的其实是由于系统的目的合理性行动逻辑在社会中的弥散所导致的合法化危机，因为系统迫令

---

① J. Habermas, *The Theory of Communicative Action*, Vol. 2: *System and Lifeworld*, trans. Thomas McCarthy, Boston: Beacon Press, 1987, pp. 304 – 305.

② J. Habermas, *The Theory of Communicative Action*, Vol. 2: *System and Lifeworld*, trans. Thomas McCarthy, Boston: Beacon Press, 1987, p. 367.

"把道德—实践性要素驱赶于生活的私人领域和政治公共领域之外了"①。在哈氏看来，这种"未获满足的合法化需要"之所以产生，乃因为"人们的日常实践在私人领域和公共领域都货币化（monetarization）和官僚化了"②。因此，其合法化理论即是要扭转这一趋势，把系统重新锚定于生活世界的共识形成机制中。

第三，在生活世界合理化的语境中，哈贝马斯不仅将其在《沟通行动理论》第一卷中对韦伯合理化理论的重构纳入进来，又着重从沟通行动理论视角对韦伯合理化理论（特别是关于世界除魅的论说）进行了重建。概言之，哈氏仍将生活世界的合理化视为沿着文化合理化—社会合理化轨迹而展开的历史进程。这表现在：（1）在文化层面，世界的除魅不仅意味着文化价值领域的分化，而且在根本上体现为"神圣事物的语言化"（linguistification of the sacred）。从沟通行动理论的视角看，韦伯所谓的世界除魅其实表征着根植于宗教—神圣情境的规范有效性发展为一种以语言为媒介的互动。③（2）在社会层面，我们也可以看到相应的分化过程：系统复杂性的增强不仅使得系统从生活世界的社会成分中分化出来，进而使得生活世界中社会与文化、个性领域分离开来。同时，随着"文化"变得愈来愈合理化（具有抽象性、普遍性及反思性），它逐渐与其所产生的社会情境相分离，并可以为其他社会反思性地改变、批判性地吸取；随着"个性"变得愈来愈合理化，它亦有能力反思性地将自己从文化传统和习俗性社会角色中解放出来，并形成一个相对独立的领域。④

综上所述，我们可以合乎逻辑地推演出商谈合法化理论的主要问题

① J. Habermas, *The Theory of Communicative Action*, *Vol. 2: System and Lifeworld*, trans. Thomas McCarthy, Boston: Beacon Press, 1987, p. 325.

② J. Habermas, *The Theory of Communicative Action*, *Vol. 2: System and Lifeworld*, trans. Thomas McCarthy, Boston: Beacon Press, 1987, p. 325.

③ J. Habermas, *The Theory of Communicative Action*, *Vol. 2: System and Lifeworld*, trans. Thomas McCarthy, Boston: Beacon Press, 1987, p. 77.

④ David Ingram, *Habermas: Introduction and Analysis*, Ithaca and London: Cornell University Press, 2010, p. 314.

意识和逻辑起点：就系统复杂性和自主性的增强（社会合理化）而言，不仅其所带来的社会与文化、个性领域的分化使得系统整合处于由合法化延搁所导致的合法化赤字中，而且它亦使系统的行动逻辑普遍渗入到生活世界的符号再生产中，进而导致现代复杂社会中以"系统对生活世界的殖民化"为主要表征的合法化危机——这指向了以商谈兑现合法化的必要性及商谈合法化理论的主要问题意识。就生活世界的合理化（文化合理化）而言，不仅其所产生的"价值一般化"趋向进一步巩固了系统分化的历史成就，而且与之相伴生的世界除魅在根本上意味着"神圣事物的语言化"：人们不再按照那些由未经质疑的神圣权威所确保的规范而行动；相反，他们在个性和文化层面均倾向遵循沟通行动的行为模式而对规范采取反思性的证成立场——这指向了以商谈兑现合法化的可能性及商谈合法化理论的主要逻辑起点。

三 从"系统—生活世界二元论"到"围攻论"的双轨模式

为了不使其社会理论仅沦为一种与社会—政治实践情势无涉的规范性理论建构，哈贝马斯自 1980 年代以来先后向道德哲学、政治—法律哲学等领域推进自己的理论工作。在法哲学与政治哲学领域，哈贝马斯立基于"系统—生活世界二元论"提出了"围攻论"的双轨模式，即通过将"系统—生活世界二元论"改造成非正式的政治公共领域的"意见形成"（opinion-formation）与正式决策机构的"意志形成"（will-formation），并使前者"围攻"（siege）或"包围"（surround）后者，形成了一种卢梭式的激进民主理论——这就是为我们所知的商谈民主理论。

哈贝马斯不仅将生活世界在结构上分为文化、社会和个性三个部分，还从"建制化秩序"（institutional orders）角度将其划分为"私人领域"和"公共领域"，进而将其同合法化问题联系起来。按照他的理解，现代社会的个体在生活世界中主要以雇员、消费者、纳税人、公民四种不同身份，分别与经济系统和行政系统发生互动关系。在私人领域，以雇员身份向经济系统输入劳动力，获得从经济系统中输出的劳动报酬；以消费者身份向经济系统输入消费需求，获得从中输出的物品和服务。在公共领域，以纳税人（委托人）身份向行政系统输入税金，获得从中输出的各种"组织化成就"（例如，良好的公共设施和社会福利等）；以公民身份向行政系统输入大众忠诚，获得从中输出的各种政治决定。可见，个体以公民身份与行政系统进行的互动，正体现了合法化问题的运行逻辑，如图1所示。

生活世界的 建制化秩序	互动关系		媒介导控的系统
私人领域	(1)	P'/劳动力 → ← M'/雇佣收入	经济系统
	(2)	← M'/物品与服务 M'/消费需求 →	
公共领域	(1)	M'/税金 → ← P'/组织化成就	行政系统
	(2)	← P'/政治决定 P'/大众忠诚 →	

图1　生活世界、公共领域与系统的互动关系①

M = Money media（金钱媒介），P = Power media（权力媒介）

另外，与社会理论语境中主要论及"行政系统"不同，在法哲学和政治哲学语境中，哈贝马斯更多地使用了"政治系统"，甚至还在一定程

---

① J. Habermas, *The Theory of Communicative Action*, Vol. 2: *System and Lifeworld*, trans. Thomas McCarthy, Boston: Beacon Press, 1987, p. 320.

度上将两者混用。但如果依循其理论逻辑，我们仍可以将两者的关系大致予以分殊。早在《合法化危机》中，哈氏即同时使用了政治系统和行政系统。但在该书中，他至少在下面这句话中透露出两者的关系："尽管这两种危机取向都产生于政治系统……"① 根据上下文提示，此处所谓的"这两种危机取向"是指有关政治系统中大众忠诚投入的"合法化危机"，以及关涉政治系统中合理行政决策产出的"合理性危机"。可见，哈氏在很大程度上把政治系统按照投入—产出的功能划分为合法化系统和行政系统，前者主要指通过选举制、代议立法制等民主建制而汲取大众忠诚的行动系统；后者则指主要回应经济系统的需要而产出合理的行政决策的行动系统。因此，哈氏认为，狭义的政治系统是指与选举制等民主合法化建制相联系的合法性的投入系统（合法化系统）；广义的政治系统还包括产出合理行政决策的行政系统。正是在其狭义上，T. McCarthy 指出："只有当其讨论整体的合法化即福利国家民主的问题时，哈贝马斯才谈及'政治系统'。除了这些语境之外，他典型地谈到的是'行政系统'、'国家机器'和'政府管理'等等诸如此类。"② 当然，依据哈氏本人对系统的定义，合法化系统并不是严格意义上的系统。之所以有这种微妙"错位"，依笔者之见，乃源于他对现代社会复杂性的深刻体认：由于社会的日益复杂化，我们仍需尊重行政系统的自主逻辑（行政系统）；但由于民主合法化的需要，我们亦需为日益自主的行政系统进行合法化驯服（合法化系统）。

事实上，哈贝马斯"双轨模式"的起点正是现代复杂社会。在他看来，现代复杂社会是一个价值多元、功能分化的社会——在这样的社会中，与世界除魅（价值多元）及"系统与生活世界的分离"（功能分化）相适应的是一种"去中心化"（decentered）的社会结构。在这种社会结构中，正如前文论述的那样，系统复杂性的增强使得系统整合仍在"全

---

① J. Habermas, *Legitimation Crisis*, trans. Thomas McCarthy, Boston：Beacon Press，1975, p. 46.

② J. Habermas, *Between Facts and Norms：Contributions to a Discourse Theory of Law and Democracy*, trans. Williiam Rehg, Cambridge, Mass. ：MIT Press，1996, p. 353.

社会整合"（societal integration）具有独特地位，进而以法律为媒介确保作为政治系统之一部分的行政系统遵循其目的合理性的行动逻辑，仍是我们的必然选择。申言之，随着社会复杂性的日益增强，以去语言化的、遵循目的合理性行动逻辑的行政系统及时处理各种社会问题是现代复杂社会无可推脱的历史宿命。然而，与行政系统的及时性、自主性、高效率相伴生的"合法化延搁"的问题，使得它又必须通过作为政治系统之另一部分（合法化系统）来汲取大众忠诚，以弥合合法化延搁所带来的合法化赤字乃至合法化危机。正是出于对现代复杂社会的深刻认识，以及对行政系统自主逻辑的充分尊重，哈氏主张通过政治公共领域所形成的沟通权力，并以合法化系统为中介为行政系统源源不断地间接输入大众忠诚，进而解决现代复杂社会的合法化赤字，甚至合法化危机。也正是在这个意义上，哈氏主张将人民主权程序化，进而形成了一种程序主义的民主观，即以政治公共领域匿名化、无主体的沟通和商谈来确保公民的公共自主，进而将法律合法化溯源于此："人民主权的原则确立了一种程序，由于其本身的民主特征，因此，这种程序可以证成合法结果的推论根据。人民主权原则表现于沟通权力和参与权中，而这些权力则确保着那些在政治上被授予公民权之公民的公共自主。"①

在双轨模式中，公共领域所形成的"意见"并不直接形成有约束力的"意志"，而是形成一种"沟通权力"，并经由制度化的汲取大众忠诚的合法化系统的中介对行政权力进行"围攻"或"包围"。因此，类似于卢梭的"公意"和"众意"，哈贝马斯引入"沟通权力"和"社会权力"概念：前者是公民在公共领域与行政系统发生互动时基于沟通行动形成的权力；后者则是人们在私人领域与经济系统进行互动时形成的权力。在他的构想中，它们与行政权力一道，以沟通权力为基点，并主要以合法化系统为中介形成了一个权力传递结构，如图 2 所示。在他看来，就像卢梭意义上的"众意"不是政治合法性的渊源一样，社会权力（同行

---

① J. Habermas, *The Postnational Constellation*: *Political Essays*, translated, edited and with an introduction by Max Pensky, Cambridge：MIT Press，2001，p. 115.

政权力一样）亦不具有自足的合法性，而必须经由沟通权力的过滤才能赢得合法性。社会权力可以允许亦可以阻止合法权力的形成，因此，需要予以规范。而国家与社会的分离可以阻止社会权力未经沟通权力的过滤而直接转化为行政权力，这就要求：公共领域必须对由社会权力地位产生的权力潜力的不平等分配进行缓冲和中立化，以使社会权力对公共自主起到促进作用。同时，"法律不仅对导控行政过程的权力代码具有构成性意义，而且它亦表征着将沟通权力转化为行政权力的媒介"[1]。因此，我们必须以法律为媒介，并由公共领域的公民商谈所形成的沟通权力经由合法化系统（特别是立法机关的法律创制）之中介而间接制约行政权力的运行。出于对政治/行政系统自主性的尊重，哈氏还借鉴了弗雷泽（N. Fraser）关于"弱公众"与"强公众"、彼得斯（B. Peters）关于"中心"与"外围"的区分，强调处于"外围"的公共领域中的"弱公众"对处于"中心"的决策机构（立法机关）中的"强公众"的"影响"与"包围"，进而转化为具有合法性的行政权力。"公共领域不是仅仅被理解为议会机构的后院，而是被理解为包围政治中心并产生推动力的外围：它通过培育规范性理由影响着政治系统的各个部分，但并不想占领它。公共意见通过大选和各种形式的参与渠道被转化为那种对立法机关进行授权并使行政导控机构得以合法化的沟通权力。"[2]

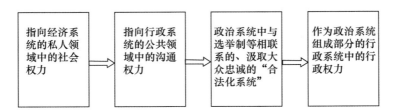

图2　双轨模式的权力传递结构

①　J. Habermas, *Between Facts and Norms: Contributions to a Discourse Theory of Law and Democracy*, trans. Williiam Rehg, Cambridge, Mass.: MIT Press, 1996, p. 169.

②　J. Habermas, *Between Facts and Norms: Contributions to a Discourse Theory of Law and Democracy*, trans. Williiam Rehg, Cambridge, Mass.: MIT Press, 1996, p. 442.

综上所论，从"系统—生活世界二元论"到"围攻论"的双轨模式，哈贝马斯通过将"生活世界"转化为更具政治性的"公共领域"，并通过将"沟通行动"转化为"沟通权力"以及将"行政系统"转化为视野更宏大、包含"合法化系统"的"政治系统"，不仅使其社会理论建构推至法哲学和政治哲学领域，而且进一步挖掘了公共领域所具有的民主潜能，最终为我们建构了将民主理论和合法化理论融为一体的程序主义商谈民主理论。

四　结语

哈贝马斯商谈合法化理论（双轨模式）的逻辑起点是现代复杂社会，即价值多元（世界除魅）和功能分化（系统与生活世界的分离）的社会。在现代复杂社会，尽管生活世界的合理化（价值的一般化和神圣世界的语言化）为我们以商谈来兑现法律的合法化创造了历史条件，但由于以商谈证成规范有效性不堪重负，系统整合（特别是行政系统以权力为媒介实现的整合）仍是现代社会的必然现象。然而，由此带来的"合法化延搁"导致合法化赤字乃至合法化危机，这在根本上又呼唤由政治公共领域形成的沟通权力对行政系统进行合法化驯服。因此，唯有由公共领域的公民商谈形成沟通权力，并主要以合法化系统（特别是立法机关的法律创制）为中介而间接制约行政权力的运行，我们才能在现代复杂社会的背景下谋求政治—法律秩序的合法性。

（原载《学术界》2012 年第 5 期）

基于商谈的正义与基于承认的正义

——哈贝马斯与霍耐特两种正义观的比较分析

孔明安　黄秋萍[*]

《在事实与规范之间：关于法律和民主法治国的商谈理论》是哈贝马斯后期的一部扛鼎之作。哈贝马斯在书中探讨了商谈论基础上正义的形成及其可能性问题，因而，我们可以将哈贝马斯的此种正义称为"基于商谈的正义"。哈贝马斯在此力图克服合法性建构中事实性与规范性之间，或事实性与有效性之间的张力，并从第三种路径来实现公平的正义。哈贝马斯自豪地标榜自己的正义是不同于传统自由主义与社群主义的另类正义。他说："我想描述一种程序性的民主和协商政治观。它既不同于自由主义范式，也不同于共和主义范式。"[①] 这种程序性的协商民主也就是其合法性的正义理论。哈贝马斯指出，合法性不仅是基于法律的，也是基于道德的。然而，不可否认的是，《在事实与规范之间：关于法律和民主法治国的商谈理论》一书的核心仍集中于对法律性的探讨，是一部重要的法哲学著作。与康德将法权学说附属于其实践哲学不同，哈贝马斯认为合法性的核心首先必须是"合法律性"（legality），当然，合法性同样离不开合道德性。法律和道德对于正义的建构来说缺一不可。在1986年的"泰纳演讲"中，哈贝马斯已经指出了法律与道德之间是一种互补关系。他说："关于合法律性的合法性的问题到现在为止把法律和道

---

　* 孔明安：南开大学马克思主义学院教授；黄秋萍：厦门大学马克思主义学院研究生。

　① ［德］尤尔根·哈贝马斯：《三种规范民主模型》，参见［美］塞拉·本哈比《民主与差异：挑战政治的边界》，中央编译出版社2009年版，第21页。

德的议题推到了突出位置。……我们感兴趣的不只是这种互补关系，而是道德和法律之间同时存在的相互交错。"① 这种交错不再完全是法律与道德之间的互补，而是表现为法律的道德化和道德的法律化。限于篇幅，我们不能详论。虽然如此，哈贝马斯探讨的重心仍集中于合法性的法律维度，而对合法性道德维度的探讨略显不足。作为哈贝马斯的弟子，霍耐特明显看到了哈贝马斯在此方面的不足，并试图用"承认"理论来加以弥补。霍耐特的"承认"不再处于哈贝马斯的"现代性"的维度之内，它也不再是法律性的，而是后现代视野下的伦理思考。当然，承认本身并不直接构成正义问题，而是一个伦理问题。承认与否是对主体尊严的尊重或蔑视，是主体间相互关系的道德或伦理考察。虽然如此，但必须承认，承认问题与正义问题密不可分。因而，"为承认而斗争"就成为走向公平正义的前提性条件。在这个意义上，我们可以说，霍耐特的正义论是"基于承认"的正义。基于此，本文试从哈贝马斯权利的合法性和商谈论的原则出发，对哈贝马斯的"基于商谈"的正义与霍耐特"基于承认"的正义加以简要分析，进而廓清两种正义类型的意义及其现实价值，并就其中隐含的问题进行概要评论。

一　权利的合法性与商谈论的程序性实践

首先，合法性问题是哈贝马斯 1970 年代之后关注的核心问题。权利的合法性只能来自主体间商谈，这是哈贝马斯 1980 年代以来反复强调的一个观点。哈贝马斯对合法性问题的关注始于他 1970 年代末出版的《重建历史唯物主义》一书。他在此论述了合法性的两个维度：经验的合法性与规范的合法性。但他对这两种合法性都不满意，并试图重建其合法性理论。哈贝马斯说：我论述了两种合法性概念，即："经验主义的合法性概念和规范主义的合法性概念。一个可以在社会科学上应用，但却不

---

① ［德］尤尔根·哈贝马斯：《在事实与规范之间：关于法律和民主法治国的商谈理论》，童世骏译，生活·读书·新知三联书店 2003 年版，第 584 页。

能令人满意，因为它放弃了公认的理由的系统论的重要性；另一个概念，从这方面看，似乎叫人满意，可是由于它受形而上学的关系的束缚，是站不住脚的。因此，我提出第三种合法性的概念，我把它称之为重建的合法性概念"①。但是这个"重建的合法性"概念究竟怎样，哈贝马斯并没有在此给予更多论述，只是到了1990年代的《在事实与规范之间：关于法律和民主法治国的商谈理论》中，哈贝马斯才从权利的合法性视野出发论述了他所谓的"重建的合法性"概念。在该书中，哈贝马斯首先对合法性（legitimacy）与合法律性（legality）两个概念作了明确区分。他指出，合法律性并不等于合法性。他说："规范的法律有效性（关键就在这里）的意思是，两个东西在同时得到保障：一方面是行为的合法律性，也就是必要时借助于制裁来强制实施的对规范的平均遵守，另一方面是规则本身的合法性，它使任何时候出于对法律的尊重而遵守规范成为可能。"②

因此，哈贝马斯早期提出的"重建的合法性"设想就变成了综合事实性与规范性的"合法性"正义理论。虽然合法性不等于合法律性，但合法性首先必须是合乎法律的，同时也是合乎道德性的。这是哈贝马斯在书中不断反复强调的观点。在合法性理论大厦的建构中，哈贝马斯逐步吸收了马克斯·韦伯的合法性概念、帕森斯和卢曼的系统结构论、卢梭的政治共和思想，以及康德的道德哲学和法权学说，等等，形成了有关主体权利的合法性理论，从而将正义概念奠定在合法性概念的基础之上。这是他有别于罗尔斯的关键之处。总而言之，哈贝马斯的合法性概念是建基于其商谈论之上的。离开商谈论，就无从谈论合法性问题。有关合法性问题的讨论将自由主义与社群主义有关正义问题的争论推向了另一个层次：合法性是正义的前提，只有弄清楚权利来源的合法性，才能进一步探讨正义问题。那么，主体的权利是如何产生的呢？它在何种

---

①　[德]尤尔根·哈贝马斯：《重建历史唯物主义》，郭官义译，社会科学文献出版社2013年版，第223页。

②　[德]尤尔根·哈贝马斯：《在事实与规范之间：关于法律和民主法治国的商谈理论》，童世骏译，生活·读书·新知三联书店2003年版，第37—38页。

意义上是合法性的呢？哈贝马斯的回答是，权利只能来自于主体间的"商谈"，而这种商谈是"程序性的"。正因为此，我们可以将哈贝马斯的正义称为基于商谈论的程序正义。

其次，哈贝马斯的商谈是发生于主体间的一种实践活动。它既不是建立在自由主义抽象的个体或主体上，也不完全发生于一个社会的共同体之间，而是通过主体之间的对话和协商展开的"讨价还价"活动。因而，只有通过商谈和对话的"实践"才能获得主体间的共识。主体间的共识是建立在一个社会的规范和价值的基础上。他说："为什么商谈原则要求用这种实践来论证有关规范和价值的决定。规范和价值能否得到所有相关者的合理地推动的共识，只有从第一人称复数这个主体间扩大了的视角出发，才能加以判断。这个视角将每个参与者的世界观和自我理解的种种视角以一种既不强制也不扭曲的方式整合起来。"①

这里，哈贝马斯指出了规范和价值对于达成主体间"共识"的重要性。而且，他强调指出，"只有从第一人称复数这个主体间扩大了的视角出发"，也即从"我们"出发，才能判断是否达成了"共识"。因此，共识的取得必须在这样的环境中，也即排除"强制"和"扭曲"因素的情形下，实现每个参与主体之间的"我们的"共识。只有如此，这种交往"共识"才是合法性的，是获得参与主体承认的。不仅如此，根据哈贝马斯的商谈论，权利的合法性不仅要求权利产生的合法性，而且要求权力运行也具有合法性。因此，哈贝马斯把商谈活动具体划分为"论证性商谈"和"运用性商谈"两个环节。哈贝马斯从德国法学家阿列克西（Robert Alexy）吸收了"论证性商谈"思想，又从德国法学家克劳斯·贡特尔（Klaus Günther）吸收了"运用性商谈"思想。他说："论辩实践的作用，就在于这样一种共同实践的普遍化的理想的角色承当。作为交往行动的反思形式，论辩实践在所谓社会本体论上的特征就在于参与者

---

① ［德］尤尔根·哈贝马斯：《在事实与规范之间：关于法律和民主法治国的商谈理论》，童世骏译，生活·读书·新知三联书店 2003 年版，第 280 页。

视角的完全的可逆转性，它使商谈性集体的高层次主体间性成为可能。这样，黑格尔的具体共相就升华为一种剔除了所有实质性成分的交往结构。"①

　　这里的"论辩实践"其实就是哈贝马斯的"论证性商谈"，是哈贝马斯对阿列克西的吸收和改造。它是交往实践的反思形式，也就是说，论证性商谈不是"线性的"商谈，而是"可逆性的"。换句话说，论证性商谈不是可以反复的，而必须是反复的，因为商谈从来就不是一次性完成的。只有通过反复性的、可逆性的、"讨价还价"式的交流和对话，才有可能达到哈贝马斯所谓的"高层次主体间性的商谈"。

　　这里，哈贝马斯兼收并蓄，既吸收了自由主义范式的"主体性"，又吸收了共和主义范式的"共同性"。他借用黑格尔的辩证法，既对二者进行了否定，又吸收了其合理成分，是对二者的扬弃，是"否定之否定"。所以，哈贝马斯说，一旦达到了高层次上的主体间的共识，那么，就实现了黑格尔的所谓的"具体的普遍性"，也即把"黑格尔的具体共相就升华为一种剔除了所有实质性成分的交往结构"，实现了从黑格尔的辩证法向他的"交往实践"的成功转型。哈贝马斯说："当我们就某事相互说服对方时，我们始终已经直觉地依赖于一种实践，在这种实践中我们假定足够地逼近一种理想条件，那就是一种以特殊方式免除了压制和不平等的言语情境。在这种言语情境之中，一个成问题的有效性主张的提出者和反对者把这种有效性主张作为问题来进行讨论，并且，在放开行动和经验之压力的情况下，采取一种假设性态度，凭借理由，而且仅仅凭借理由来检验所提出的那个有效性主张是不是站得住脚。"②

　　显然，这不仅是在一种"理想化的言语情境中"展开的理想化实践活动，而且是"以某种方式免除了压制和不平等的"情境的实践活动，是带有某种"乌托邦"色彩的理想交往活动。因为按照哈贝马斯的构想，

①　[德] 尤尔根·哈贝马斯：《在事实与规范之间：关于法律和民主法治国的商谈理论》，童世骏译，生活·读书·新知三联书店2003年版，第280—281页。
②　[德] 尤尔根·哈贝马斯：《在事实与规范之间：关于法律和民主法治国的商谈理论》，童世骏译，生活·读书·新知三联书店2003年版，第280—281页。

交往须是在没有"压力的情况下","凭借理由，而且仅仅凭借理由"，而不是凭借其他的外在因素"来检验所提出的那个有效性主张是不是站得住脚"。或许，那个"有效性主张"是"成问题的"，但在没有外在"压力的情况下"，经过商谈和"讨价还价"，就可以对这个主张作出"是"或"否"的结论。

注意，哈贝马斯在这里说的是"有效性"主张，也就是说，该主张可能是"对的"，也可能是"错的"。但是无论或对或错，都是"有效性的"，即是可以被纳入商谈范围内或商谈话题的，是可以被接受的。这就是哈贝马斯程序性的"理想商谈"。

再次，哈贝马斯的商谈是建立在"公共领域"的基础上，而非罗尔斯所构想的"无知之幕"之上。如上所述，哈贝马斯认为，正义的基础来自于合法性概念，而合法性又是建立在主体间商谈基础之上。但是主体并非生活在"真空"之中，而是生活于一个"复杂性社会"之中。如何在纷繁复杂的社会中达成主体间的共识，就成为哈贝马斯商谈论必须回答的问题。因此，哈贝马斯提出了"公共领域"概念，并将之视为主体间商谈得以展开的前提性社会条件。当然，我们必须承认，哈贝马斯的"公共领域"也是一种理想状态，它要求排除"强制"和"扭曲"的情形，以保证主体间的沟通和交流的畅通。虽然如此，但我们并不能将哈贝马斯所谓的"公共领域"等同于罗尔斯的"无知之幕"，因为哈贝马斯的"公共领域"在某种程度上与黑格尔的"市民社会"类似。主体与公共领域之间是互动的，是一种辩证的关系。哈贝马斯说："我笼统地把政治公共领域作为一种交往结构来谈论，它通过其市民社会基础而根植于生活世界之中。"[1]

由此可见，（1）公共领域并不是罗尔斯的"无知之幕"，而是一种交往结构。也就是说，必须从辩证的角度来理解哈贝马斯的公共领域。只有在交往中，并通过交往，才能形成"公共领域"，即主体间的交往与公

---

[1] ［德］尤尔根·哈贝马斯：《在事实与规范之间：关于法律和民主法治国的商谈理论》，童世骏译，生活·读书·新知三联书店2003年版，第445页。

共领域之间是"共生"和"相互依赖"的关系。（2）公共领域与市民社会之间存在内在的关联。在此，哈贝马斯对黑格尔的"市民社会"概念还是情有独钟的。当然，哈贝马斯对黑格尔的市民社会进行了改造。哈贝马斯说："今天，在完全不同的历史格局中，这种市民的社会的领域又重新被发现了。但是'市民社会'这个词同时拥有了一个与自由主义传统中的那个'资产阶级社会'不同的含义（黑格尔说到底把后者从概念上理解为'需要的体系'，也就是说，社会劳动和商品交换的市场经济体系。）今天称为'市民社会'的，不再像在马克思和马克思主义那里包括根据私法构成的、通过劳动市场、资本市场和商品市场之导控的经济。相反，构成其建制核心的，是一些非政府的、非经济的联系和自愿联合，它们使公共领域的交往结构扎根于生活世界的社会成分之中。组成市民社会的是那些或多或少自发地出现的社团、组织和运动，它们对私人生活领域中形成共鸣的那些问题加以感受、选择、浓缩，并经过放大以后引入公共领域。"①

这里，在哈贝马斯看来，公共领域与黑格尔市民社会的区别在于：黑格尔的"市民社会"概念主要还是停留于自由主义市场经济的维度，而他的公共领域则专注于政治领域的结构，如"一些非政府的、非经济的联系和自愿联合，……组成市民社会的是那些或多或少自发地出现的社团、组织和运动"。哈贝马斯有一点与古典自由主义类似，即他认为应当将社会与国家区分开来。所以，公共领域的商谈主体既不是自由主义的抽象个体，也不是像社群主义那样只强调共同体，而是处于一种交往结构中的平等的、理性的主体。他们被赋予同等权利，通过交往理性基础上的商谈和对话而形成具有规范性的法律。因而，通过公共领域主体间的商谈而达成的"共识"就具有合法性。合法性是哈贝马斯交往理论的核心概念。

最后，商谈论孕育了一种承认的理论。哈贝马斯建基于主体间的商

① ［德］尤尔根·哈贝马斯：《在事实与规范之间：关于法律和民主法治国的商谈理论》，童世骏译，生活·读书·新知三联书店 2003 年版，第 453—454 页。

谈而达成的"共识"当然是有效的，也是商谈的主体双方所共同承认的。所以，主体间的平等、主体间经过协商而达成的共识或相互承认，就构成了正义的题中应有之义。换句话说，只有主体间平等地相互承认的共识才是正义的，否则就是非正义的。如此，承认问题和承认概念在哈贝马斯的《在事实与规范之间：关于法律和民主法治国的商谈理论》一书中已经呼之欲出。正义问题也就与承认问题发生了关联。哈贝马斯的《在事实与规范之间：关于法律和民主法治国的商谈理论》一书中的"Geltung"一词本身就有"有效的"和"规范的"含义，但"Geltung"一词的核心意思是"有效的"意思，而"有效的"也就是获得"承认的"意思。

由此可见，商谈或交往是建立在主体间相互承认的基础上，否则就不可能有"商谈"原则或"协商"原则。所以，主体间的相互"承认"就成为哈贝马斯交往理性的前提和关键性概念。在哈贝马斯看来，相互承认同样是围绕主体间的"权利"而展开的。商谈原则必须有民主原则来保驾护航，否则，商谈无法进行和继续。哈贝马斯说："商谈原则首先应该借助于法律形式的建制化而获得民主原则的内容，而民主原则则进一步赋予立法过程以形成合法性的力量。关键的想法是：民主原则是商谈原则和法律形式相互交叠的结果。这种相互交叠，我把它理解为权利的逻辑起源。"[1]

权利的逻辑起源也就是权力的发生学，它只有通过主体间的商谈而达成的某种"交往共识"才能得以实现。这种"共识"一方面使得个体的权利意志得到充分表达，另一方面又包容着生活于其中的各种特殊文化群体，如此，正义的普遍性与特殊性，普遍主义与历史主义就达到了"辩证的"融合。问题的关键是，商谈必须遵守一定的"游戏规则"，否则商谈就无法进行和展开，这也就是哈贝马斯于《在事实与规范之间：关于法律和民主法治国的商谈理论》中着力探讨法律和道德的规范和规

---

① ［德］尤尔根·哈贝马斯：《在事实与规范之间：关于法律和民主法治国的商谈理论》，童世骏译，生活·读书·新知三联书店 2003 年版，第 148 页。

则，以及二者之间复杂的原因。有关这一点，我们在此不再赘述。

二 从商谈的合法性到为承认而斗争

哈贝马斯在《在事实与规范之间：关于法律和民主法治国的商谈理论》已经触及了正义问题，进而得出了合法性的就是正义的结论。因而，可以有逻辑地说，合法性的必然是得到相互"承认的"。然而，哈贝马斯基于商谈的承认并非霍耐特意义上的"承认"。可以说，在承认问题上，霍耐特从新的视角大大推进了哈贝马斯的"合法性"和"承认"概念，并将之扩展到个人的亲密关系和社会劳动关系中。霍耐特基于承认的正义具体如下：

首先，霍耐特将哈贝马斯商谈论基础上的承认转化为"为承认而斗争"的命题。"为承认而斗争"是霍耐特1990年代初期提出的命题，它标志着霍耐特将用承认问题来取代哈贝马斯的"交往理论"或商谈伦理等概念。霍耐特的"承认"或"为承认而斗争"是一个典型的范式转换，即把哈贝马斯基于后形而上学基础上的主体间的"商谈论"转换成了后现代意义上主体间的"承认"论。这一转换意味着，霍耐特不再完全认可哈贝马斯的"理想交往情境"，也不再承认哈贝马斯基于"公共领域"基础上主体间的平等的理性对话或商谈，而是转向了伦理色彩极浓的"承认"问题。在霍耐特看来，恰恰被哈贝马斯视为"理所当然"的前提是成问题的，即商谈主体并非如哈贝马斯所谓的"理性的和平等的"，相反，既不存在哈贝马斯所谓的"公共领域"，也不存在主体间的平等对话和沟通。如此，通过对话而取得的商谈"共识"自然也就成了空中楼阁。换句话说，哈贝马斯的《在事实与规范之间：关于法律和民主法治国的商谈理论》一书的结论反而成为霍耐特质疑的前提，主体间的承认非但不是商谈的成果，相反，主体间的相互承认本身就是有待考证的。承认并非是"天生的"，而是需要为之"斗争的"。霍耐特从黑格尔早期的承认理论以及《精神现象学》中的主—奴辩证法出发，并吸收了美国社会心理学家米德的思想来论证其承认概念在后现代境遇之下的合理性。因而，"为承认而斗争"就成为后现代社会境遇下主体摆脱或消除不平等而斗争的口号。所以，霍耐特再一次将黑格尔的理性学说在后现代境遇下"伦理化""道德化"或"社会化"。

在《为承认而斗争》的导言中，霍耐特指出，本书的"目的是要根据黑格尔的'为承认而斗争'模式，阐明一种具有规范内容的社会理论"，因为"任何一种力求把福柯历史著作的社会理论内涵整合到交往行为理论构架中的努力，都必须依赖于具有道德动机的斗争概念"①。因此，"为承认而斗争"构成了交往行为的道德动机，而黑格尔在耶拿时期提出的"为承认而斗争"概念为霍耐特提供了他认为迄今为止仍然是最好的理论资源。早期的黑格尔吸收了马基雅维利和霍布斯关于主体为自我持存而斗争的理论，揭示了社会冲突这个否定环节蕴含的伦理意义："黑格尔坚持认为，主体之间为相互承认而进行的斗争产生了一种社会的内在压力，有助于建立一种保障自由的实践政治制度。个体要求其认同在主体之间得到承认，从一开始就作为一种道德紧张关系扎根在社会生活之中，并且超越了现有的一切社会进步制度标准，不断冲突和不断否定，渐渐地通向一种自由交往的境界。"② 也就是说，"自由交往"不是先行存在的，而是主体间相互"斗争"的结果。必须通过一种持续的、和解与冲突交替进行的过程，主体间渐渐趋于相互承认，最终才能达到"自由交往的境界"。

其次，霍耐特将基于承认的正义理论具体化。他认为，一个基于承认的正义理论应当包含三个同等重要的原则（需要原则、平等原则、贡献原则）。在这三个原则的调控下，社会成员将依照不同的社会关系类型获取平等权利。

（1）需要原则。需要原则主要涉及个体的情感需要，它来源于亲密关系、家庭及友谊之间的情感关怀，其原初形式产生于"爱"，被爱的经

---

① ［德］阿克塞尔·霍耐特：《为承认而斗争》，胡继华译，曹卫东校，上海人民出版社2005年版，第5页。

② ［德］阿克塞尔·霍耐特：《为承认而斗争》，胡继华译，曹卫东校，上海人民出版社2005年版，第9页。

验构成主体参与共同体生活的必要前提。霍耐特对"爱"进行了经验现象学分析,借助于文尼科特对儿童成长的精神分析学研究,描述了在"爱"的关系中,儿童如何在主体间互动中获得人格和自我。从经验现象分析中,霍耐特得出,爱的"承认关系为主体互相获得基本自信的那种自我关系提供了根据,所以,它不论在逻辑上还是在发生学上都优先于相互承认的其他任何形式"①。在爱的承认关系中,主体不仅表达自身的需要,而且通过被对方关怀的经验,使自身的自信得到进一步发展。

这种经验是双重的、互惠的,主体在得到关怀的同时,也将自身的情感付诸对方。这种情感关怀引导和支持着主体双方产生基本自信,进而有助于养成个体人格的独立性。这一自信的方式,允许个体第一次获得表达自由的需要,因而构成了一切自我实现的前提条件。无论在怎样的历史制度形式中,爱的经验都显示着一切伦理生活的内核。此外,霍耐特认为,作为家庭中的正义范畴,以"爱"为基础的需要原则有利于规范家庭内部的劳动分工,减少施加于妇女的强制性劳动。通过家庭成员达成的对家庭规范的一致理解,家庭成员接受公正的家庭劳动分工。②

(2)平等原则。霍耐特认为,法律本身蕴含着一种道德潜能,所以他致力于发展这样的法律承认关系,"必须存在一种途径来决定主体既相互尊重又作为法人相互承认的能力"③。霍耐特认为,如果法律秩序被认为是合法的,那么就一定可以假设主体具有道德理性能力,因为只有当主体具有合理道德决断的能力时,才能对现存法律作出合理评价,并认可它、遵守它。但是主体的这种道德理性能力仰赖于合法化程序要求的程度,合法化程序要求越高,这些能力的要求就越广泛。霍耐特认识到,在现代社会,考虑到情境敏感性的多样化,要求个体权利扩大的呼声越

---

① [德]阿克塞尔·霍耐特:《为承认而斗争》,胡继华译,曹卫东校,上海人民出版社2005年版,第114页。

② Axel Honneth, Gwynn Markle, *From Struggles for Recognition to a Plural Concept of Justice: An Interview with Axel Honneth*, Acta Sociologica, Vol. 47, No. 4, Recognition, Redistribution, and Justice, 2004, p. 387.

③ [德]阿克塞尔·霍耐特:《为承认而斗争》,胡继华译,曹卫东校,上海人民出版社2005年版,第120页。

来越高，特别是社会弱势群体的维权意识、合法斗争意识日益增强。在资本主义制度中，弱势群体根本没有被给予平等参与公共意志决定的机会。霍耐特认为，作为道德责任主体的个人参与政治生活，不仅应当受到法律保障，享有免于被干涉的消极自由，而且应当享有参与公共意志决断的积极自由，这就隐含着给予弱势群体最低限度的文化教育和经济稳定，以便占有必要的社会生活水平而得到尊重。这样一来，"在法律上被承认的同时，不仅个人面对道德规范自我导向的抽象能力得到了尊重，而且个人为占有必要社会生活水平而应当具备的具体人性特征也得到了尊重"①。于是，通过对不合法秩序的抵抗和斗争，法律的实质内容增加，对保障实现个人自由机会的差异性就具有更大的敏感性；同时由于赋予那些被排除的弱势群体与其他社会成员同样的权利，法律关系也将日益扩大化。

霍耐特认为，法律关系上的承认具有重要的伦理意义。正如爱的关系给予人自信一样，法律承认则给予人自尊。通过法律承认的经验，人们自视为与共同体其他成员共有享受权利和义务的机会，通过这种与自我相关的肯定形式，个体获得自我尊重。

（3）贡献原则。除基于情感关怀的爱的承认和基于法律关系的法权人格的承认外，人类主体还需要一种对其特殊能力和社会贡献的承认，个体由此获得社会尊重。因而，个体社会成就的承认有赖于一种社会交往媒介，在其中，个人的社会价值是通过其贡献给社会规定的共同目标的实现程度来衡量的。只有当个体在社会分工中感受到自身的具体特征和能力被社会尊重时，他才能确认自己是有价值的。

在前现代社会，个人的价值是由"荣誉""地位"来衡量地。个体受重视的程度是由其等级地位决定的，一个人的社会地位越高，他所获得的社会荣誉越多，因而受到越多的社会重视。只有进入特定的伦理共同体，个体才能获得相应的社会地位，体现自身的价值。到了现代社会，

---

① ［德］阿克塞尔·霍耐特：《为承认而斗争》，胡继华译，曹卫东校，上海人民出版社2005年版，第123页。

社会上占统治地位的伦理目标构想越来越向不同的价值体系敞开。处于多元价值的现代社会结构中，越来越多在文化上占少数的群体开始向占统治地位的价值体系提出质疑，为实现自身的特有价值和荣誉展开斗争。这一充满冲突的价值结构转型，使得那些占垄断地位的价值体系失去了一劳永逸地决定社会声望的尺度的能力，之前按照"荣誉"来衡量个体价值的承认形式，逐渐让位于私人领域里个人的"声望"和"地位"。因此，社会重视形式不再与任何形式的特权有关，而是根据个人在社会合作中的成就和能力被给予重视。霍耐特认为，体验到社会重视的个人能够感受到自身的贡献和能力被社会其他成员承认，个人也在其中获得了自信。作为这样一种实践的自我关系，霍耐特称之为"自豪"。这种"自豪"的情感有利于社会成员之间的"团结"。在社会重视的过程中，个体把自身体验为与其他成员的对等重视，既被社会群体的其他成员承认其特殊贡献，也能够从自身出发，对其他成员的能力和特性产生切实可感的承认。这就使互动双方认识到他们所认可的价值对共同的实践具有意义，因而激发成员间的"团结"情感。

最后，霍耐特以承认为基础的多元正义观，为当代自由主义与社群主义之争提供了另类图景，它构成介于自由主义和社群主义之间的另类正义观，并且在一定程度上超越了二者。然而，我们必须看到，霍耐特基于承认的正义理论也存在局限性。霍耐特的正义理论过于重视道德理由，因而在面对有关社会"财物"（goods）的分配上容易遭到马克思主义者的批评。例如，南茜·弗雷泽认为，在绝大多数的不正义情境中，我们既要处理来自文化上的不敬，也要处理与经济上的剥削相结合的不正义，因而不仅需要"承认"，而且也需要经济领域的"再分配"。[①] 霍耐特对此的回应是，个人可以根据他们对社会的贡献（成就原则）来要求更加足够的报酬，获得合理的再分配，而个人的成就本身是依据他们的价值和能力这一文化属性来衡量的。因此，应当把再分配问题也当作

① ［美］南希·弗雷泽、［德］阿克塞尔·霍耐特：《再分配，还是承认？——一个政治哲学对话》，周穗明译，上海人民出版社2009年版，第6页。

承认问题来理解，即只有当他们的成就不被社会承认的时候，才会感觉到不正义。① 霍耐特的这一理由在一定程度上有利于激发劳动者的创造力，促进社会活力，但他依旧是在脱离生产方式的基础上来谈分配。霍耐特主张分配秩序的重构不应在国家再分配层面，而应考虑非国家空间中关于分配的道德理由。如果是基于道德理由进行分配，那么他就忽视了产生分配不公的根本的结构性过程。他将分配置于一个抽象的道德理由内，把社会成员之间的交往关系作为一种基本善，即假设所有人都能平等交往，那么这种善的分配就是正义的。然而，随着经济全球化和经济体制的变革，许多非正义分配并非源于"不敬"因素。仅仅诉诸这样一种道德理由，将面临这样一种困境，即对政治、经济和社会文化诊断无法有效区分。即便是按照成就原则来分配，基于社会成员不同的能力水平，其获得的再分配也将大相径庭，由此将造成新的社会分化和贫富差距的拉大。如果霍耐特能够进一步介入经济关系，将财富的公正分配纳入其正义理论中进行考量，那么他的正义理论就会更加具有社会批判的现实力度。

三 结语

哈贝马斯以"合法性"为核心的正义理论强调了商谈程序在实现正义之途中不可或缺的作用，它构成了一种基于商谈的合法性的正义理论。哈贝马斯试图从合法性的视角，从法和道德的双重维度来弥补罗尔斯《正义论》的不足。与此同时，作为哈贝马斯的弟子，霍耐特以"承认"为基础的正义在一定程度上弥补了哈贝马斯合法性理论的伦理缺陷，但同时暴露了他与哈贝马斯之间在理论渊源上的"家族相似性"。因为无论是主体权利产生和运行的合法性，还是以"承认"为基础的正义原则，它们都建立在"抽象的"形式的基础上，也即主体间的"商谈"或相互

---

① ［美］南希·弗雷泽、［德］阿克塞尔·霍耐特：《再分配，还是承认？——一个政治哲学对话》，周穗明译，上海人民出版社 2009 年版，第 117 页。

"承认"的基础上。哈贝马斯在《重建历史唯物主义》一书中,已经用他的主体间的交往理论取代了马克思的历史唯物主义和阶级斗争理论;霍耐特用主体间的相互承认来取代哈贝马斯的主体间的商谈程序,但他的"承认"与实质性的利益分配或利益再分配也是无涉的。如此,无论主体间的商谈如何"合理"和"公平",或者,无论主体间是如何相互尊重地"承认",它们都仍然高高在上,远离了现实社会的"利益"纠葛,远离了阶级(种族)之间的歧视或实质上的不平等。正因为此,南希·弗雷泽才重新祭起利益"再分配"的大旗,并重新举起马克思这面旗帜与法兰克福学派的这两位前辈进行论战。限于篇幅,笔者不能在此论及他们之间的争论,但21世纪初法兰克福学派内部的这一争论表明,马克思的唯物史观在今天仍具有不可或缺的理论魅力和现实意义。

(原载《学术界》2018年第6期)

后传统背景下的共同体重建

——兼论霍耐特承认政治学的理论意蕴与现实意义

陈良斌*

曾几何时，共同体似乎在人们心目中汇集了一切形容人性美好的词汇。"共同体是一个温馨的地方，一个温暖而又舒适的场所。"① 因此，无论是过去或现在，没有人不想要处在共同体的庇护之下。而在传统社会的背景下，群居生活的集合体方式更是决定了共同体成为庇护人们的温暖港湾，在这里，个体享受着共同体所赋予的确定性和安全。但是，传统共同体的美好生活，在17世纪就在揭开后传统序幕的火车的冲击下迅速灰飞烟灭。工业革命引起的巨大的生产力革命改变了整个社会，也改变了传统人类的共同体生活。在这个后传统化的过程中，滕尼斯意义上的"社会"，或黑格尔意义上的"市民社会"开始替代共同体而勃兴，一方面是交往的发达突破了传统共同体的狭隘界限，形成了大范围的公共生活；另一方面是个体价值的凸显与个性的彰显，使得个体本位的自由主义不断兴起，最终冲破了集体本位的共同体价值观的束缚。按照滕尼斯的观点，共同体是自然习俗的产物，而社会则是理性人在合意的基础上结成的"有目的的联合体"。因此，"共同体"是整体向度的，而"社会"则是个体向度的；"共同体"是古老的、传统的，而"社会"则是新兴的、现代的，所以在传统背景下只有"共同体"，没有"社会"。

---

　* 陈良斌：东南大学马克思主义学院教授。

① ［英］齐格蒙特·鲍曼：《共同体：在一个不确定的世界中寻找安全》，欧阳景根译，江苏人民出版社2007年版，第2页。

随着现代性的兴起和传统共同体的解体，我们可以发现，在人们心目中始终有两股相对的洪流在斗争：一个是追求自由，另一个是寻求归属。自由和孤独是一体两面，都是否定和摆脱社会的结合，视任何结合都是一种约束。① 相反，归属一个共同体则意味着与他人互相结合。这种两难困境促使人们开始反思自由的本质，反思个体权利与集体价值这对矛盾何去何从，而这更成为当代自由主义与社群主义争论的核心主题之一。近来，霍耐特的承认政治学在学界异军突起，引领着整个社会批判思潮的走向，而他对于上述两难困境早在提出其承认的三维模式之时，就已经着手探讨。出于左派政治的立场，霍耐特通过重新挖掘传统共同体的内涵，借助其承认政治学，力图以主体间承认的视角在后传统背景下重建共同体来化解个体与集体的矛盾，进而解决自由主义与社群主义之间悬而未决的争论。

一 "荣誉"范畴的变迁与传统共同体的解体

霍耐特首先关注了传统共同体中个体与集体的关系，他认为传统共同体通过集体价值观和等级制度消解了个体价值彰显的可能。因为在传统共同体中，衡量个体的标准是荣誉观念，在这里，荣誉是个体成为共同体成员的一种资格，也是个体赢得他人承认的依据。这种观念要求个人依照一定的贡献原则来对共同体内部的各个责任领域进行垂直分层，这里的贡献原则是"按照人们对实现中心价值所作出的贡献，和进一步被纳入引导个人生活的特殊方式的价值"②，来具体规定的。也就是说，贡献原则是与共同体生活中共同的约定、习俗或共享的文化价值观直接相关。在社会中，个体在社会评价中所获得的荣誉就是社会地位的相对层次，但是个体的社会评价并不是指向个性化的特征，而是按照群体的

---

① ［德］格奥尔格·西美尔：《社会学：关于社会化形式的研究》，林荣远译，华夏出版社2002年版，第53页。

② ［德］阿克塞尔·霍耐特：《为承认而斗争》，胡继华译，曹卫东校，上海人民出版社2005年版，第128页。

价值来衡量的。"正是按照群体的'价值',群体中每个成员的价值才得到衡量,反之,群体价值又是从社会的决定的对实现社会目标所作的集体贡献的程度中浮现出来。"所以,荣誉行为"就是每一个体为了现实地在集体意义上获得与他们的社会阶层相一致的社会地位,就必须基于文化预先给予的价值秩序来完成的行为"①。"在根据社会身份安排的社会中,如果个人能习惯性地满足与他的社会身份'伦理地'相关的集体行为的期望,那么'荣誉'就支配着个人所取得的相关的社会名望。"②

但是,荣誉天然与不平等有内在联系,按照泰勒的观点,一些人之所以享有荣誉,至关重要的是并不是人人都能享有荣誉,荣誉就其本质而言是一个"优先权"的问题。荣誉曾经被视作为贵族阶层所特有的美德,而荣誉的背后是森严的等级制度。因此,在传统背景下,承认的社会分配就是根据这种荣誉背后的等级制度来组织和运行。"正是由于荣誉在等级制度中占有如此重要的地位,人类堕落的状况才表现为这样一种自相矛盾的结合:一方面是权力分配的不平等,另一方面是所有的人都依附于他人。"③ 所以,一旦站在个体的角度来看待传统共同体,那种集体的温存便被等级制的铁壁撞得粉碎。于是,霍耐特指出,当后传统的启蒙哲学和国家理论开始广泛影响人们的共享文化时,扮演促进社会整合角色的价值观和信仰就不可能再保持原有的不可触犯的状态,先前充当为参照依据的社会价值体系就开始逐步丧失价值,荣誉建构的共同体秩序就被剥夺了超验的基础。"除了它的有效性的形而上基础,共享的价值宇宙丧失了它的客观特性和建构社会威望体系的能力以及提升它的特定行为规范。"④ 正是由于这个原因,从现代性兴起之刻,资产阶级为反

---

① [德] 阿克塞尔·霍耐特:《为承认而斗争》,胡继华译,曹卫东校,上海人民出版社2005年版,第129页。

② Axel Honneth, *Disrespect: The Normative Foundation of Critical Theory*, Polity Press, 2007, p. 259.

③ [加] 查尔斯·泰勒:《承认的政治》,载汪晖《文化与公共性》,生活·读书·新知三联书店2005年版,第307页。

④ Axel Honneth, *Disrespect: The Normative Foundation of Critical Theory*, Polity Press, 2007, p. 260.

对等级制下的荣誉概念而兴起的战争就不仅仅是一个建立全新规则的集体努力了，"而且也代表了这些价值原则的一般地位之间互相对峙的开端。它首次敞开了一种争论，那就是：一个人的社会地位，是否要根据作为类型而从属于整个群体的特性之预定价值来衡量。主体方可作为依据特殊生活历史而个体化的存在，进入社会重视的竞争领域"①。

伴随着传统共同体解体的过程，"荣誉"范畴开始向私人领域降格，而今"荣誉仅仅是表示个人的那些值得无条件地保护的、自我理解方面的、主观上可限定的标准"。荣誉先前在公共领域所占有的地位逐渐为"地位"和"声望"所替代。在荣誉变迁的过程中，霍耐特认为，一种普适的荣誉融进了尊严之中，同时荣誉的个体化也融入了个体发展的完整性之中。因此，"伴随着从荣誉到尊严的转移而来的是一种普遍主义政治，这种政治强调所有公民享有平等的尊严，其内容是权利和资格的平等化"②。这就使得平等承认的政治日益成为重要的议题。与此同时，荣誉向个体向度的发展则引发了人类对自由权利和自我实现的不断追求。这便成为个人主义浪潮的肇端。"现在，个体作为一个独一无二的人的形象开始进驻那个曾由社会尊重被分配的具有争议的领域。"③

二　自由主义与社群主义之争

在共同体解体的后传统背景下个人个体化的进程不断加快，"个体加速与预先给定的社会形式相分离，这可以被理解为时代的决定性特征，甚至是一个全新社会时代的肇端"④。崇尚个人本位的自由主义大行其道，

---

① ［德］阿克塞尔·霍耐特：《为承认而斗争》，胡继华译，曹卫东校，上海人民出版社2005年版，第130页。
② ［加］查尔斯·泰勒：《承认的政治》，载汪晖《文化与公共性》，生活·读书·新知三联书店2005年版，第300—301页。
③ Axel Honneth, *Disrespect: The Normative Foundation of Critical Theory*, Polity Press, 2007, p. 260.
④ Axel Honneth, *The Fragmented World of The Social*, State University of New York Press, 1995, p. 231.

追求个人权利和自我实现是自由主义的核心和思考一切问题的出发点。因此，罗尔斯在契约论的基础上提出在原初状态的"无知之幕"下，主体之间必须在"自由的平等权原则"和"差异原则"下才能达成契约，以同意、选择特定的社会组织形式实现各自利益的最大化。在这个意义上，主体所拥有的平等权利在规范上优先于"善的生活"（Good Life）。

在桑德尔看来，嵌在原初状态中的主体形象是一种原子化的、自治的、世俗的和自私的个体，他主张"善的生活"的共同价值对于主体平等权利具有规范上的优先性，罗尔斯的相互孤立的主体在理论上是站不住脚的，因此，对罗尔斯自由主义的批判，首先，必须从主体概念开始，表明预设在契约论中的主体模式的不适当性；其次，必须证明自由理论正是依赖于这个主体概念。[①] 因此，对于原子论式的自由主义的批判随之汹涌而起，而在霍耐特看来，所谓的"社群主义"流派正是在这种对自由主义的哲学和社会学批判的交汇点上得以产生和发展。[②]

泰勒进一步认为自由主义已经变成一种浅显的相对主义：每个人都有自己的价值，且不可能进行论证。更重要的是，这不仅是一种认识论立场，而且是一种道德立场，即个人价值不应被挑战，个人的生活选择应当受到尊重。个体必须确定自我实现由何构成。任何他者都不能或不应该试图规定其内容。[③] 因此，这种自由主义的实质是传统共同体视界消失后的一种衰退现象，也是引发"意义的丧失、道德视野褪色"状态的根源所在。在此基础上，社群主义对于现代性的自由主义路线普遍具有一种共同的"隐忧"，就是社会将为"原子论"的自由主义所毁灭，现代人完全沉浸于盲目地追求琐碎的和任意选择的"私人利益"，而不能体认到超越于个人之上的共同利益。因此，泰勒与麦金太尔都相信，"社会共同体的语境必须作为自由的真正实现的前提，也就是说在社会共同体中，

---

① Axel Honneth, *The Fragmented World of The Social*, State University of New York Press, 1995, p. 234.

② Axel Honneth, *The Fragmented World of The Social*, State University of New York Press, 1995, p. 232.

③ ［加］查尔斯·泰勒：《现代性之隐忧：The Malaise of Modernity》，程炼译，中央编译出版社 2001 年版，第 16 页。

对于特定价值的承诺为主体所共享和遵守，一旦缺少这种伦理上的一致，个体将被剥夺他试图在社会中实现他的生活目标所必须倚仗的许可（Consent）"①。

对于社群主义的批判，罗尔斯作出了积极的回应。他虽然没有放弃"原初状态"的程序主义建构，但在《政治自由主义》中已经对自身的正义理论作出了明确修改，他在本体论层面上对正义原则的证明趋向于社群主义，这种让步在霍耐特看来，是罗尔斯的原初程序主义和他对社群主义的批判之间的一种折中。虽然自由主义与社群主义分歧的焦点进一步落在"权利政治"和"共同善政治"的对立上，但自由主义主张前者，这其实来自康德的观念：权利优先于善；社群主义则反对这一点，而将其政治理论奠基于"善的生活"之上，这来源于黑格尔和亚里士多德，但是就霍耐特的观点，如果去除这些所谓的文化价值判断，在某种程度上，自由主义与社群主义的主张其实是趋于一致的。②

霍耐特指出，当前在政治哲学层面上，影响自由主义和社群主义之争何去何从的关键问题是：一旦承认高度整合的共同体在实现个体自由过程中起关键作用后，那么如何在众多共享的"善"的模式中作出选择，并赋予其规范有效性？因此，一方面，以罗尔斯为代表的自由主义以契约论为基础，逐渐摒弃之前对普遍主义的主张，开始围绕什么对于西方民主传统视界具有有效性的问题，思索赋予特定共同体的伦理生活传统以一种高于其他的规范地位的理由。另一方面，社群主义在试图解释"共同善"（Collective Good）的具体概念时，却又本能地使用了普遍主义原则，同时并没有在语境假设中为"共同善"设置限制性条件，从而越来越陷入一种自我矛盾之中。③ 在这里，霍耐特敏锐地发现自由主义和社群主义显然在寻求"善的生活"的道德标准上，都在为试图放弃普遍主

---

① Axel Honneth, *The Fragmented World of The Social*, State University of New York Press, 1995, p. 243.

② Axel Honneth, *Disrespect*：*The Normative Foundation of Critical Theory*, Polity Press, 2007, p. 254.

③ Axel Honneth, *The Fragmented World of The Social*, State University of New York Press, 1995, pp. 244 – 245.

义原则而在事实上又必须依赖于普遍主义的问题而苦恼，霍耐特显然不打算纠缠这个问题，因此直接提出了后传统社会道德视域中的普遍主义原则，并将其看作是划分"善的生活"模式界限的条件。所以，在霍耐特看来，"所有关于'善的生活'的集体式观点都是可以接受的，它们具有反思性和多元主义特征。这与每个主体的个体自主原则并不发生冲突"①。在此基础上，霍耐特根据其承认政治的框架提出了他的解决思路，即交互主体的商谈伦理（Discourse Ethics）。霍耐特认为商谈伦理为后传统社会的道德原则提供了正当性的最适当的出发点。这是因为，商谈伦理首先不受社群主义的人类学批判所影响。因为这种批判是就罗尔斯的原初状态而言的，而商谈伦理的正当性方法采用"语义学的交往"（Linguistic Interaction）必然与原子式的主体概念相分离。其次，商谈伦理主张对每个个体自主给予尊重，显而易见，这种道德目标又与罗尔斯正义论的论证路径达成一致。② 因此，这种交互主体的商谈伦理为界划"善的生活"概念提供了规范有效性的基础。

三　霍耐特的共同体重建

霍耐特的商谈伦理显然是为了接下来在后传统背景下重建共同体价值服务的。霍耐特认为正是这场自由主义与社群主义之争让人们重新认识了共同体对于个体的价值，为人们重新拾起失落的个体之外的意义奠定了基础，因此，交互主体性或主体间哲学路线在当前大行其道也就不值得诧异。为了重建共同体的价值，霍耐特专门提出了"后传统共同体"（Post-traditional Communities）的理念。他先定义了一个"最小意义的共同体"（A Minimal Concept of Community）来包含自我实现的前提，而这种自我实现与共同生活方式的存在相关联。因此，这种共同体理念不仅

①　Axel Honneth, *The Fragmented World of The Social*, State University of New York Press, 1995, p. 246.

②　Axel Honneth, *The Fragmented World of The Social*, State University of New York Press, 1995, p. 246.

具有外在的规范条件的一面，也有内在的确定性要求的一面。霍耐特认为这种后传统共同体理念的出现将有助于解决自由主义与社群主义之争。一方面，后传统共同体的理念是民主政治生活的持续存在的前提；另一方面，这正是支配个体自由的条件。因此，对于自由主义来说，将社会生活的多元样态整合为共同体成为当务之急；对于社群主义而言，这是个体自我实现的文化前提。①

但是，社群主义却始终在很大程度上未能弄清为什么要把个体自由实现与共同体的主体间性条件联系在一起。在霍耐特看来，社群主义所提倡的共同体始终是站在一种消极意义的立场上。因此，这其实与传统共同体没有太大区别，这就非常容易招致自由主义的批判，因为这就又意味着倒退回传统的荣誉观念及其背后的不平等的等级制上，所以霍耐特的重建显然要摆脱社群主义的窠臼，他的解决思路就是"超越了仅仅对他者的容忍，而是激起团结作为积极支持新型主体在多元文化社会中对多元价值和规划的表达"②，从而进一步变传统价值体系下的消极忍受向后传统背景下积极的价值共享，也就是说，共同体价值的共享及团结关系的维系与保证个体自由及自我实现是一体两面、辩证统一的。所以，在自由的人群中将个体实现与共同体共享价值相联系成为其重建共同体的最大特色。一言以蔽之，如果社会共同体本身体现了自由的价值，便具有了霍耐特意义上的后传统特性。因此，在某种意义上，霍耐特的共同体重建可以被视作对自由主义与社群主义的调和，他试图在两大阵营之间走出一条中间道路。

同时，霍耐特认为，传统背景下在涉及主体间正当性的价值时，共同体仅仅被理解为指向共同利益的社会关系，然而这种特定价值的共同认可都是与交往的特定类型相关联，因此，这种共同体观念忽视了特定

---

① Axel Honneth, *Disrespect: The Normative Foundation of Critical Theory*, Polity Press, 2007, p. 255.

② Christopher Martin, "Book Review: Disrespect: The Normative Foundations of Critical Theory", *Journal of Philosophy of Education*, Vol. 41, No. 3, 2007, p. 487.

的情感条件，使共同体概念的绝大部分都得不到明确。① 而在后传统共同体中，人们相互之间在能力和品质的基础上将他人承认为一个独立的个体。主体之间是通过情感、法律建立起广泛的社会化形式，最终形成一个相互尊重、相互自由的空间。而这显然与相互承认的不同模式相关联。按照霍耐特的承认政治构架，主体发展出了三种不同模式的承认的"实践的自我关系"：自信（Self-confidence）、自尊（Self-respect）和自重（Self-esteem）。首先，自信产生于原初的血缘情感——家庭的亲情和亲密的友情之中；其次，自尊是通过平等地具有消极自由权利的法律关系来实现，在法律承认中，自我和他者作为平等的法律主体相互尊重，而这则通向人们对公共政治生活的参与和法律义务的承担；最后，霍耐特正是在后传统共同体的层面提出第三种承认形式——自重。区别于前两者是在家庭和社会层面上提出，这种形式是通过个体有价值地参与共同体的生活而发生的，它意味着个体"经验到社会重视的同时也伴随着一种切实感觉到的信心，即个人的成就和能力将被其他社会成员承认是'有价值的'"②。所以，"最重要的就是那种为所有成员所共享的价值观受到相互承认。严格地来讲，对于共同体的社会整合而言，最重要的是所有成员都能相互地以对方相应的品质和能力将对方尊重为一个特殊的个体或团体"③。这种共同体是建立在对于个人的能力和个体性的价值评价的基础上，并以此维持团结的关系。霍耐特进一步认为，个体想要通过被承认为一个有着独特性和能力的个人来满足自我认同，同时获得同其他成员同等程度的重视，就要积极地为共同体出力。"没有关于对人们能力和品质的某种确定性和安全性程度的价值衡量，我们就不能想象个体自

---

① Axel Honneth, *Disrespect*：*The Normative Foundation of Critical Theory*，Polity Press，2007，p. 256.

② ［德］阿克塞尔·霍耐特：《为承认而斗争》，胡继华译，曹卫东校，上海人民出版社2005 年版，第 134 页。

③ Axel Honneth, *Disrespect*：*The Normative Foundation of Critical Theory*，Polity Press，2007，p. 256.

由会成为可能。"① 所以，个体将根据共享的价值观念，以他人的成就和能力来相互尊重，而这很大程度上将取决于贡献原则。但是贡献大小的标准究竟如何来制定？"没有哪种想象得到的集体目标设置能够对不同个体贡献的各自价值简单地在数量上进行准确比较。相反地，'对称性'必须意味着每个个体都收到去经历他自身作为对社会有用的成就和能力的机会，而没有任何团体处于系统劣势之下。也正是这个原因，这里概括出来的在后传统共同体规则下的社会关系最终能开放这样的视角，即在这里追寻社会尊重的个人竞争预设了一个不受伤害的角色，也就是不会为蔑视的经验而感到不安。"② 显而易见，霍耐特在这里又站在了机会平等的原则上。

四 后传统共同体的意蕴

霍耐特的共同体重建作为其承认学说的一个有机组成，受到了学界的广泛关注。他试图站在超越自由主义与社群主义的立场上，消解个体与集体取向的对立，以达到调和两大阵营的自 20 世纪 70 年代以来理论之争的目的。但是，如果我们将眼光稍微放长远一点，就会发现霍耐特的重建方案包括他的承认政治学其实不仅仅是源自解决自由主义与社群主义之争的需要。作为当代左派政治的代表，霍耐特的意图其实是对启蒙现代性规划以来人的解放历程的执着反思。后传统共同体的提出在某种意义上可以被视为霍耐特对实现人的解放的一种新的解决方案。

启蒙规划带来的是大写的人，主体的价值得到空前提高，人开始冲破一切羁绊的束缚，投身于轰轰烈烈的解放事业。人的解放首先要解决的就是主体与客体之间的矛盾，主客对立的结果是人不断地尝试主宰自然，但却无时无刻不受到自然的制约，因而某种程度上传统共同体也可

---

① Axel Honneth，*Disrespect：The Normative Foundation of Critical Theory*，Polity Press，2007，p. 257.

② Axel Honneth，*Disrespect：The Normative Foundation of Critical Theory*，Polity Press，2007，p. 261.

以被视作自然客体的产物——因为共同体的产生源自自然的血缘、地缘或宗教，群居的生活使原始的等级制成为共同体内部的共享价值——遭到大写的人的抛弃。随着生产力革命的爆发，物质基础逐渐达到极大丰富，西方资本主义社会完成现代化，开始率先进入现代化的高级阶段——大众消费社会，因此，大众消费社会的形成标志着物质的束缚已经达到极大缓解，主体与客体的矛盾终于得到了真正的和解，如果从物质文明与精神文明的语境来说，物质文明已经非常强大，所以，只有在主客体的矛盾得到缓解或解决的背景下，解放的最后一个制约是主体与主体之间的和解。

主体之间的矛盾可以一直追溯到黑格尔的"主奴辩证法"，人的解放转变为奴隶推翻主人的过程，等级制从而成为启蒙以来的众矢之的。在某种程度上，马克思正是受到了主奴关系的启发，从而提出了阶级革命的诉求，无产阶级从此作为一种同质的阶级团体崛起于世界舞台，他们为了理想的"自由人联合体"而斗争，最终通过一方消灭另一方的方式解决主体之间的矛盾。在这里，阶级政治的崛起同时也意味着一种新型共同体的出现，因而，这种马克思主义上的共同体成为影响至今的解决主体间矛盾的经典模式。但是伴随着 20 世纪 60 年代西方后工业社会或大众消费社会时代的来临，阶级对立出现了缓解，因此，在西方世界再使用马克思主义上的经典模式的可能性逐渐变小。面对这种现实的变化，左派思潮由革命理论开始转向社会批判理论，因此，在西方语境下由阶级政治走向承认政治也就成为一种现实的必然。因此，主体间的矛盾便通过一种霍耐特意义上的承认的方式得以相互和解，并在后传统背景下的共同体之中获得解决。于是，人的解放理想终于在重建的共同体语境中得到一种合理的诠释。其实，承认的话语早已被黑格尔提出，只是经历了理论与现实的双重压抑，在某种意义上，成为一种被遮蔽的话语，直至今天，霍耐特才重新通过新的语境平台将其以一种新的方式演绎出来。霍耐特的承认政治之所以在今天能够得到如此大的反响，其理论意蕴与现实意义就在于重新反思启蒙现代性规划的母题与当代人的生存状态，同时结合社会现实去实践人的解放构想，在解构的后传统时代毅然决然地提出有效的建构方案。

　　这对于当前的我国社会而言，霍耐特的共同体重建显然具有较大的现实意义和借鉴价值。我国的现实虽然与西方社会存在一定差异，因为霍耐特的方案是在西方语境中去完成启蒙现代性未竟的规划，但我国则已经处于实现人类解放以后的后传统语境中，因此，在对待主体间的矛盾问题上具有质的不同。但是，这种差异不能抹杀两者在进入后传统社会诸多问题的一致性。由于我国的国情致使我们晚于西方进入工业化和后工业时代，因此，西方在后传统社会时期出现的诸多症结正在我国当前的社会发展过程中慢慢呈现，比如，随着改革开放的深入，市场经济的大潮席卷社会的各个角落，个体价值凸显，促使个人主义的"双刃剑"切断了原有共同体共享价值的维系纽带，因而也致使中华人民共和国成立以来集体导向的共同体价值体系的全面解体，社群主义所批判的那一幕在我国社会中成为当前伸手可及的现实。正是看到了这些个体与集体的两难困境与现实症结的所在，我国才会在新世纪提出"和谐社会"的建设方略。因此，霍耐特的方案有助于我们在现阶段解决当前市场经济背后的个人与共同体的矛盾，以及在一种高度团结的共同体中实现个体自由，最终真正实现个体与集体之间的和谐。

（原载《学海》2009 年第 3 期）

辩护、权力和解放

——莱纳·弗斯特政治正义理论探析

刘光斌　陈海兵[*]

莱纳·弗斯特是法兰克福大学著名政治哲学家，2012 年获得德国科研最高奖——莱布尼茨奖，他也是法兰克福学派第四代中的集大成者，主要贡献在于确立了辩护的批判理论新范式，得到了哈贝马斯、霍耐特、托马斯·博格和塞拉·本哈比等学界翘楚的高度认可，在学界的影响力和关注度日益提升。弗斯特在美国访学期间师从罗尔斯，开始关注自由主义和社群主义之争，其多年来的研究形成了对正义问题的独特见解。他认为，政治维度是正义的"主人维度"[①]，并由此形成了政治正义理论。他以辩护理论作为研究方法，指出权力的辩护是政治正义的核心要义，提出权力是正义的首要问题，正义的首要任务是建构以辩护权利为核心的基本的辩护结构，提倡在国内和国际两种政治情境中推广并确立这一辩护结构，最终以跨国正义实现人的彻底的自主解放。目前，国内对弗斯特学术成果的研究处于翻译和介绍的起步阶段，对其正义理论的研究还比较少，尚未对其进行系统梳理和全面总结，更没有从政治维度进行相应的解读和研究。本文着重从辩护、权力和解放三个维度阐释弗斯特的正义理论，并明确把这一理论概括为政治正义理论，这对于把握批判理论新的政治伦理转向具有一定的启示意义。

　＊　刘光斌：湖南大学马克思主义学院教授；陈海兵：湖南大学马克思主义学院博士研究生。

　①　［美］凯文·奥尔森：《伤害＋侮辱——争论中的再分配、承认和代表权》，高静宇译，上海人民出版社 2009 年版，第 319 页。

一　政治正义理论的方法前设：辩护与正义

正义归根结底是对人的本质的解放性要求，代表着人类最崇高的理想追求。如何在正义研究中认识和定位现实的人，是正义理论的前提。弗斯特在康德实践理性的基础上把人理解为辩护的代理人，以辩护的基本权利塑造了承担辩护任务的正义主体，诠释了辩护的实践主体，建立了理性主体与承担辩护重任的正义主体之间的联系。正因为现实的人是一种复杂存在，弗斯特在提出辩护权利的同时，也制定了互惠性和普遍性的辩护标准，使辩护符合理性的要求，奠定了政治正义理论辩护的方法论前提。

（一）政治正义的主体：承担辩护任务的人

在弗斯特看来，辩护是理解人类实践的钥匙。黑格尔和康德之争体现了两条泾渭分明的研究理路，弗斯特的学术研究明显属于康德传统。他在康德实践理性的基础上重新诠释了人类的实践活动，把人描绘成进行辩护的理性主体。在他看来，实践理性最根本的能力是针对实践问题提供适当的辩护理由，这里的"适当"是由被视为辩护情境问题的实践情境规定的。正因如此，任何实践活动都需要提供符合共同体所有成员利益的理由，弗斯特把人们为共同利益互惠地提供理由的能力称为辩护。他认为，所有人都处于一定的辩护秩序中，这种秩序由共同管理他们生活的规范和制度组成，其中最重要的规范概念是正义。因此，人类活动本质上是一种辩护实践，只有从辩护出发，才能理解实践本质。

辩护是道德规范的基础。从规范层面讲，道德对所有道德共同体成员都具有普遍约束力，是他们的必然遵循。弗斯特借助辩护的概念对道德与理性的关系作出了新的阐释。在他看来，道德规范是所有道德共同体成员通过辩护（互惠地和普遍地）产生的共识性规范，辩护为此确立了绝对有效性，故而，所有道德人必须以此为准则。如此一来，辩护为道德规范提供了符合共同体成员利益和要求的理由。弗斯特由此指出，只有不能被合理地拒绝的理由才能成为道德规范的基础。以此为基础，弗斯特认为："他们不仅有能力通过向他人提供理由来为自己的信仰和行为辩护或承担责任，而且在某些情境下，他们认为这是一种责任，并期望其他人也会这样做。"① 也就是说，每个人都有权对任何特定的规范性要求提出反对意见，辩护不仅是行为人的一项重要权利，而且是一种重要义务，这意味着道德人的辩护不是简单地停留在为自身提供说服他人的理由，而是要让辩护成为共同体成员的普遍共识，并发展为一种公共的善。因此，道德人是辩护权利和辩护义务的统一体。

正义主体是作为辩护代理人的理性主体。正义主体涉及如何理解"自我"的概念。弗斯特曾在《正义的情境》中对自由主义的"无约束自我"和社群主义的"构成自我"进行了尖锐批判，认为对自我的理解既不能完全沉迷于特定情境，也不能全然脱离现实情境。据此，他把自我理解为作为辩护代理人的正义主体，"辩护原则构成了理性或实践理性的核心，其中理性的人为了解释自己行为的正当性，必须为自己的行为辩护"②。鉴于正义的目的是探寻公正合理的社会秩序，保证每个人受到公正而平等的待遇，弗斯特把辩护运用到正义领域中，认为那些能够提供不能被合理拒绝的理由的人是拥有辩护权利的理性人，他们通过理性辩护为所服从的社会秩序提供合理而不可拒绝的理由（包括反对意见）。在弗斯特的视域中，辩护权利意味着，对于受社会秩序影响的人来说，没有任何社会秩序是不被充分辩护的。这也就是康德意义上所讲的，主体之所以服从，是因为自己是规范的建构者。弗斯特把这种作为辩护代理人的理性主体看作正义主体，由此建立起理性辩护与正义的重要联系。在弗斯特的理论中，辩护实际上成了决定社会秩序合法性和公正性的根本依据。换言之，只有通过辩护而建

---

① Rainer Forst, "Introduction: The Foundation of Justice", in Amy Allened., *The Right to Justification: Elements of a Constructivist Theory of Justice*, Columbia University Press, 2011, p. 1.

② 刘光斌、罗婷：《论霍耐特与弗斯特的正义批判理论之争》，《南京社会科学》2021 年第 9 期。

立的规范秩序才充分体现了个体意志，而形成个人利益的最大公约数是实现人的自由平等的基本条件。如此一来，弗斯特就为政治正义理论提供了辩护的方法论前提。

（二）辩护的理性标准：互惠性和普遍性

辩护作为正义主体承担的重要任务，需要规避和防止现实中人性的复杂性。为了确保个体在辩护中发挥理性并提出不能被合理拒绝的理由，弗斯特制定了互惠性和普遍性的辩护标准。正如他所讲："互惠性和普遍性的辩护标准使得人们在持不同意见的情境下（这是可以预期的）能够更好地区分更坏的理由。"[①] 互惠性和普遍性的概念最早由托马斯·内格尔在论述自由主义的法律中立性时提出。内格尔认为一般规范的公正性存在于伦理问题之上，他主张以互惠性和普遍性的标准分离伦理价值和政治上可接受的公共原则，进而建立法律的有效性基础。弗斯特在主体间意义上区分了伦理价值和道德规范，在超越内格尔的同时确立了理性辩护的互惠性和普遍性标准。

弗斯特认为，分析主客观价值的差异需要区分伦理和道德问题的情境。在他看来，伦理价值代表美好生活的绝对标准，回答了伦理共同体中"对我"或"对我们"的美好生活问题，道德价值对所有伦理共同体成员都具有有效性，这要求道德理由必须是普遍的，任何人都不能合理地拒绝它。但是，伦理理由可以通过主体间的辩护获得道德有效性，从而转化为普遍的道德规范。当然，这种辩护和转化并没有否定伦理价值的个性化和多元化，也不是指一个人从非个人化的角度来看待自身的伦理信念，而是意味着，当人们声称自身的信念对其他人具有普遍效力时，他们必须能够提供不被他人合理拒绝的公共理由。

在此基础上，弗斯特指出："当涉及在社会情境中为道德相关的行为辩护时，决定性的标准是互惠性和普遍性，因为此类行为必须通过诉诸

---

① Rainer Forst, "Introduction: The Foundation of Justice", in Amy Allen ed., *The Right to Justification: Elements of a Constructivist Theory of Justice*, Columbia University Press, 2011, p. 7.

可以声称以互惠和普遍方式保持的规范来辩护。"① 也就是说，一般规范的有效性辩护需要满足互惠性和普遍性的要求，即只有被证明符合互惠性标准的正当的理由才是普遍的道德理由：如果 A 对 B 的要求不超过他愿意给予的，并且如果 B 不能提出理由来拒绝这种要求，并且如果参照所有受影响者的利益，这些理由是辩护的并且被所有人接受，以及这些理由是充分的。简言之，为保证辩护理由的普遍有效，必须向对方陈述理由，同时也向所有其他人陈述理由，即必须说明理由的互惠性并普遍地向所有其他人作出解释。反之，没有通过这种辩护标准检验的伦理信念就不能提出道德的有效性要求。

经过这一分析，弗斯特指出，辩护标准所确定的界限，保护人们不会被迫采用不经互惠性和普遍性标准检验的生活方式或价值，相应地，必须接受不能以这种理由拒绝的规范，这是公共辩护理念的本体论部分。总之，互惠性和普遍性标准是对可以合理拒绝的理由的过滤，"互惠性意味着任何人都不能拒绝他人向自己提出的特定要求（内容互惠），任何人都不能简单地假设他人与自己有相同的价值和利益，也不能求助于非共享的'更高真理'（理由互惠）。普遍性意味着普遍有效的基本规范的理由必须由所有受影响的人共享"②。

二 政治正义理论的核心要义：权力的辩护

弗斯特运用辩护的方法批判了传统的正义商品分配范式，建构了基于政治维度的以权力为核心的关系结构范式，诠释了政治正义理论的核心要义——追求辩护权利。

---

① Rainer Forst, "The Ground of Critique: On the Concept of Human Dignity in Social Orders of Justification", in Ciaran Cronin ed. , *Justification and Critique: Towards a Critical Theory of Politics*, Polity Press, 2011, p. 101.

② Rainer Forst, "Introduction: The Foundation of Justice", in Amy Allened. , *The Right to Justification: Elements of a Constructivist Theory of Justice*, Columbia University Press, 2011, p. 6.

（一）批判正义的商品分配范式，勾画正义的关系图景

弗斯特对正义的本质属性的反思由来已久。他在《正义的情境》中指责了自由主义与社群主义之争所体现的情境遗忘和情境迷恋①的理论实质，认为正义在本质上是主体间关系和结构的反映，应该从主体间关系来重建彻底的正义理论。他在反思正义的商品分配范式中完成了对正义关系图景的建构。

弗斯特揭露了商品分配范式在正义问题上不彻底的缺陷。商品分配范式从获得和拥有物品的角度认为，正义的立足点应该关注商品的满足程度，强调正义的前提是人们获得了什么。在弗斯特看来，商品分配范式体现了自柏拉图以来，以"各得其所"原则为核心对正义问题的揭示。他虽然承认关注商品所得并没有错，但因为这本身也是美好生活的题中应有之义，"这些分配和以商品为中心的观点是合法的，因为分配正义当然包括分配商品"②，但是，他认为"各得其所"原则束缚了人们对正义的理解。从本源来看，商品所得并不是正义应该关注和解决的根本问题，不能体现一个正义概念的彻底性，此外，分配范式本身存在未解决的不正义问题，这使得它不能成为科学的正义理论。概言之，弗斯特认为解决物品缺失不属于正义范畴。如他所言，分配范式"不可接受地限制和简化了我们对正义的理解，并且确实将它引向了错误的方向"③。

弗斯特从四个方面揭示了商品分配范式的缺陷。第一，未探究待分配商品的来源问题。这导致对生产和公正生产组织问题的忽视。第二，未说明谁决定生产和分配结构以及以何种方式决定的政治问题。弗斯特

---

① Rainer Forst, *Contexts of Justice: Political Philosophy beyond Liber-alism and Communitarianism*, University of California Press, 2002, p. 5.

② Rainer Forst, "Introduction: The Foundation of Justice", in Amy Allen ed., *The Right to Justification: Elements of a Constructivist Theory of Justice*, Columbia University Press, 2011, p. 6.

③ Rainer Forst, "Two Pictures of Justice", in Bert van den Brink, Antony Simon Laden and Peter Niesenand David Owen eds., *Justice, Democracy and the Right to Justification*, Bloomsbury, 2014, p. 4.

认为，很难想象存在一个自动运转的中立的分配机器。即使它存在，也意味着主体沦为商品的被动接受者，而不是正义的接受者。反之，在弗斯特的话语体系中，正义应该被理解为主体自身的政治成就。第三，商品分配范式忽视了一个重要事实，即主体对商品的辩护要求不仅是一个简单的存在，而且只能在相应的辩护程序的情境中通过话语来实现。弗斯特指出，在这种辩护情境中所有人原则上都可以作为自由和平等的个人参与到话语之中，这是正义的基本要求。第四，忽视了不正义问题。把正义看作对商品不足的克服，相当于把自然灾害和经济或政治剥削引发的物品匮乏等同起来了。"一旦公正统治的问题得到解决，商品生产和分配的问题也可以得到解决。"① 弗斯特认为，商品匮乏的根本原因应该从经济和政治层面的剥削中来寻找。虽然以上两种情况都需要援助，但性质不同。第一种只是一种道德援助行为，而第二种才是正义行为，其条件是一个人卷入剥削和不正义关系的性质以及有关的具体错误。简言之，"正义既不能缩减为一品分配，也不能缩减为道德团结，专注于一品分配的正义观把非正义的问题极大地遗漏在讨论之外，而道德团结也容易使政治权力的问题隐而不见"②。

正义在本质上是一个关系问题，必须面向主体间关系和结构。"正义永远是一个'关系'问题；它并不首先探究事物的主观或客观状态，而是探究人与人之间的关系，以及在这些关系中人与人之间的相互责任。"③ 很明显，正义的基本问题是人们在主体间关系中如何被对待的问题，弗斯特将其解释为人在辩护关系中的相互地位。他指出："缺乏某些商品的人不应被视为不正义的主要受害者，而是在决定商品的生产和分配的过

① Rainer Forst, "Introduction: On the Idea of a Critique of Relations of Justification", in Ciaran Cronin ed., *Justification and Critique: Towards a Critical Theory of Politics*, Polity Press, 2011, p. 11.
② 宋建丽、覃晓洁：《论莱纳·弗斯特对马克思异化理论的重构》，《湖南师范大学社会科学学报》2020 年第 5 期。
③ Rainer Forst, "Two Pictures of Justice", in Bert van den Brink, Antony Simon Laden and Peter Niesenand David Owen eds., *Justice, Democracy and the Right to Justification*, Bloomsbury, 2014, p. 10.

程中不'算在内'的人才是不正义的主要受害者。"① 不正义主要是由主体间不对等的剥削关系引发的，正义在本质上应该关注并克服这一关系，"出于这些原因，恰恰是当这是一个分配正义的问题时，看到正义的政治论点并从虚假的画面中解放出来是至关重要的，虚假的画面只突出了商品的数量（这当然很重要）"②，所以，正义不应该停留于商品的满足程度。总之，弗斯特从分配范式悬而未决的问题中发觉，应该在主体间关系和结构中把握正义的政治属性，主张把正义理解为关系问题，即主体被如何对待。

（二）分析社会情境的政治条件，提出正义的首要问题

弗斯特的政治正义理论有特定的问题域。不同于其他学者，弗斯特是从政治维度来解析主体间的关系和结构的，政治正义理论是一种在政治情境中以权力批判为核心的正义理论，这是把握政治正义理论的关键。虽然弗斯特把道德规范的辩护建构为正义主体的基本权利和能力，但是政治情境不一定关系和影响每一个人，因此，政治情境的确立具有条件性。弗斯特认为，一种社会情境只有涉及由规范和制度构成的辩护秩序、辩护关系时，才具有政治性，才可以被称为政治情境，这种辩护秩序中的社会关系正是通过其中的规范和制度来管理的。"正义的政治观点是针对社会关系和结构的，而不是针对事物的主观或客观状态的。"③ 也就是说，政治情境体现了社会关系，社会关系就是弗斯特视域中的主体间关系。

社会关系是辩护关系的集中体现，正义的首要问题是权力问题。"因为正义不仅仅是什么商品出于什么原因以什么数量应该合法地分配给谁

---

① Rainer Forst, "Two Pictures of Justice", in Bert van den Brink, Antony Simon Laden and Peter Niesenand David Owen eds. , *Justice, Democracy and the Right to Justification*, Bloomsbury, 2014, p. 4.

② Rainer Forst, "Introduction: The Foundation of Justice", in Amy Allened. , *The Right to Justification: Elements of a Constructivist Theory of Justice*, Columbia University Press, 2011, p. 4.

③ Rainer Forst, "Introduction: The Foundation of Justice", in Amy Allened. , *The Right to Justification: Elements of a Constructivist Theory of Justice*, Columbia University Press, 2011, p. 11.

的问题，也是这些商品最初是如何来到这个世界上、谁决定它们的分配以及如何分配的问题。"① 在弗斯特的理论中，商品分配范式只是从被动接受者的角度构想正义，忽视了人们在商品生产和分配中的主体地位，对生产结构和商品分配中的权力问题更是视而不见。在他看来，生产结构和商品分配首先是商品如何确定的政治问题，正义理论应该关注和构建这些领域的社会权力问题，从主体性的角度思考主体在其中所处的关系和地位。正因如此，弗斯特才指出："这使我们认识到对政治和社会正义问题的核心见解，即正义的首要问题是权力问题。"② 这一核心观点是弗斯特最为重要的理论判断，也是其学术创新的根本依据，这自然是理解弗斯特政治正义理论的钥匙。结合他的辩护方法，弗斯特认为，"正义有其适当的位置，在那里必须提供社会基本结构的关键辩护，并确定自下而上决定社会生活制度的基本统治"③。由此，弗斯特从政治维度考量了正义的权力本质。

结合弗斯特的话语情境，政治正义理论中的权力具有特殊的内涵和意义，主要指个人有效的辩护权力，是正义更高层次的善，它被视为个体要求其所服从的社会规范秩序提供辩护以及挑战虚假合法性的一种话语权力。正如弗斯特所言："通过考虑正义的首要问题——社会关系的辩护问题以及相应的个人或团体在政治情境中有多少'辩护权力'的问题，才能发展出一个根本的、批判性的正义概念，一个从不正义关系的根源出发的正义概念。"④ 这一观点清楚地解释了权力的内涵，正义问题直指

① Rainer Forst，"Two Pictures of Justice", in Bert van den Brink, Antony Simon Laden and Peter Niesenand David Owen eds., *Justice, Democracy and the Right to Justification*, Bloomsbury, 2014, p. 22.

② Rainer Forst, "Introduction: The Foundation of Justice", in Amy Allened., *The Right to Justification: Elements of a Constructivist Theory of Justice*, Columbia University Press, 2011, p. 34.

③ Rainer Forst, "Two Pictures of Justice", in Bert van den Brink, Antony Simon Laden and Peter Niesenand David Owen eds., *Justice, Democracy and the Right to Justification*, Bloomsbury, 2014, p. 22.

④ Rainer Forst, "Two Pictures of Justice", in Bert van den Brink, Antony Simon Laden and Peter Niesenand David Owen eds., *Justice, Democracy and the Right to Justification*, Bloomsbury, 2014, p. 6.

个人所处的辩护关系以及他们在形成和争夺统治结构和关系时所享有的辩护权力。

由此看来，"正义更需要强调的是正当性辩护的权利，不论何种分配，都需要给出正当性辩护"①。弗斯特实现了正义争论的政治转向，政治正义理论是对辩护关系的建构与批判。需要指出的是，在弗斯特的理论话语中，权力是一个中性词，他本人并不是单纯地反对权力，而是反对和批判那种未经辩护的权力（包括辩护权本身）。正如弗斯特自己所讲："我提出了一个认知主义的权力概念，它首先在规范上是中立的：权力本身既不好，也不坏。但它存在的空间是理性或辩护的空间。"② 总之，按照弗斯特的解释，权力批判最终涉及对现存理由和辩护空间的质疑，目的在于击破僵化的辩护性解释和相互站不住脚的理由。

（三）强调辩护主体的平等地位，提出正义的权力要求

权力关系图景揭示了正义的政治情境和权力属性。经济或政治剥削实际上已指向了政治情境中主体的不自由，是不正义的体现。弗斯特以"任意"的概念对应不正义，他认为应该从社会和政治意义的角度来解释"任意"的概念，而不主张进行形而上学的解读。因为，从形而上学来看，主体遭受到他人的任意统治或者接受导致社会从属和统治的社会偶然事件被合理化为不可改变的命运，任意统治的目的是消除或补偿人与人之间的所有差异，使人们因原生运气而比其他人优越。弗斯特指出，这种解释根本不顾及这些差异是否会产生社会支配，"作为支配的任意性是人类不正义的恶习，偶然性通常是生活中的一个事实"③。根据弗斯特的解释，正义是需要人自身承担的任务，而不是对上帝的精神寄托。

---

① 宋建丽：《法兰克福学派批判理论传统中的正义与美好生活》，《马克思主义与现实》2021 年第 5 期。

② Rainer Forst, "Introduction：The Foundation of Justice", in Amy Allened. , *The Right to Justification：Elements of a Constructivist Theory of Justice*, Columbia University Press, 2011, p. 9.

③ Rainer Forst, "Two Pictures of Justice", in Bert van den Brink, Antony Simon Laden and Peter Niesenand David Owen eds. , *Justice, Democracy and the Right to Justification*, Bloomsbury, 2014, p. 7.

为此，弗斯特从政治正义的角度专门阐释了"支配"一词。支配意味着主体所处的社会关系受制于任意统治，人们不能为统治提供适当的理由和辩护，换言之，这种统治不会提供开展辩护的辩护结构，主体丧失了基本的辩护权利，仅仅是服从规范秩序的被统治者。"避免专断的社会关系或任意的决定，是正义的概念所必备的。"① 依照弗斯特的观点，任意统治结构中主体反抗不公正的斗争本质上是对这种统治的反抗，而不是争取商品多寡的问题。与之相反，政治正义就是要以主体的理性辩护推翻任意统治，确立能够提供平等辩护机会的统治秩序和规范结构，使正义主体成为规范秩序的建构者。故而，弗斯特把正义定义为反对支配或任意统治关系的人类美德和道德—政治需要。简言之，支配意味着无辩护的统治。弗斯特的政治正义假定公正的社会秩序是一个自由平等之人所服从的秩序，这是对基于制度化的辩护程序的认可。根据互惠性和普遍性的辩护原则，"对商品、权利或自由的每一项要求都必须以互惠和普遍的方式进行辩护，在这种情况下，一方不能简单地将其理由投射到另一方身上，而必须话语地为自己辩护"②。弗斯特把主体的辩护实践建构为实现公正秩序的路径选择。

如此看来，尊重辩护权利是一项普遍要求。辩护的基本权利所表达的道德平等为更深远的政治和社会正义诉求奠定了基础，正义情境中的每一个成员都有获得辩护的基本权利，大家有权为本应普遍适用的正义规范提供适当理由。"这一道德权利表达了如下要求，即不应该存在任何对相关人员来说都无法获得充分辩护的政治或社会关系。"③ 统治关系中的辩护权利体现了正义的政治本质，弗斯特强调应该通过辩护权利来理

① 赵汀阳、R. 弗斯特、M. 威廉姆斯、徐慧敏：《全球正义如何可能？——R. 威廉姆斯、M. 弗斯特和赵汀阳三人对话》，《世界哲学》2021 年第 5 期。

② Rainer Forst, "Two Pictures of Justice", in Bert van den Brink, Antony Simon Laden and Peter Niesenand David Owen eds., *Justice*, *Democracy and the Right to Justification*, Bloomsbury, 2014, p. 20.

③ Rainer Forst, "Two Pictures of Justice", in Bert van den Brink, Antony Simon Laden and Peter Niesenand David Owen eds., *Justice*, *Democracy and the Right to Justification*, Bloomsbury, 2014, p. 8.

解社会和政治正义，并主张确立与社会基本结构相应的辩护原则。"从哲学上以尊重他人为'目的本身'的最佳方式重建康德式的绝对命令。"①弗斯特认为，除道德哲学中的辩护外，还要在历史或社会科学中建构辩护权，也就是要研究政治和社会正义中的话语分析以及产生这一分析的社会斗争，这说明了社会斗争中辩护问题的产生。因为在人们质疑的社会关系的合法性中，辩护权利以及相应的人的规范地位代表一种深刻的正义规范语法。重建这一辩护权利只需要一个针对历史和当代政治的反思性视角，正义需求是一种解放需求，前提是将正义主体作为辩护主体加以尊重，即主体作为一个人，是一个能够提供辩护和要求辩护的人，这种尊严本身也应该得到尊重。

三 政治正义理论的目标指向：自主解放

解放历来是法兰克福学派批判理论的目标追求。霍克海默把批判理论解释为在每一个转折点上对合理生活条件的关注。在他看来，不管批判理论和特殊科学的相互作用多么广泛，理论的目标都不是单纯的知识积累，而是要对科学进步产生激励和刺激作用，因此，理论必须尊重科学的进步。也就是说，批判理论不仅是数据的学术积累，更重要的是社会批判者及其对社会的变革，即：批判理论应该指向一种社会解放形式，包括把盲目需求转变为有意义的需要，以及给所有个体提供一个自我发展的平等机会。哈贝马斯尝试在交往行为框架内重新定义法兰克福学派的理论议程，提出交往行为理论的批判理论新范式，主张对生活世界的变形进行解码，认为只要交往行为理论与重建的社会科学保持密切合作，交往行为理论就会指向社会变革和解放，也就是释放嵌入既是其交往互动背景也是其交往互动产物的生活世界的解放内容。作为法兰克福学派的第四代学术领袖，弗斯特延续了批判理论的解放旨趣，其政治正义理

---

① Rainer Forst, "Introduction：The Foundation of Justice", in Amy Allened., *The Right to Jus-tification：Elements of a Constructivist Theory of Justice*, Columbia University Press, 2011, p. 2.

论体现批判理论的政治伦理转向的最新发展进路。弗斯特政治正义理论的解放旨趣以辩护权力为基石，把辩护主体重塑为自主自决的正义主体，确保人们作为辩护的社会规范秩序的建构者和服从者而存在。"在批判理论传统中，没有哪一个思想家像莱纳·弗斯特那样以怀疑大师的身份回到康德那里——成为批判的理性思想家，从而成为证明和辩护的实践思想家。"① 按照弗斯特的观点，一切社会和政治关系都可以被理解为辩护关系，除辩护原则外，正义理论不受任何价值和真理的约束。故而，政治正义理论提出了建构国内正义和跨国正义的基本要求。

（一）政治正义的应用场域

虽然弗斯特建构了以权力关系为核心的政治正义理论，但是政治正义并不是简单的政治或权力问题，这需要从正义的应用场域加以把握。从社会秩序的角度讲，正义探究的是实现社会公正的规范秩序，也就是说，它以规范性秩序的建构为基础。在弗斯特的视域中，政治正义理论追求的规范秩序是与支配相对立的一切统治关系，这表明规范秩序本身包含各种不同的规范和规范情境，主要是"从政治和法律规范到经济和社会规范，包括非正式的道德或文化规范"②。狭义的政治辩护的法律政治体系只是其中之一，如果仅从这个视角来概念化政治正义，必然造成正义问题的简单化，从而背离弗斯特建构的政治正义的权力关系和结构，最终导致不正义问题的悬而未决。弗斯特主张对不正义进行多元评估和批判。

"所有与正义相关的社会关系都包含在这些术语中，无论是分配关系、承认关系、代表关系，还是生产关系、家庭关系或宗教关系。"③ 这

---

① Amy Allen and Eduardo Mendieta，"Introduction"，in Allen Amy and Eduardo Mendieta eds.，*Justification and Emancipation*：*The Critical Theory of Rainer Forst*，2019，pp. 6 - 7.

② Rainer Forst，"What's Critical About a Critical Theory of Jus-tice?"，in Banu Bargu and Chiari Bottici eds.，*Feminism*，*Capitalism*，*and Critique*：*Essays in Honor of Nancy Fraser*，Palgrave Macmillan，2017，p. 229.

③ Rainer Forst，"What's Critical About a Critical Theory of Jus-tice?"，in Banu Bargu and Chiari Bottici eds.，*Feminism*，*Capitalism*，*and Critique*：*Essays in Honor of Nancy Fraser*，Palgrave Macmillan，2017，p. 229.

些关系是由辩护的本体力量构成的社会关系，辩护的本体力量决定了人们在这些领域中的不同地位，形成了不平等和不正义的支配关系。弗斯特认为，在揭示这些社会关系时，不应采取一种简化的、单一的语法形式或者狭义上的政治代表关系，不能简单地将其理解为一种制度性的代表制度。如此看来，政治正义在其中产生和运行的情境并不拘泥于政治制度情境，而是包括政治制度情境在内的社会关系的一切方面，即弗斯特所讲的，政治是社会权力的主人维度。由此，政治正义理论支持的是一种更高层次上的政治辩护和作为辩护的一般政治概念，体现了弗斯特诊断—评估多元主义和辩护一元论的正义政治属性。总之，所有与正义问题相关的基本社会和政治关系都需要进行互惠性和普遍性的辩护，如果这些政治或社会关系不能面向其服从者进行充分辩护，那么这些关系就不应该存在。

（二）政治正义的首要任务

政治正义理论塑造了不被支配的自主的正义主体，人们在权力关系中通过辩护为所服从的规范秩序提供正当理由。"反对不正义的潜在冲动主要不是想要什么或想要更多，而是不再希望自己的主张和辩护的基本权利被支配、骚扰或推翻。"① 但是，这需要以辩护权利的完全拥有、充分保障和最终实现为基础，正义的首要任务是"要求建立一个基本的辩护结构，以确保能够在相应的辩护实践中以话语的方式获得普遍有效的规范并使这种有效性得到辩护"②。正义的话语建构必须把保障正义主体的辩护权利放在首要地位，因此，弗斯特指出，正义的首要任务是建构一个基本的辩护结构，确保自由平等的辩护主体拥有基本的辩护权利，他称之为基本正义。他认为，必须从概念上区分基本（最小）正义和完

① Rainer Forst, "What's Critical About a Critical Theory of Jus-tice?", in Banu Bargu and Chiari Bottici eds., *Feminism, Capitalism, and Critique: Essays in Honor of Nancy Fraser*, Palgrave Macmillan, 2017, p. 235.

② Rainer Forst, *Normativity and Power: Analyzing Social Orders of Justification*, Oxford University Press, 2017, p. 66.

全（最大）正义。

一是从二者的任务来区分。基本正义的任务是建构一个基本的辩护结构，在这一结构中，所有社会成员都有充足的地位和权力来决定他们要服从的制度。只有这样，他们才能体验到自己既是政治统治的主体，也是政治统治的客体，也就是说，他们既是统治者又是被统治者，这是主体间关系的充分展现。对此，弗斯特构思了一种改变现有经济和政治结构的政治代理人。弗斯特认为，公民社会中的集体行动虽然有可取之处，但考虑到要以正确的方式建立结构性正义，社会集体行动就需要制度化以便产生持久影响，因此，做到这一点的形式和程序需要民主地组织和合法化，公民社会在实现这一目标和监督合法化进程中作用巨大。

二是从二者的关系来区分。基本正义是实现完全正义的必要前提，即通过建设性的、话语式的民主程序来实施辩护，在这种程序中，辩护权力尽可能平均地分配给公民，"这需要某些权利和制度，需要多种手段和具体的能力与信息，包括在基本结构内进行干预和行使控制的真正机会——因此，这不是一种'最低限度'的结构，而是一种仅仅基于辩护原则的实质上的辩护结构"①。根据弗斯特的论述，需要根据互惠性和普遍性的标准对这一最低结构中包括的问题进行合法化和评估。基本正义保证了所有公民作为平等辩护者的有效地位，用他的话讲，这是"程序正义的实质性起点"②。基本正义的论点来自道德上的辩护权利，即个人必须有真正的政治和社会机会来以互惠—普遍的、自主的方式决定这一制度结构，所有公民都是有机会参与和发挥影响力的公民。反之，当最重要的机构中所有人的基本辩护权利缺乏平等保障时，就违反了基本正义。在此基础上，人们可以争取一个辩护的基本结构，即完全正义。在弗斯特看来，民主程序必须确定哪些商品将由谁以何种规模和出于何种

① Rainer Forst, "Two Pictures of Justice", in Bert van den Brink, Antony Simon Laden and Peter Niesenand David Owen eds., *Justice, Democracy and the Right to Justification*, Bloomsbury, 2014, p. 23.

② Rainer Forst, "What's Critical About a Critical Theory of Jus-tice?", in Banu Bargu and Chiari Bottici eds., *Feminism, Capitalism, and Critique: Essays in Honor of Nancy Fraser*, Palgrave Macmillan, 2017, p. 237.

原因分配给谁，基本正义必须参照公平辩护机会的必要条件，以递归和话语的方式制定。总之，弗斯特认为，只要基本正义是适用的，这种话语就不会成为非法权力不平等的牺牲品。

（三）政治正义的跨国考量

弗斯特是一位具有国际视野的批判理论家。在正义的政治情境考量中，他超越了英美政治传统中关于正义是适用于政治国家还是适用于全球共同体的二元争论，提出了超越国家主义和全球主义的跨国正义方案，建议在国家内部和国家之间这两大政治情境中建构基本的辩护结构，并且强调国内正义和跨国正义的相互依存性。

依照弗斯特的论述，不管是国内政治情境中的社会合作，还是全球化进程中的国际合作，都是缺乏互惠关系而被迫形成的合作和依赖，是不平等的权力关系和支配模式的表现。"任何否定正义作为那些受制于规范秩序的人的辩护要求的必要性的现实主义都是不加批判的现实主义形式，任何不是基于对权力、支配和剥削的现实世界的社会分析和规范分析的理想化理论，都与我们这个时代的正义斗争脱节。"① 故而，弗斯特认为，正义的概念必须解决这种不同层面的多重支配，只有在国内社会和国际体系的政治情境中才能将道德辩护权利转换为政治辩护权利。国内社会主要是指一个人作为公民出生的情境，人们在这种情境中是直接的法律政治权威和权力的主体，有权要求这种权威是通过了辩护，"建立并维护一个公正（辩护的）基本结构是他们共同的'任务'"②，这一基本结构的首要任务是获得辩护权利。抽象的辩护权利对辩护的基本结构提出了实质性要求，但具体的要求是公民自己的要求，从而使政治自主成为这一结构的中心目标。简言之，正义的主要政治情境是国内情境，

---

① Rainer Forst, "What's Critical About a Critical Theory of Jus-tice?", in Banu Bargu and Chiari Bottici eds., *Feminism, Capitalism, and Critique: Essays in Honor of Nancy Fraser*, Palgrave Macmillan, 2017, p. 226.

② Rainer Forst, "Towards a Critical Theory of Transnational Justice", *Metaphilosophy*, Vol. 32, No. 1 - 2, 2001.

忽视这一情境是不正义的潜在根源。

但是，弗斯特认为，国内情境不是正义的全部政治情境。在他看来，如果不考虑跨国正义情境，国内正义的任务将无法实现。原因有二：第一，将国内正义情境视为排他性和绝对优先的，可能导致不正义；第二，从弱势社会的角度来看，在一个阻碍内部正义斗争的国际制度中，建立内部正义是不可能的。这表明，外部影响使国内正义变得不可能。为了打破多重的、内部的和外部支配的恶性循环，并在特定国家和国际体系内建立政治自主，需要最低限度的跨国正义原则。根据这一原则，多重支配社会的成员对在其政治共同体内建立（最低限度）辩护的民主秩序所必需的资源拥有合法要求，并且该共同体是全球经济和政治体系中地位平等的参与者。受益于当前全球体系的社会（也因此受益于处于不利地位的社会的内部统治），有具体的正义义务来建立最低限度的公平的跨国话语和合作条件。最低限度的跨国正义的目的，是在国家社会内部和国家之间建立一个基本的辩护结构，这是克服内部和外部相互关联的支配形式的唯一途径。弗斯特认为，它们的目标是改变目前的全球政治和经济体系，创造条件，使各国在足以影响全球经济体系的决策程序中，具有同等影响力，并结束对独裁政权的支持。概言之，内部和外部民主化必须共同实现，基本人权必须在所有社会中得到实现和保障，以确保国家在这种程序中产生的影响也是其公民的影响，并在很大程度上改变现有的全球秩序。

弗斯特指出，基本的辩护结构只是建立完全辩护的跨国基本结构（最大正义）进程中的一步，因为最低限度的正义只是建立了最低限度的互惠性辩护的公平条件。这里的辩护话语是基于最低限度正义和平等参与权的标准，它们不会像现在这样在不平等和支配的条件下进行，使弱国几乎没有任何发挥影响力的机会。尽管如此，最低标准的实现已经预先假定了比目前程度更高的制度化，这既是为了保障国家内部的社会最低标准，也是为了在国家之间形成平等的地位。总之，跨国正义强调，政治共同体成员的自主既是一项内部原则，也是一项外部原则：在辩护的基本结构中实现自主仍然是政治正义理论的中心目标；反之，没有这种自主，正义就无法建立，因为在弗斯特看来，政治情境中的正义要求没有超越辩护的社会关系。

四　结语

弗斯特的政治正义理论代表了当代批判理论的政治伦理转向的发展态势。他以辩护为方法预设，以权力辩护为核心要义，以自主解放为目标指向，系统地构建了全面的政治正义理论，是继罗尔斯《正义论》之后的又一理论推进和创新。

（一）政治正义理论重塑自觉的主体间存在

弗斯特把正义界定为主体间的关系和结构，这是对马克思的"人的本质是一切社会关系的总和"这一经典论述的继承与发展。当然，弗斯特主要是从政治维度的不正义来解释这一社会关系，他所阐释的正义是一个政治概念，意味着主体间关系是政治领域的权力关系和结构的反映。可以说，这是弗斯特对马克思的资本主义掘墓人论断的深刻的再思考和再揭露。弗斯特认为，主体不是服从社会制度和规范的被动存在；相反，社会秩序应该是辩护主体自决的辩护结果。具体来看，主体间关系表现为规范秩序建构中人们所处的辩护关系和掌握的辩护权利。按照弗斯特的思路，只有经过互惠性和普遍性辩护的权利才能代表人们的普遍利益，进而建构和确立保障人们辩护权利的公正社会秩序，这就是弗斯特主张的自由平等的主体间关系。因此，政治正义理论主张以辩护权利为核心来建构基本的辩护结构。实际上，弗斯特提出了以话语权为基本特征的辩护要求。在弗斯特看来，只有辩护的话语权得到充分的尊重和保障，人们才能作为一个自主的正义主体而存在，对应的社会规范秩序也才是符合公正和正义要求的。从对主体地位的捍卫和保障来看，弗斯特的政治正义理论代表了广大受压迫者（国）的宣言和福音，是对资本主义任意统治和全球不平等秩序的深刻揭露，这一理论典型地代表着批判理论的政治伦理转向。当然，从弗斯特自己的学术历程来看，他在政治正义理论中的独特建树是其学术创新和研究的集中突破，更是法兰克福学派发展史上具有代际更迭效应的学术推进和理论创新，学界对此应该加以肯定和重视。

（二）政治正义理论背离马克思的经济分析

虽然弗斯特为正义理论研究注入了新活力，但是他所揭示的问题和建构的路径仍具有不彻底性，甚至在一定程度上违背了马克思的理论初衷。总的来讲，仅从政治维度揭示主体遭受的不平等关系，进而从权力关系中建构政治自主的主体地位，未免把问题简单化。对这一问题的认识和揭示最终还是应该回到马克思的思想理论。马克思把资本主义社会中人们遭遇的不平等归根于私有制，生产资料私人占有和生产社会化是资本主义一切矛盾的总开关和导火索，他主张从资本主义生产方式这一根本着力点来揭露和批判资本主义弊端，并提出了消灭私有制、推翻资本主义制度、建立以公有制为基础的共产主义社会的远大理想。反观弗斯特的政治正义理论，他虽然也把不平等归根于资本主义制度，但他重点关注的是这一制度中主体辩护权利的丧失所导致的地位和关系的不对等，他提倡的政治自主只是在追求保障辩护权利的辩护结构，实际上并没有透过主体地位的不对等来深刻揭露资本主义制度背后的私有制逻辑。进一步讲，弗斯特的政治正义理论未能把握马克思对"经济基础"的重要分析。也就是说，弗斯特没有从生产力与生产关系的辩证关系来把握主体间关系及其地位，这导致其政治正义理论浮于表面而没有触及根本。弗斯特理论研究中的这些不足是学界需要加以揭示、澄清和批判的。

（原载《马克思主义与现实》2022 年第 2 期）

二

生命政治与政治哲学

哲学对政治的僭越：当代
生命政治的隐形支点

夏　莹*

　　生命政治在西方政治学界的勃兴代表着 20 世纪以来西方政治思想演进的一次重要转变。这一转变，在我看来，或可表现在两个方面：一方面，就"政治"作为一种治理术所涵盖的范围而言，如果说对于古典的政治思想来说，政治所试图涉猎的更多的是作为宏观的国家体制以及这一体制与人民之间的关系，那么对于生命政治而言，其统治所涵盖的则是更为微观的国家事务，诸如人口、土地，安全。另一方面，就政治的价值取向而言，无论对于古典政治思想抑或近代政治思想而言，政治所面临的核心问题一般都为"人们如何能最好地治理自己？此问题带出了一连串其他问题，全部围绕着一个中心，即人究竟有没有管理自己事务的能力？"[1]，换言之，在生命政治出现之前，"政治"研究近乎没有直接的价值取向，它带有经验主义色彩，将目光更多地放置于如何（how to）能更有效地进行管理，而不是探寻究竟什么是（what is）最好的管理体制抑或理念。而生命政治的诞生，自福柯开始，经过了奈格里、阿甘本、朗西埃以及埃斯波西托等人的不断改造，其价值取向越来越明显，生命政治正在由一种现代管理制度演变为一种有待批判的资本主义体制的代表，并由此延伸出不同的面向未来的价值诉求。如何评价生命政治迫使政治思想所发生的这一转变，以及这一转变可能为现实带来怎样的改变？

---

　　[1]　［英］阿兰·瑞安：《论政治：从希罗多德到马基雅维利》上卷，林华译，中信出版社 2016 年版，第 16 页。

本文将以哲学与政治的关系为主线，通过梳理生命政治的基本观念来尝试对以上问题给予回应。

一

米格尔·阿本舒在讨论阿伦特对柏拉图洞穴隐喻的批判中质疑阿伦特作为杰出的政治哲学家的合法性。原因在于阿伦特对于哲学介入政治所保持的谨慎态度。对于阿伦特而言，哲学与政治不是能够相辅相成、相互诠释的两个学科，恰恰相反，它们互相对立："两者试图建立一种等级秩序——优秀的一方将会牺牲掉另一方，在这种情况下，理论生命（bios theoretikos）将会牺牲掉政治生命（bios politicos），"[1] 换言之，哲学的理想主义会侵害政治学对制度的规划。哲学与政治的这种对立对于政治思想家来说也许并不是一个问题。因为对于2500年的西方政治思想史来说，政治学恰恰诞生在与哲学分离的时刻：柏拉图的思想从本质上说是反政治的。尽管在其著作中已经触及了许多政治学的核心概念和命题。例如，在《高尔吉亚篇》中对于政治家与民众之间关系的讨论，以及《理想国》中关于正义的界定和符合正义的政治秩序的设想。毫无疑问，这些问题是政治学的问题，但柏拉图的回答方式却是哲学的。柏拉图的正义观所关注的从不是为了实现正义所需要的制度设计，而是正义的本质是什么。例如，符合正义的制度设计将按照人的金、银、铜灵魂的不同等级区分出三类不同的人：守护者、士兵和工匠，大家各司其职，各安其位。这种正义，不是制度的设计带来正义的结果，而是预先设定的关于正义的本质决定了所设计的制度为何。这种颠倒正是当代政治思想与柏拉图的政治哲学之间的根本差异。因此，英国学者阿兰·瑞安将柏

---

[1]　Miguel Abensour, "Against the Sovereignty of Philosophy over Politics: Arendt's Reading of Plato's Cave Allegory", *Social Research: An International Quarterly*, Vol. 74, No. 4, 2007, pp. 955 – 982.

拉图对理想整体的叙述视为"灵魂培养术，而非治国术"① 的确概括准确，并进一步指出："自亚里士多德以降，大家都认识到，柏拉图与其说解决了建立正义政体的问题，不如说证明了此事不可行。"②

一般来说，政治思想史真正开始于亚里士多德，因为后者将政治学视为一种自然历史的研究，他对于动物学的热衷让其带有晚近自然科学家一般的经验主义色彩。虽然在其八卷的《政治学》中，的确存在某些对理想国家的理论与实践，但却在其著作中所占比例非常之小，在其他篇幅中，亚里士多德所涉及的主题则似乎更为接近近代政治思想的种种话题，包括诸如政治团体的组织形式、政治形式以及公民资格，甚至讨论了如何建立能够防范、疏导革命的宪政体制。这些较为细碎的讨论让亚里士多德的政治思想更富现实性，在这种现实性中，亚里士多德并不急于构筑理想国家的理念，而更关注趋近正义的可行性的政治体制。这一带有经验主义色彩的研究路径恰是政治学所特有的一种本性。

由此，我们能否作这样一种判定：在西方政治思想史的开端处，柏拉图与亚里士多德为我们构筑了两条不同的延展路径：以柏拉图为代表的思想者，试图以哲学的方式来讨论政治，因此，将以理念优先，制度的设计不过是理念的模仿。以亚里士多德为代表的思想者，以政治实践的操作为重心来讨论政治，因此，将以制度的现实设计的可操作性优先来讨论理论问题。从这一意义上说，两者的区分也是政治哲学与政治学之间的区分。

如果我们对于政治哲学与政治学的不同理路缺乏一种清晰的认知，从而有意或无意地将两者完全混同起来，那么当我们将目光投向当代生命政治的研究之时，我们多少会诧异于这一对"政治"问题的研究路径，并将这一研究路径视为对当代政治思想的一次重要转变，例如，当代意大利哲学家埃斯波希多所说："自从米歇尔·福柯重新提出并重新定义[生命政治] 这个概念（他没有造这个词），政治哲学的整个框架依然深

---

① ［英］阿兰·瑞安：《论政治：从希罗多德到马基雅维利》上卷，林华译，中信出版社2016 年版，第 108 页。

② ［英］阿兰·瑞安：《论政治：从希罗多德到马基雅维利》上卷，林华译，中信出版社2016 年版，第 109 页。

层次地被改变了。"① 因为晚近的生命政治学者，如福柯、阿甘本、朗西埃等人似乎都与诸多的"后学"思潮密不可分，同时他们多少有些怪诞的表达方式，让这一政治学研究路径总是与我们既远又近。它究竟是一种完全不同于传统政治思想的新的政治思想的迸发，抑或是传统政治思想的另一路径的展开？这一问题还有待澄清。

　　但不管怎样，生命政治的出现似乎打破了当代政治思想中被英美政治思想家所统摄的天下——在英美政治思想视域中，政治，从未脱离与治国术、管理术相关的种种制度设想。即便罗尔斯在当代重提"正义"，也不会将正义置于柏拉图的正义观的层面来加以讨论。就后者而言，正义意味着不同分工的人各安其位、各司其职的状态，阿兰·瑞安曾指出希腊文的 dike 被翻译为"正义"（justice）不太恰当。因为前者更准确的翻译方法是"全面正确"②，换言之，柏拉图所谓的"dike"带有哲学的绝对真理的色彩；而"justice"则更多的是在一种平等主义意义上所具有的合法性。罗尔斯在《正义论》的开篇虽然将正义视为如同思想体的真理一般，但从根本上说，"正义否认为了一些人分享更大利益而剥夺另一些人的自由是正当的，不承认许多人享受的较大利益能绰绰有余地补偿强加于少数人的牺牲。所以，在一个正义的社会里，平等的公民自由是确定不移的"③。换言之，正义对于罗尔斯而言不是应当设定的抽象概念，而是现实社会中利益分配所必须秉承的基本原则。就罗尔斯的正义原则而言，虽然批判者众多，但其所复兴的政治思想的研究路径却在英美政治学研究中占据主导地位。这种研究范式的设定，笔者将其视为一种亚里士多德政治学传统的有效延续。因为两者都基于现实社会机制的运行来考察好的（善的）制度为何，而非如柏拉图。不可否认的是，在英美政治思想传统中对于分配正义的原则考量与亚里士多德关于经济生活中

　　① Roberto Esposito, *Bios: Biopolitics and Philosophy*, trans, Timothy Campbell, The Uiversity of Minnesota Press, 2008, p. 13.

　　② ［英］阿兰·瑞安：《论政治：从希罗多德到马基雅维利》上卷，林华译，中信出版社 2016 年版，第 74 页。

　　③ ［美］约翰·罗尔斯：《正义论》，何怀宏等译，中国社会科学出版社 1988 年版，第 1—2 页。

正义的实现方式的考量不尽相同。对于前者而言，人与人之间绝对平等与自由是其基本原则，而对于后者而言，顺其"自然"的原则却可以包容诸如公民与非公民之间、奴隶主与奴隶之间的非平等。①

以亚里士多德为开端的政治学传统，笔者将其视为一种用政治压倒哲学的研究路径。而柏拉图的《理想国》的政治思想研究路径所彰显的却是哲学对政治的僭越。因此，对于许多政治学家来说，《理想国》与其说是一部严格的政治学著作，不如说是一部关涉其形而上学的哲学著作。如果说英美的政治哲学传统所继承的是亚里士多德的传统，那么当代蓬勃发展起来的生命政治，则更似乎是柏拉图传统的继承人。两者共同构建了当代政治思想研究的基本构图。

二

笔者将目前盛行于欧陆的生命政治传统视为真正意义上的政治哲学。它与其说是一种政治思想，不如说是一种哲学，抑或是对"生命"转变为一种"生物"而产生的哲学反思。生命政治虽然并不肇始于福柯，但显然福柯是促使这一思想成为当代显学的推动者。福柯从根本上改变了生命政治在 20 世纪 20 年代瑞典政治学家科耶伦（Rudolf Kjellén）所构筑的原初内涵，后者试图从生物学的角度来分析社会群体之间的争斗和战争。② 这种简单类比的做法无法给予生命政治以任何理论的解释力抑或批判力，因此影响甚微。而晚期福柯在其法兰西讲演录的多个系列里反复涉及生命政治却给当代思想带来巨大的冲击。有关其生命政治的具体讨论在国内外学界已是汗牛充栋，在此笔者不再赘述。

生命政治，在笔者看来，是福柯在西方自由主义的经济模式与政府形

---

① 参见［英］阿兰·瑞安《论政治：从希罗多德到马基雅维利》上卷，林华译，中信出版社 2016 年版，第 116—117 页，关于亚里士多德对"自然与政治"的讨论，以及第 133—137 页关于亚里士多德"经济生活"的讨论。
② 参见吴冠军《"生命政治"论的隐秘线索：一个思想史的考察》，《教学与研究》2015 年第 1 期。

式的实践框架下所提出的一个描述性概念。对于福柯而言，"所谓生命政治，我指的是从18世纪开始的将这些问题理性化的尝试。这些问题，是因为一群形成人口群体的生命体特有的现象——健康、卫生、出生率、寿命预期、种族——而导致的政府管理实践所提出的"①。之所以将其视为"描述性概念"，正是因为福柯在对这一概念的表述中并不带有明显的价值诉求。换言之，以近乎无批判的态度来对待国家、政府进行统治、管理的理性化实践。"生命政治"所统摄的现象在其被系统阐释之前更多地被福柯归入"生命权力"的控制范围之内，例如，在福柯看来，生命权力所涵盖的"即一套机制，通过这种机制，人类这个物种的基本生物学特征成为政治策略的对象，成为一般意义上的权力策略的对象，或者换言之，说明了现代西方社会是如何从18世纪开始接受人类是一个物种这一基本的生物学事实的"②。当人作为生物学的存在而陷入可控的范围之内的时候，诸如健康、卫生、出生率等问题当然已经处于政府管理的范围之内。因此，严格来说，生命政治的确是早期福柯权力批判话语体系中的一个延伸。但当福柯将其放入对自由主义经济体系的分析框架中来谈论的时候，这种生命政治的批判性维度被大量的描述性分析所掩盖，福柯的讨论总是给人一种价值中哲学对政治的僭越：当代生命政治的隐形支点的感觉。这种感觉的产生，在笔者看来，与其采取的分析方法不无关系。

当福柯开始描述自由主义框架下的生命政治的治理实践的时候，他"不是从普遍概念出发推出具体现象，更不是从某些具体实践必须遵守的可知性框架的普遍概念出发，我想要从这些具体实践出发并且某种程度上在这些实践活动的框架中检验普遍概念"③。由此，面对诸如统治者、主权、人民、臣民、国家等概念，福柯不是从这些概念本身出发，而是"从实践所呈现的样式出发，同时从它的自我反思和自身的合理化出发，

---

①　Foucault, *The Birth of Biopolitics*: *Lectures at the Collège de France*, 1978 - 1979, Palgrave Macmillan, 2008, p. 317.

②　Foucault, *Security*, *Territory*, *Population*: *lectures at the Collège de France*, 1977 - 1978, Palgrave Macmillan, 2007, pp. 1 - 4.

③　Foucault, *The Birth of Biopolitics*: *Lectures at the Collège de France*, 1978 - 1979, Palgrave Macmillan, 2008, p. 2.

来考察国家和社会、居住和臣民等这些东西如何实际地被建立起来，并探寻它们所处的地位"①。

这种从现实实践出发，并追随着实践的展开方式所进行的描述性分析是生命政治理论得以生成的理论路径。人变成人口，生命转变为被调整和操控的健康指数、出生率与死亡率，这是自由主义经济制度趋于合理化的一个必然过程。但需要进一步追问的是，福柯在此究竟是如亚里士多德一般采取了一种经验主义的考察方式，从而让生命政治本身不过是当代政治科学的一种新的变种，抑或如马克思一般，虽然坚持了从人的现实存在出发，但却仍然保持自身批判维度，从而让生命政治为哲学重新介入政治提供了契机？在此，笔者倾向于认同后一种看法。福柯在对生命政治的描述性分析中实际上以隐性的方式继承了马克思的分析方式。马克思对资本主义社会经济发展模式的分析也是描述性的。他同样从不接纳古典政治经济学家现成给予的概念和思维方式，转而"从当前的经济事实出发"，这一自下而上的分析模式，不是一种简单的从具体到抽象的共相性分析。恰恰相反，正如其《资本论》的开端以凝结了资本主义社会发展矛盾的概念——商品为起点一样。商品不是抽象的共相，而是一个只有在哲学的高度才可能发现的"抽象的具体"。换言之，生活世界中并没有任何一张桌子、一把椅子就其自身而言是商品，它们只有进入资本主义的普遍交换关系当中才是商品。因为商品的核心在于它的关系性存在方式。就此而言，商品既是一个现实的存在物，也是一个只有在抽象的哲学当中才可能被构造出的概念。正是马克思在《资本论》中将现实的桌子、椅子、空气与水都变成了哲学可以介入讨论的对象。而现实中的桌子、椅子也在被转变为商品的时候彰显了资本主义现实对人可能带来的种种压抑。

同样，福柯在自由主义经济体制与统治实践框架下所提炼出的"生命"概念在这一意义上与马克思的商品概念有异曲同工之处。不可否认，生命政治拥有其思想史的渊源。科耶伦和福柯之所以能够提出生命政治概念，

---

① Foucault, *The Birth of Biopolitics*：*Lectures at the Collège de France*, 1978 - 1979, Palgrave Macmillan, 2008, p. 2.

显然与其同时代一系列"生命哲学"的勃兴有直接关系。自 20 世纪初期以来，当代法国思想中以对"生命"的强调来替代对抽象"概念"的关注，已成为思想界的主流倾向。柏格森的生命哲学直接激发了法国新尼采主义的风潮，福柯与德勒兹都是这一风潮的主将。在其中，"生命"不是生物，它意味着一种生命冲动（柏格森）、一种权利意志、一种在永恒轮回之下总是能不断回归的肯定性的生活（尼采），抑或一种内在性的（非超验的）、非匮乏的欲望（德勒兹）。福柯在这一传统中相对另类。他将被尼采的生命哲学所凸显的那种充满动能的权力意志转变为一种谱系学式的微观政治的分析方法。对于权力意志而言，其德文的表述为"Der Wille zur Macht"。其中的"Macht"源于动词"machen"，它是德语中很常见因而也是使用很广泛的动词，如同英语中的"do"，具有丰富的内涵。在汉语中，所意指的就是"做"或者"干"等。从这一意义上来说，所谓的"权力意志"就是"去行为的意愿"。它意味着一种强烈的"我要……"的冲动，并且这种冲动不再是一种非理性的、无目的的，只会带来处处碰壁，最终引发悲观情绪的意志，而是因为其固有的创造性，因而具有肯定性的、积极的生命冲动。而在福柯的微观政治话语中，尼采的充满生命冲动的权力观被转变为一种对生命进行规训的微观权力论。在前者那里，权力与生命都富有一种肯定性的动能；而在后者这里，生命首先肉身化为身体，而后被转变为一种可操控的生物。权力则与生命成了一种对抗性关系，它压制转变为身体的生命，遏制它原本的创造力。从这一意义上说，生命，作为一个概念，成为一个问题，从来都是一个哲学的构造。

<h2 style="text-align:center">三</h2>

综上所述，福柯所开启的生命政治的思想传统意味着哲学对于政治学的重新介入。生命政治是当代法国思想中生命哲学传统的一种新的变种。它在本质上是披着政治话语之外衣的哲学。但这种新的政治哲学的确改变了英美政治学传统的思想风格。如何评价这一谱系为政治学带来的可能后果，需要我们沿着福柯所开辟的这一道路继续走上一段，问题

才似乎逐渐清晰起来。

阿伦特之所以警惕哲学对于政治的僭越，主要原因在于，哲学作为一种理想主义（哲学大多表现为某种类型的 idealism，而这一概念既是观念论，同时也可以视为一种理想主义），总是试图以某种预先设定的理念来统摄现实的实践。这种先天的指导性一方面为实践提供可能的发展方向，另一方面却带来脱离历史的理想，并逼迫现实趋向理想，最终给现实带来灾难。

福柯所开启的生命政治，实际上复活了柏拉图的政治哲学传统。它让哲学凌驾于政治之上，只是此时的哲学，经过马克思思想洗礼，已不可能驻足于思辨哲学的概念游戏当中，而更多地活跃于现实的政治实践当中。但对于制度操作的关注并没有改变生命政治的哲学属性。这一哲学属性，一方面表现为其对于"生命"概念的使用上，正如我们已经指出的那样，生命概念在本质上是一个等同于马克思的"商品"概念的抽象的具体；另一方面，更表现在其对"政治"的理解之上。

福柯有关生命政治的讨论方式容易让我们产生错觉，似乎福柯将政治理解为一种治国术，即自由主义经济和政治框架的运行法则。但如果我们结合其早期思想发展脉络来看，这一看法并不准确。因为在对生命政治的讨论中，福柯还提出有关生命权力的论述。两者在某个层面上具有相似性，例如，它们都是意指一种将人的生命转变为生物学的物种之后所实施的一系列操控机制。但就福柯对权力问题的阐发路径而言，"哪里有权力，哪里就有抵抗。我们无法摆脱权力的枷锁，但我们总是可以通过明确的策略来改变它的控制"①。权力与抵抗，对于福柯来说是相辅相成的两个方面，因此，在生命政治凸显了生命权力的操控能力的同时，也将对生命政治的抵抗直接生产了出来："过去，人们把抵抗作为一个概念，往往是就它的否定作用而言。然而你所看到的抵抗，不仅是一个否定，而且是一个创造的过程。抵抗就是创造和再创造，就是改变所处的形势，就是积极参与创造的

---

① Foucault, *The Essential Foucault*：*Selections from the Essential Works of Foucault*，1954 – 1984，New York Press，2003，p. 123.

过程。"① 在我看来，福柯虽然没有就此提出具体的抵抗策略与抵抗主体，但却让生命政治中的"政治"不再只作为一种治国术，它不仅负责管理和协调既有体制，而且同时还意味着对既有体制的抵抗与颠覆。随后产生的诸多生命政治的继承者们更多的创造在于对这种抵抗之可能性与现实性的讨论。因此，在他们所谈论的生命政治中，政治哲学化的转向越来越明显，政治正在蜕变为一种斗争的可能性以及新的斗争主体的建构。

将哲学等同于政治，在当代西方马克思主义思潮中或可上溯到路易·阿尔都塞。晚期阿尔都塞在其关于《列宁与哲学》的讨论中就曾指出哲学的政治性本质："哲学是政治在特定的领域、面对特定当代现实、以特定的方式的延续。哲学，更确切地说，哲学伴随科学在理论领域表述政治。反之，哲学伴随从事阶级斗争的阶级，在政治中表述科学性。"② 这种哲学不仅具有党性，而且本身就是一种实践。阿尔都塞对哲学的看法与同时代的葛兰西等人并无二致。追随阿尔都塞的多名弟子将这一思想进一步嵌入思想史的发展历程当中，开启了基于不同视角但却包含相同结论的阐释路径。例如，巴利巴尔在其《斯宾诺莎与政治》当中更是绕道斯宾诺莎，以迂回的方式将政治本性中的哲学属性表达得淋漓尽致："哲学、政治（即便它们实际上是统治的形式）无非是作为解放的事业而出现的。"③ "哲学与政治相互暗含对方。斯宾诺莎以特别的方式提出了哲学难题，借此未兜圈子地切入政治，他并不想把政治挪入'元政治'的另一个位置，他只是想提供一种确切的，或如他自己所说，'充恰的'认识方式，……去把握权力关系问题和特殊利益问题——而政治正是这两个问题所引发的。"④ 换言之，哲学的问题是哲学对政治的僭越：当代生命政治的隐形支点直接就是政治的问题，而政治的问题也只有通过哲学的方式才可能得到解决。就这一点而言，斯宾诺莎在《神学政治论》和

① Foucault, "Sex, Power and the Politics of Indentity", in P. Rabinow (ed.), *Essential Works of Foucault: Ethics, Subjectivity, Truth*, Vol. 1, New York Press, 1997, p. 168.

② [法] 路易·阿尔都塞：《哲学与政治：阿尔都塞读本》，陈越编译，吉林大学出版社2003年版，第166—167页。

③ [法] 艾蒂安·巴利巴尔：《斯宾诺莎与政治》，西北大学出版社2015年版，第11页。

④ [法] 艾蒂安·巴利巴尔：《斯宾诺莎与政治》，西北大学出版社2015年版，第12页。

《伦理学》中的相关思想对于实践即行动原则的研究方式对于当代激进政治哲学而言具有重要的借鉴价值。

政治的哲学化倾向可以被视为当代激进左翼思潮的理论支点。而生命政治，在某种意义上不过是建筑于这一理论支点之上的又一阐释路径（这一路径或可视为与激进左翼对斯宾诺莎的痴迷相平行）。但也正因为这一隐形的理论支点，使得各种不同表述方式的生命政治理论呈现出某些共性。

福柯之后较有影响的生命政治理论的研究者包括奈格里、朗西埃与阿甘本等。在笔者看来，三者虽然对于生命政治的阐释方式路径不同，但由于其对于政治哲学化的隐形认同，致使其展开方式颇具共性：

首先，三者都没有将政治之本性视为治国术，而是将其视为"斗争"。这种"斗争"在现代政治中不再以显在的方式直接呈现出来，如同马克思所处的资本主义发展初期所表现出的经济、生活上的绝对不平等，相反，在今天，经过以妥协为目的的英美政治哲学的洗礼，我们获得了一种表面上的自由与平等。当代生命政治的讨论者，在某种意义上，试图完成的是在被粉饰了自由、平等的表面之下去找寻那些仍然存在的隐形的压迫。这种揭示所需要的不是假定人格平等，也不是讨论妥协策略的政治学所能完成的工作，而是以理想主义（idealism）为特质的哲学批判所可能触及的种种问题。后福柯的生命哲学的研究者，奈格里、哈特等通过对马克思的《经济学手稿（1957—1958年）》的解读发现了机器大生产中，作为活劳动的工人日益成为机器的附件，不再能够对生产过程拥有支配权，工人的主体性位置被褫夺之后，在一种可能的非物质生产方式当中，却产生了其所谓的"生命政治的生产"（biopolitical production），它成了对抗生命权力操控的一种有效方式。在此，奈格里、哈特将原本内在于福柯之生命政治（生命权力）的控制与反抗拆解开来，将对人的生命（作为生物性的生命）的全面操控视为生命权力的基本内涵："在生命权力所指向的生存状态中，生命本身的生产与再生产已成为权力追逐的猎物。"① 而"生命政治产生的

---

① ［美］迈克尔·哈特、［意］安东尼奥·奈格里：《帝国——全球化的政治秩序》，江苏人民出版社2003年版，第25页。

结果是社会主体性和社会关系与生命形式"①，后者所涉及的是"反抗的联合体，以及在权力的社会布局上冲突的时机和措施"②。

当奈格里、哈特将生命政治作为对抗生命权力的方式之时，他们对于生命与政治的理解已经昭然若揭。如果说在此，生命带有德勒兹思想的底色，即作为一种肯定性的力量构成了对现代资本主义发展的一种抵抗，那么"政治"则是对权力操控的抵抗。雅克·朗西埃关于以斗争为其本性的政治的讨论更为直接：他将亚里士多德的平等主义绝对化，在以绝对平等为理念的前提下提出了生命政治所内含的绝对的对抗性："政治是存在的，在以下的意义上：人民不是种族或人口，穷人不是民众之中受损害的那个部分，无产者不是工业劳动者的群体，等等，而是这样的主体，他们对于社会诸暨部分的总体计算的附加物之中规定着一种对未被计算进行计算或无部分的特殊形象。"③ 这种被朗西埃称之为"不是部分的部分"（une part des sans-parts）所凸显的是在绝对平等主义的话语下，那些原本没有平等资格的人获得平等资格后给予既有等级社会的冲击。这种冲击构成了一种秩序的断裂，政治就产生在这个断裂当中。由此可见，在朗西埃的生命政治中，生命同样失去了其感性的肉身性，它成为可被计算又被"错误计算"的一部分，换言之，平民、穷人的存在是富人统治的中断，因为前者，这本来不属于统治之一部分的被后者错误地计算为占据的一部分，由此带来的溢出，正是抗争的源泉，而"政治"也在其中随之诞生。与之相似，阿甘本也是通过区分所谓的 zoē（作为生物共有的生命）与 bios（作为向善之生活形式的生命）来谈论政治的诞生。在此，政治同样意味着一种排除，在古典时期，自然生命被排除在外的时候，政治产生了，政治成为人们对正义之追问。但现在政治，正是在将自然生命重新纳入政治领域之后而产生的。对于阿甘

---

① Michael Hardt and Antonio Negri, *Commonwealth*, Cambridge & Massachusett：The Belknap Press of Harvard University Press，2009，p. 272.

② Antonio Negri, *Reflection on Empire*, Cambridge：Polity Press，2008，p. 73.

③ ［法］雅克·朗西埃：《政治的边缘：当代学术思潮丛书》，姜宇辉译，上海译文出版社2007年版，第111页。

本来说，重要的不仅在于这种"纳入"（福柯对此已经谈论了很多），关键在于这种"纳入"是如何实现的？阿甘本在其中发现了生命被纳入政治后形成的与生活的割裂。而政治又一次诞生于一种割裂当中。如果说朗西埃的政治诞生之诱因，即"不是部分的部分"所凸显的是被错误计算的人与原本被秩序计算在内之人的断裂，那么阿甘本的政治诞生之诱因则是作为神圣人的赤裸生命，它同样以其不可兼容于合法秩序当中而带来既有秩序的断裂。由此可见，无论是奈格里、哈特，还是朗西埃、阿甘本，在他们的研究视域中，政治都不是为了维持一种和谐秩序而产生的妥协策略，相反，他们都试图在既有的和谐中探寻一种断裂，即斗争的可能性。因此，生命政治的存在所证明的正是社会对抗的不可消除性。其与主张政治秩序之规划与设计的英美政治思想传统南辕北辙。

其次，生命政治的哲学化最终让这一思想不可避免地陷入政治乌托邦的陷阱之中。这是哲学僭越政治无可避免的理论宿命。奈格里、哈特的乐观主义向度显而易见。他们虽然发现生命权力已经获得了一个没有边界的扩张，但他们同时坚持哪里有控制、哪里就有反抗的逻辑，让已经被褫夺了主体性地位的机械化生产方式自身诞生出可以产生抵抗力量的"众多"（Multitude），近乎天真地认为非物质劳动方式可以以非强加的方式来合作，并且这种合作内在地迎合于劳动活动自身。① 而无视这种已经完全被生命权力所操控的生命如何重新获得自身肯定性的能量，成为突破自身的内在爆破的力量？这种不关注外在客观现实的改变，仅仅依赖于特定生产方式构造革命主体的斗争方式，如同当年仅仅强调自我意识的青年黑格尔派一样，注定让革命斗争的未来走向虚无。正如阿甘本随时可能都会来临的共同体（the coming community）一样，我们无须实现如何批判和扬弃当下现实，只需进入"一种特殊的休假"，关注潜在性与可能性。这种潜在性的现实化，就是努力使每一个人成为"任意的奇点"（whatever singularities）：它不属于任何一类，没有固定的位置，而

---

① ［美］迈克尔·哈特、［意］安东尼奥·奈格里：《帝国——全球化的政治秩序》，江苏人民出版社 2003 年版，第 279 页。

是永远在发生着的潜在性。① 奈格里也曾用 Singularity 来说明"众多"的特性。② 这一概念曾是德勒兹本体论中的一个核心。这是试图突破"一"与"多"的简单对立而给出的一个断裂点的可能性说明。它对于构筑一种凸显异质性的形而上学或许有些作用，但对于构筑一个现实的革命主体而言，则显得太哲学化。革命的主体从不应是一个概念的游戏，而应是现实的经济的、政治的体制运行可能产生的一种真实的断裂而被回溯性产生的。而生命政治的诸多思想家，却在对斗争理论的主体化的探寻中束缚于概念哲学的藩篱之中，致使其理论显得过于精致，失去了现实的可操作性。作为一种行动理论，生命政治虽然总是阐发斗争，并努力构筑参与斗争的革命主体，但可悲的是，由于其中哲学对于政治的过度僭越，使得这一"政治哲学"的贡献仍然是在批判上游刃有余，在行动上乏善可陈，致使其最终不过变成诸多后哲学形态中的一种，虽然他们以某种方式解释、批判了社会，但却仍然无法真正地改造世界。更可悲的是，他们将革命的实践以及实现直接寄托于当下资本社会的自我翻转，这种看似没有乌托邦设想的理论诉求却成了今天政治哲学最大的乌托邦。或许是时候重提阿伦特的警告：要警惕哲学可能对政治的僭越。因为"优秀的一方将会牺牲掉另一方，在这种情况下，理论生命（bios theoretikos）将会牺牲掉政治生命（bios politicos）"③。

（原载《南京社会科学》2017 年第 7 期）

---

① 参见 *The Coming Community*，trans by M. Hardt，Mineapolis：University of Minnesota Press，1993，p. 18.

② 参见《劳动、政治与民主——访安东尼奥·奈格里教授》，汪行福、王金林译，《哲学研究》2014 年第 10 期。

③ Miguel Abensour，"Against the Sovereignty of Philosophy over Politics：Arendt's Reading of Plato's Cave Allegory"，*Social Research：An International Quarterly*，Vol. 74，No. 4，2007，pp. 955 – 982.

身份与生命：政治哲学与
生命政治学的路径差异

蓝 江[*]

自 1970 年代以来，以罗尔斯、哈贝马斯等人为代表的新自由主义政治哲学和多元文化主义的政治秩序成为政治哲学研究的主流，他们从程序正义和分配正义等角度，利用分析的研究方法，奠定了以抽象个体之间的沟通、交往和协商的政治哲学基础，其根基，实际上来源于更早的霍布斯和洛克的自由主义传统，并在社会契约论的模式上，成为一种居于主导地位的政治哲学范式。然而，新近的意大利思想家阿甘本和埃斯波西托等人，承袭了 20 世纪 70 年代福柯提出的生命政治学的主张，开始对于罗尔斯一系列的新自由主义政治哲学进行反思，尽管他们的著作并没有明确地将批判的矛头指向罗尔斯等人，但是他们在新的基础上，重新奠基了对政治的思考，这就是作为纯粹生命概念的政治，即生命政治学。要理解阿甘本等人的生命政治学与传统政治哲学，尤其是新自由主义政治哲学的区别，我们就必须从罗尔斯最重要的政治哲学著作《正义论》开始，逐步地探索其中的奥秘。

一 身份之空：传统政治哲学上的裂痕

在《正义论》的修订版中，罗尔斯十分明确地提出了他创作《正义论》的基本思路。在他的《正义论》之前，支配着西方社会的主流伦理

学和政治哲学是功利主义。在罗尔斯看来，这种基于功利算计和推理的功利主义，将把现代民主制带向歧途，所以，罗尔斯认为，可以从康德的道义论和现代契约论来重新为现代民主政治找一个适当的理论基础，他指出："我想建立一种正义观，它能提供对功利主义的合理和系统的地带——而这种或那种形式的功利主义长期以来都支配着盎格鲁－撒克逊的政治思想传统。想要寻找这样一种替代的主要理由，是我认为功利主义能够对作为自由与平等的个人的公民基本权利和自由提供一种令人满意的解释，而这对一种民主制度的诠解来说是绝对首要的要求。我通过作为一种处理方式的'原初状态'的观念，采用了社会契约论的一种较一般和抽象的形式。对基本权利和自由及其优先性的令人信服的解释，是'公平的正义'的首要目标。"①

对于罗尔斯这段文字，我们重点关注的是，为什么政治哲学必须建立在自由权利的基础之上？罗尔斯的目的并不是对现实的西方社会，尤其是现代民主政治进行经验式的分析，相反，他试图为这种自由而民主的社会提供一种可靠的政治哲学根基，避免将这种根基建立在不稳定且带有理性算计的功利主义之上，这种功利主义伦理学，由于考量的是得失和计算，或许在某个具体情形中，会以某种特殊性为前提，牺牲自文艺复兴和启蒙运动以来的人文自由主义的遗产。因此，需要将自由主义政治秩序奠定在更具普遍性也更稳定的基础上。换言之，罗尔斯看到，在现代民主政治，尤其是在凯恩斯主义经济学的推动下，或许会有让自由主义理想倾覆的危险，因此，他必须以此为己任，将自由主义和民主社会重新奠定在最根本的启蒙观念——自由——之上，也让政治哲学回归最原初的理论传统，即社会契约论的怀抱。

不过，在传统自由主义的理论工具之外，罗尔斯设定了一个非常特别的理论假设。这就是上面这段话中提到的"原初状态"。原初状态不同于霍布斯、洛克和卢梭等人的自然状态的假设，因为原初状态不是一种

---

① ［美］约翰·罗尔斯：《正义论》修订版，何怀宏、何包钢、廖申白译，中国社会科学出版社 2009 年版，第 1—2 页。

时间上的回溯，而是一种理论上设定的状态，是尚未达成契约的状态，这个状态纯粹是为了理论上论证的方便，而不需要与事实上的原初联系起来。这样，我们只需将罗尔斯的"原初状态"视为一种逻辑推理的起点即可。不过，在这个"原初状态"下，要达成契约是有条件的，也就是说，在"原初状态"，每一个体都具有一个特定的身份事实。问题在于，在霍布斯等古典自由主义那里，这种身份事实会直接在达成契约时做功利主义计算，因为每个人都会从自己的身份事实出发，选择对自己有利的规则约定，从而便于达成契约，立定法律之后，让自己的利益得到最大化。显然，这样订立的契约，要么会因为个人过于替自己盘算而导致契约无法达成一致；要么需要依赖于一定的权力来强制达成约定而导致立契产生的规则有可能是不公平的。由此可见，罗尔斯已经深刻地意识到，每一个人的事实身份实际上对订立"公平而正义"的契约是一个障碍，而契约的订立过程会无限制地变成在各种身份事实下进行功利主义算计的博弈过程。

为了解决这个问题，罗尔斯进一步提供了一个新的概念——无知之幕。因为只要人们认识到自己的事实身份和心理状态以及对应的社会背景，就会阻碍具有普遍性的契约的达成，从而变成局限于特殊事实和身份的仅仅适用于具体境况的特殊契约，无法成为普遍的自由民主社会的基础。所以，罗尔斯指出："因此，我们假定各方不知道某些特殊事实。首先，没有人知道他的阶级出身或社会地位，他也不知道他的天生资质和自然能力的程度，不知道他的理智和力量水平等情形。其次，也没有人知道他的自己的善观念，他的合理生活计划的特殊性，甚至不知道他的心理特征，像是否讨厌冒险，是倾向乐观还是悲观的气质。最后，我假定各方不知道他们的社会的特殊环境，不知道这一社会的经济或政治状况，或者它能达到的文明和文化水平。"①

这是一个十分重要的设定，也就是说，在订立契约的时候，必须假

---

① [美]约翰·罗尔斯：《正义论》修订版，何怀宏、何包钢、廖申白译，中国社会科学出版社2009年版，第106页。

定悬置所有事实身份，这些身份信息不仅包括阶级、性别、种族、社会地位，也包括心理状态、气质和人格，甚至也悬置了具体的社会背景。罗尔斯这样做的初衷是可以理解的，因为只有在没有受到特殊的事实信息的影响下，才能基于一种普遍性的判断来订立契约。罗尔斯进一步提出了"最大最小值原则"，这个原则的定义是："我们要按可选项的最坏结果来对它们进行排序，然后我们将采用这样一个可选项，它的最坏结果优于其他对象的最坏结果。"① 最大最小值原则，就是为了保障一旦撕开了无知之幕，即便是拿到最不利的事实身份和社会状态的人，也不至于在规则下无法生存，对于他的社会生活状态的保障，就是"最大最小值原则"。

在罗尔斯之后的很多政治哲学研究中，更关注的是程序正义的具体设定，如奥金提出的女性在家庭内部的公平，金里卡提出的少数族群的公平问题，其实，仍然是在不同的身份之间进行考察，这些批评意见，与其说是对罗尔斯的批判，不如说是对罗尔斯政治哲学基本框架的补充，也就是说，罗尔斯的正义论和政治自由主义成为一种实践性的政治哲学，他们更关注实际订立的规则如何能更为公平的道义论问题。

但是罗尔斯正义论的架构，实际上还存在一个缝隙。公平游戏规则的订立，还有一个前提，我们可以称之为政治哲学的认识论前提，即：在我们订立契约之前，我们必须对社会中存在哪些具体的事实身份或人格特征，以及社会状态有一个相对明确的认识，也正是因为有这种认识，我们才能在游戏之前判断，对哪种事实身份更不利，从而在订立规则时来矫正这种不利局面，让契约变得更为公平。现实的政治社会充满复杂性。在现实的政治变化中，是否会出现一种存在物，超越了无知之幕下订立契约各方确定认知的身份？也就是说，在无知之幕下，虽然悬置了各个个体的具体事实身份，但是否在历史发展中，在政治社会的演化中，出现一种在无知之幕下无法想到的存在，它在一定程度上超越了我们所

---

① ［美］约翰·罗尔斯：《正义论》修订版，何怀宏、何包钢、廖申白译，中国社会科学出版社2009年版，第119页。

有的对既定身份的确定认识，我们可以称之为"身份之空"（void of identity），这种身份不能还原为社会中既定的身份集合，如中产阶级、女性、同性恋、西班牙裔、华人、无证移民，等等，在一定程度上，它就是一个空集 Ø，作为空集，它摆脱了认识上的任何可能，也无法将它还原为具体的身份来处理。这个空的存在，带来的政治哲学问题是，由于 Ø 在认识论上无法被认识，在无知之幕下不可能被订立契约的各方想到，更不可能从 Ø 的身份上来设身处地思考这种根本没有被认识到的身份的正当权利，所以，罗尔斯设定的"最大最小值原则"并不适用于空，这样，最后订立的契约无法保障在政治社会的后续变化中出现的无法被化约为具体身份的 Ø，不能够享有无知之幕下订立契约的公平性。当然，身份之空的假设，只是从纯粹逻辑上的推理，但是，这种推理是可能在具体的政治社会中变成现实的，问题并不在于我们是否重建一个罗尔斯式的政治框架，将身份之空重新纳入政治哲学的考量当中，因为一旦纳入了一种无法被传统身份消化的身份之空（如 19 世纪社会中的同性恋），它会迅速变成新的身份，从而可以在政治社会中找到对应位置，即便如此，某种具体的身份之空（同性恋）被纳入规则之下，获得了实体化的身份，并不妨碍政治社会的演变产生新的身份之空。关键是，有些身份之空（女性、黑人、同性恋）很容易转化为具体的政治身份，而有些身份之空无法转化为可以被既定框架所容纳的身份。所以，政治哲学无法不断地将身份之空转化为具体身份，来加以政治哲学的操作，这是一项非常费力不讨好的工作。我们要思考这个问题，必须将身份之空的问题带向另一个领域：生命政治学。

二 被承认的身份与不被承认的生命

2003 年，德里达出版了一本书，标题叫作 *Voyous*。从字面来看，voyous 可以翻译为"无赖"或"流氓"。不过，一旦细读起来，便可以从中读出 voyous 一词更深刻的含义。例如，该书第六章的标题是 le voyou que jesuis，直接翻译是"我就是那个无赖"。我们知道德里达不是无赖，那么，对于法语词 voyou，我们需要从词源学来重新解读。Voyou 来源于拉丁语 via，在拉丁语中，via 的意思是道路。不过，如果熟悉拉丁语或者古希腊语，拉丁语的 via 和古希腊语的 οἶμος，实际上与家庭（οἶκος）和城邦（πόλις）相对立，它代表着那些不归属于任何家、任何城邦，只能在道路上游荡的人。德里达这本书的英文版在翻译的时候，英译者有意识地将 voyou 翻译为 rogue，rogue 既保留了法语通俗意义上的无赖含义，也具有流浪者的含义，且后者更接近于德里达使用 voyou 一词的初衷。所以，所谓的 voyou，就是离群的野兽，一个孤独流浪的个体，他没有家园，没有故土，没有城邦，没有祖国，甚至连怜悯他的人都没有，他只是孤独地在道路（via 或 οἶμος）上流浪，因此，这本书第六章的标题更确切的翻译是："我就是那个流浪者"。德里达说："流浪者，永远是一个他者，他总是被思想纯良的资产阶级，被道德或法律秩序的代言人们所指责。"①

在道路上无家可归的流浪者，一个无赖，或者就是身份之空的最佳形象，他们曾经是黑奴，是背井离乡的外省人，是被关进纳粹集中营里的囚徒，是冒着生命危险跨越地中海或大西洋，来到欧美谋得逼仄生存空间的非法移民。无论如何，他们的一个共同特征是，没有一个家园、城市、市民社会、国家可以直接用来保障他们的政治权利，他们就是身份上的空，一个没有办法归类的集合，他们的命运就是在不同的家园、城市、社会、国家之间的道路上流浪。

相反，在政治哲学那里，所有商谈伦理和政治协商的前提是，参与协商的个体需要具备一个比较确定的政治身份。尽管他们相对于白种盎格鲁－撒克逊男性的地位处于劣势，但是黑人、华裔或是女性、工人也能在资本主义的政治舞台上出场，不过需要注意的是，他们已经被某种程序转化为具有特定内涵的身份，他们只能在这个身份下来主张自己的政治权利，参与政治的协商。所以，在传统的政治哲学中（无论是左派还是右派），尽管不一定谋求最公平的正义（这个是协商政治的结果），

---

① Jacques Derrida, *Voyous*, Paris：Galilée, 2003, p. 96.

但是他们追求相互承认，在第三代法兰克福学派霍耐特那里，这种相互承认意味着："一定会把国家伦理领域理解为一种主体间性关系，社会成员恰恰是在相互承认独特性的程度上认为自己将要彼此和解，每一个人对于他者的生活历史的独特性的尊重构成了一个社会共有风俗的习性基础。"① 这种主体间的相互承认意味着，在公共政治领域，需要将一定的身份承认为具有权利的主体，并允许这个主体平等地参加政治协商，达成共识。

问题也正出在这里，承认（recognition）的前提条件是需要先将某种存在物认识（cognize）为一个具有身份的个体，即在认识论上，让该存在物实现个体化（individuation）。个体化是法国社会学家和传播学家加布里埃尔·塔尔德（Gabriel Tarde）和科学哲学家吉尔贝·西蒙东（Gilbert Simondon）所开创的概念。在一般意义上，它指的是在一个未差分（in-different）的环境中，借助某种工具，可以将某个个体从环境中独立出来，看作一个具有独特性的个体，否则，它将无法从周围的未差分的环境中分离出来。法国哲学家巴迪欧从数学上说明了个体化的原理，在个体化之前，是一个无差分的环境，我们在这个环境中无法将此与彼区别开来，更不可能在不同个体之间作比较，分出孰优孰劣。如果要将个体区别开来，需要借助一定的函数，让符合这个函数的个体表现出与未差分环境的区别，从而独立为一个个体，这就是集合的分类公理。巴迪欧说："分类公理并不实存，因为它不过是在某个已经设定了其呈现的多元形式中，从业已—在那里（déjà-là）的东西中推导出一个实存之物来。"② 也就是说，对于个体化的原理来说，最重要的不是个体本身，而是能够将个体与周围的未差分环境区别开来的函数或属性，个体需要被这个函数或属性认识（cognition）为一个个体，这个被认识承认的个体才是整个政治哲学得以成立的基础。

因此，我们不能想当然地认为，所有个体都是天赋人权，自然而然

① ［德］阿克塞尔·霍耐特：《为承认而斗争》，胡继华译，曹卫东校，上海人民出版社2005年版，第64页。

② ［法］阿兰·巴迪欧：《存在与事件》，蓝江译，南京大学出版社2018年版，第64页。

地具有了个体的形式。在古典自由主义那里，黑人、女人和印第安人实际上没有被看成具有合法资格的个体。在那个时期，甚至出现了颅相学（phrenology）这样的学科，通过颅骨的测量，判定黑人更接近于黑猩猩，而不是人类，并以此为理由拒绝赋予他们与白人一样的政治权利。[①] 在今天则出现了与颅相学相反的趋势，许多爱护动物的组织，提出应该赋予猫、狗、兔子这样的动物和人类一样的政治权利。当然，当我们赋予猫、狗这样的动物政治权利时，并不是说猫、狗是所有动物的政治代表，因为我们永远不可能赋予蚊子、蟑螂和血吸虫以同等的政治权利，蚊子和血吸虫当然也是动物，为什么它们不能和猫、狗、兔子一样被纳入政治哲学的考量之中？这是因为宠物豢养的机制，已经让我们可以将猫、狗等宠物类以及与之相似的物种个体化为一种主体，并承认它们具有的特定权利，这是蚊子、蟑螂和血吸虫不可能获得的权利。

这样，我们可以区分出两种不同的生命概念：一种是被既定的函数和属性所认识和承认的个体，它具有政治哲学上的属性，并被建构为可以参与政治行为的主体。在一定程度上，这种属性不是自然赋予的，而是通过一个后天性的函数或属性架构出来的，并在这个函数和属性架构下运行。相反，一旦脱离了这个函数或属性的架构，这种生命的个体便不复存在，直接让位于另一种生命。另一种就是被颅相学所测量的黑人以及不被我们认识和感知的蚊子、血吸虫、螨虫生命。它们没有进入也没有必要进入政治哲学的讨论当中，它们在一种纯粹生物学意义上或者纯粹营养性生命（亚里士多德）意义上存在，在政治哲学的场域中，它们相当于不存在。

在《神圣人：至高权力与赤裸生命》中，阿甘本坚持使用亚里士多德在《政治学》中对人的划分标准，即作为带有政治生活的 bios 与纯粹动物性生命的 zoē 之间的区别。阿甘本说："希腊人没有一个单独的词语，能表达我们所说的'生命'一词之意义。他们用了两个词。

---

① James Poskett, *Materials of the Mind*: *Phrenology*, *Race and the Global History of Science* 1815 – 1920, Chicago: The University of Chicago Press, 2019, p. 246.

尽管这两个词可以追溯到一个共同的词源学根源，但它们在语义学和字形学上截然不同：zoē（近似于汉语的'生命'）表达了一切活着的存在（诸种动物、人或神）所共通的一个简单事实——'活着'，bios（近似于汉语'生活'义）则指一个个体或一个群体的适当的生存形式或方式。"① 阿甘本这种对生命区分的意义在于，我们每一个人实际上都具有 bios 和 zoē 两个身份，但是在政治哲学的框架下，我们主要是以 bios 的形式参与政治活动，并具有政治权利，换句话说，唯有当我们获得了一定的 bios 或者政治上的身份得到承认时，我们的政治行为才是有效的。在一些动物保护组织，猫与狗之所以能参与和人之间的交流，恰恰是因为一些组织和思想家认为它们具有 bios，那么哈贝马斯和霍耐特主张的主体间的交流，可以在阿甘本这里转译为具有 bios 身份之间的交流。

这里有一个十分有趣的结果，如果从 bios 的角度而言，甲与乙之间的交流是主体间的，因为甲与乙互相承认他们彼此间的政治身份，从而互相将对方主体化，可以进行合法的政治沟通。但是在甲与乙的沟通过程中，根本不存在其他的生命体，比如当甲与乙握手的时候，他们二人的手上都有无数的细菌和微生物，这些细菌与微生物当然具有生命，但是我们在进行政治哲学考量时，只会从甲与乙和二元关系来考量，不会关注他们各自手上的微生物的生命存在。在这个意义上，甲与乙的握手行为，仅仅是一种在这个环境下的具有 bios 身份的主体之间的交流和沟通。

如果甲与乙握手的故事发生在另一种情况下，则会发生一个突变。甲与乙都意识到，存在某种病毒，成为他们之间交往的他者，而这个他者并没有获得身份上的承认，尽管病毒也是生物学意义上的生命体。病毒或其他细菌直接影响甲与乙的沟通，也正是在这种情况下，甲与乙突然发现他们不是纯粹作为一个具有 bios 的主体身份参与，他们意识到了

① ［意］吉奥乔·阿甘本：《神圣人：至高权力与赤裸生命》，吴冠军译，中央编译出版社2016年版，第3页。

病毒或其他微生物也是纯粹生命的事实。

于是，我们得出两种不同的政治思考方式。在常规状态下，政治哲学的思考只需要考察 bios，它赋予生命体以身份、权利，让生命体可以进入政治场域之中进行对话、交流和协商，就共同的政治议题达成约定。这是通常意义上的政治哲学讨论的范围。但是在新冠疫情之类的例外状态下，对 zoē 的考察会优先于对 bios 的考察，在对 zoē 的考察中，首先思考的不是具有政治权利的 bios 或身份，而是一切生命的可能，包括那些没有被认知为 bios 的生命。在 18 世纪，法国巴黎就在爆发危机的时候将所谓的外省人驱逐回去，因为在巴黎，外省人没有 bios 的身份。在拿破仑三世时期，奥斯曼对巴黎城进行改造，这时被驱赶的对象不再是外省人，而是那些来自于西班牙、葡萄牙和北非的移民。为什么会驱逐他们，因为他们是巴黎城中不正当的人（the improper）。对此，阿甘本在《即将来临的共同体》一书中曾指出："只要有身份的人（the authentic）与善良之人在人们那里具有独立的地位（占有一个位置），那么大地上的生命会变得无限美好（我们仍然认识那些具有身份地位的人），不过，对于那些没有任何归属的不正当的人，根本没有任何占有地位的可能性，因为对身份的肯定，实际上会将没有身份的人排除出去，道德在这些没有身份的人面前筑好围墙。越追求善，意味着恶会进一步加深，天堂的城墙垒得越高，地狱的深渊会更加万劫不复。"① 在这种情况下，政治哲学的思考让位于生命政治的思考，生命政治也意味着政治权力直接作用于生物性生命 zoē 之上。因此，阿甘本以非常灰色的色调写道："将生命的政治学变成生命政治学时，通过进步的一般化过程以及对植物性生命（现在植物性生命与国家的生物学遗产相一致）的重新界定，国家将执行这一新的使命。"②

---

① Giorgio Agamben, *The Coming Community*, trans. Michael Hardt, Mineapolis: University of Minnesota Press, 1993, pp. 10 – 11.

② ［意］吉奥乔·阿甘本：《敞开：人与动物》，蓝江译，南京大学出版社 2019 年版，第 19 页。

三　灰色之槛：例外状态下的生命政治

我们的身体是双重的，生命也是双重的。阿甘本告诉我们，"身体是一个双面性的存在，既是向至高权力屈服的载体，又是各种个人自由的载体"①。在具有政治权利，能够被共同体和国家所保障的 bios 和纯粹生物性的 zoē 的区分基础上，我们来理解阿甘本的赤裸生命的概念。赤裸生命与纯粹生物性的 zoē 有关，但是它并不是 zoē，因为我们的生命并不会变成植物或动物式生命，而只是降低到生物性生命的层次。如果我们将 bios 理解为我们进入政治场域的外衣，那么我们以各种身份参与政治讨论，实际上是披着 bios 外衣进入的。相反，在某种特定的状态下，这种保护性外衣不复存在，我们的生命也就变成了赤裸生命。于是，赤裸生命变成了具有政治身份和权利的 bios 和纯粹动物性 zoē 的中间状态，阿甘本将这个中间状态称为槛（threshold）。槛有一个特征，这就好比门槛，这道门槛将屋里和屋外区分得清清楚楚，在屋子的里和外都有明确的规则，所有的规则都有一个被遗漏的地方，就是这道门槛本身，这道门槛既不在屋内，也不在屋外，它处在一个非内非外的模糊区域，让内外之分的基本规则在门槛上都被悬置。同样，在赤裸生命中，人的政治权利的外衣 bios 被剥除，他被排除在人类正常法度之外，但这种被剥除了 bios 的生命并不是动物性生命，而是具有人类外表的赤裸生命，我们不能将用之于动物和植物的法则用于赤裸生命之上。于是，亚里士多德的政治生活与生理性生命的二元区分，被阿甘本改造成了三元区分，即政治生活—赤裸生命—纯粹生理性生命。赤裸生命处于政治生活和生理性生命之间的灰色之槛上，阿甘本说："我们所得到的既不是动物生命，也不是一个人类生命，而是一个仅仅与自身分裂、被自身排斥的生命——一个

---

① ［意］吉奥乔·阿甘本：《神圣人：至高权力与赤裸生命》，吴冠军译，中央编译出版社 2016 年版，第 170 页。

赤裸生命"①，它代表着一种包含性的排斥（inclusive exclusion)，一方面，被排斥在正常的政治哲学和政治权利之外，不具有政治身份，甚至无法参与政治交往和分配；另一方面，它仍然受到权力的支配，并不是像动物性生命一样，不被政治权力所介入和干预。

在例外状态下，我们可以看到最典型的赤裸生命。在正常的政治哲学讨论中，各种身份都会根据自己的政治性权利来进行协商，而公平的正义，就是在这些不同的具有 bios 的身份之间进行各种善的分配。比如，在办公室里，一名女性遭到性侵，她可以发动一场#me too 运动，来抗争办公室领域中存在的性别不平等。但是，在特定的例外状态下，情况会发生转变。例如，在历史上各种传染病的蔓延中，之前关于种族、阶层、性别等方面的区分，在疫病传染的例外状态下已经变得不再重要。按照阿甘本的说法，在例外状态下，没有人是特殊的，因为例外状态的至高权力剥除了所有人的 bios 外衣，将具有身份的个体重新变成了赤裸生命。这样，在例外状态下，所有的区分让位于一个更为根本的区分，即至高权力和赤裸生命的区分。这样的区分方式和意义，对于所有人都是十分容易理解的，为了保障整体的安全，任何的特定身份和权利在这里都被悬置，甚至某些基本权利被临时限制，而这种对权利的限制，在绝大多数人看来是必要的，正如法国思想家让－吕克·南希曾提到，为了让更多人保住生物性的生命，他们必须忍耐权利的限制。在这个意义上，例外状态下的生命已经被赤裸生命化，他们的 bios 在一定程度上被褫夺。所以，在例外状态下，无论什么身份、性别、阶层、种族、国籍，只有一个法则，那里只有至高权力以及被至高权力所作用的赤裸生命。

我们或许可以理解为什么霍布斯会在《利维坦》封面上的城池里画两个医生。② 这两个医生并不在由普通人通过契约构成的利维坦的身体上，而是在地面上的城池里，在这个城池中，除医生之外，还有数个正

① ［意］吉奥乔·阿甘本：《敞开：人与动物》，蓝江译，南京大学出版社 2019 年版，第46 页。
② 对于《利维坦》封面的医生的图像学分析，参见蓝江《疫病、生命政治与现代主体的诞生——从霍布斯到福柯的治理体系》，《求是学刊》2020 年第 4 期。

在操练的士兵。这个城池通过围墙将空间与自然世界区隔开来，这个区隔意味着，城池不属于自然状态，也不属于一切人对于一切人的战争状态，它是一种秩序的产物，不过，这种秩序与一般人通过立定契约产生的共同体（commonwealth）下的政治权利有根本区别，换言之，士兵和医生在平常状态下并不出现，我们在一般情况下只能看到利维坦的身体，即共同体的运作。但是一旦发生例外事件，如战争和瘟疫，士兵和医生就会在城池中凸显出来，成为例外状态下直接作用于人们生命的权力，即一种作用于人们赤裸生命的至高权力。

这样，我们可以理解，霍布斯在契约订立的利维坦和自然状态之间设定了一个状态，这个状态旨在保证共同体不会重新堕入自然状态之中。在正常状态下，由于契约的限定，主权者不能恣意侵犯臣民被赋予的权利。但是，在例外状态下，出于共同体的安全，可以在一定程度上实施特殊状态下的权力，这个权力就是战争时对外的军事和武力的权力，以及瘟疫时对内治理的医生的权力。在《利维坦》中，医生更多的是一种隐喻，代表一旦出现了让共同体致弱的因素，便可以采取一种强制性的手段，来保障利维坦的安全，霍布斯称之为"保障和平与国家防卫所必需的权力"①，为了让辛辛苦苦建立起来的利维坦不至于解体，主权者就必须持有这种权力。所以，霍布斯的国家学说实际上包含两个部分：其一，日常状态下的政治哲学，这种政治哲学的基础是契约订立时所保障的主权者与臣民之间的权利关系，在通常情况下，主权者并不会直接作用于臣民，并保障臣民或公民享有一定的权利和自由，而各种善的分配，各种政治决定都是在政治哲学的框架下运作的；其二，一旦出现战争和瘟疫的例外状态，日常意义上的权力便让位于至高权力，在至高权力的作用下，生命被彻底地政治化，政治所关注的对象不再是具有政治身份和权利的个体，其论证的基础也不再是个体的自由和权利保障，而是一种更高阶的理由，即共同体的安全或国家的安全，这就是福柯意义上的国家理由（raison d'État）。福柯说："因此治理理性将国家作为解读现实的原则，作为目标和命令那样安置。国家

_____

① ［英］托马斯·霍布斯：《利维坦》，黎思复、黎廷弼译，商务印书馆1985年版，第250页。

指挥着治理理性，让人们根据需要，理性地治理，国家相对于现实的可理解性的作用，让治理成为理性的和必需的。理性地治理，是因为有一个国家，也是为了有一个国家。"①

也就是说，在例外状态下，政治的目标发生位移，从正常状态的个人自由权利的保障转向国家的安全，因为如果国家不存在，个人在订立契约基础上的权利和自由也无法得到有效保障。所以，例外状态将权力变成了至高权力，这样，相对于政治生活—赤裸生命—纯粹生理性生命的三元关系，我们也可以将政治分成两种状态：一种是常规状态下的政治哲学。政治哲学以带有身份，被契约所保障的自由权利为基础，在身份和政治权利的基础上实现正义的制度，实现公平的分配。另一种是例外状态下的生命政治学。在例外状态下，为了保障国家和共同体的安全，政治生命的 bios 被暂时悬置，常规状态下的普遍性的政治权力让位于至高权力，并直接作用于人们的赤裸生命，这是生命政治学的开端，也就是说，在生命政治学上，所有个体的质性差别被抹除，被转化为人口统计学式的生命。

可以这样理解，例外状态下的生命政治学，恰恰是为了保障常规状态下的政治哲学，不会因为战争和疫情等特定事件的冲击而沦落到无序性的自然状态。于是，在这个前提下，例外状态下的生命政治学是常规政治秩序和自然状态之间的一道灰色之槛，在一定程度上，它悬置了普遍的法律和身份，将至高权力作用于赤裸生命。也正是在这个意义上，阿甘本指出："这暗示着，关于赤裸生命的至高决断从严格政治性的动机与领域而被转移到一个更为含混的地带，在那里，医生与主权者似乎互换了角色。"②

四 结语

例外状态下的生命政治学的核心是对有身份的个体的悬置，而这种

---

① ［法］米歇尔·福柯：《安全、领土与人口：法兰西学院课程系列，1977—1978》，钱翰、陈晓径译，上海人民出版社 2010 年版，第 256 页。

② ［意］吉奥乔·阿甘本：《神圣人：至高权力与赤裸生命》，吴冠军译，中央编译出版社 2016 年版，第 193 页。

悬置，势必意味着对常规状态下的政治哲学的悬置，通常意义上的协商政治和权利在一定程度上都遭到了悬置，惯常的程序和秩序也进一步被至高权力的逻辑所取代，而至高权力将所有的存在者都变成了赤裸生命，这就是传统政治哲学与生命政治最基本的区分。然而，我们也需要看到，生命政治并不是对政治哲学的否定，相反，之所以会出现生命政治，就是为了通过至高权力作用于赤裸生命，最终让社会和国家恢复到常规状态，从而继续让政治哲学的逻辑发挥作用。所谓的生命政治，是作为传统政治哲学的基底出现的，只有当传统政治哲学出现了例外状态，生命政治才以悬置政治哲学的方式出场，并以恢复政治哲学秩序为根本目的。但其特殊的手段是用至高权力作用于赤裸生命。然而这并不是阿甘本真正担心的问题，他担心的是"例外状态变成常规"，最终让隐居在幕后的生命政治走向前台，从而彻底地取代了政治哲学。阿甘本看到，倘若例外状态变成了常规，"每一个暴力与法之间相联结的拟制在这里都消失无踪：只有一个无法地带，其中作用着一个不具任何法律形式的暴力"①。因此，对于身份与生命、政治哲学和生命政治的路径差异的研究，其意义并不是用一方来取代另一方，而是要看到政治哲学和生命政治特殊的关联，即生命政治作为政治哲学的灰色之槛而存在，如果只看到政治哲学而看不到生命政治，会失去让混乱的秩序恢复正常的最后门槛；如果用生命政治彻底消除政治哲学的逻辑（例外状态的常规化），则会陷入纳粹式的异托邦（dystopia）的恐怖当中。两种路径，彼此相互关联且互补，才是我们理解政治哲学和生命政治关系的正确道路。

（原载《社会科学战线》2020 年第 11 期）

---

① ［意］吉奥乔·阿甘本：《例外状态——〈神圣之人〉二之一》，薛熙平译，西北大学出版社 2015 年版，第 94 页。

福柯的生命政治学研究对政治哲学研究的三重启示

董键铭*

　　政治哲学是哲学研究领域中的一个重要方面。自罗尔斯的《正义论》出版以来，以其为代表的自由主义政治哲学构成了当代政治哲学研究的主流研究方式，甚至在当代政治哲学研究领域中已经形成了颇具规模的"罗尔斯产业"。从某种程度上来说，按照以罗尔斯为代表的自由主义政治哲学的基本框架和研究方式开展政治哲学研究已然成为当代政治哲学研究的唯一合法性存在形式。需要注意的是，政治哲学作为一种关注复杂性人类事务的哲学研究，其基本方法和进路实际上是多种多样的，而当代自由主义政治哲学所延续的实际上是西方近代政治哲学的思想传统，其所面对的是在人类历史发展的某一特殊阶段所形成的一系列特定的社会问题，因而，其所持有的也是一套特定的思维框架、研究方法和话语体系。事实上，自由主义政治哲学在政治哲学研究领域的一家独大是对政治哲学研究本身的一种极大窄化，它在有效解决特定政治哲学问题的同时，也造成了政治哲学研究思维的固化，从而在一定程度上锁闭了政治哲学研究的丰富可能性。在世界面对百年未有之大变局、自由主义社会秩序遭遇大挑战，尤其是自由主义政治哲学已无法为变化了的社会现实提供合理解答的情况之下，超越西方主流政治哲学研究的狭隘视域、探索不同于自由主义政治哲学的政治哲学研究之可能性就成为一个极具理论和现实意义的研究话题。

---

　　* 董键铭：中国社会科学院哲学研究所副研究员。

事实上，近年来逐渐兴起的生命政治学研究恰恰构成了一种不同于自由主义的、具有独创性的政治哲学研究思路。生命政治学①同样研究政治哲学问题，但是其在关注问题、论证方式和立论基础等方面都与自由主义政治哲学存在根本性差异。因此，反思生命政治学对于政治哲学研究所具有的独特意义，尤其是反思生命政治学在何种意义上启示我们可以探寻一种不同于自由主义政治哲学的新政治哲学研究道路，对于我们推动政治哲学研究的进一步发展，以及深化对现代社会的理解和对现实问题的把握而言，都有极为重要的理论和现实意义。与此同时，马克思主义政治哲学研究的不断发展也要求我们，不能仅仅依据当代西方自由主义政治哲学的基本框架来探寻马克思的政治哲学思想，而是要在超越这一思想地基的基础上构建一种合理形态的马克思主义政治哲学。因而，反思生命政治学为政治哲学研究所提示出的新可能性，也能够为推动马克思主义政治哲学研究的进一步发展提供可资借鉴的理论资源。

一　权利问题与权力问题

权利是当代政治哲学研究的核心概念之一，其兴起与近代政治哲学高度相关。权利话语在近代政治哲学中的形成与西方社会的文明形态在近代所经历的历史性变革有重要联系。随着历史的发展，在 16 世纪的英国出现了一些脱离传统等级制链条的人，他们被称为"无主之人"（Masterless Men）。"无主的男女在思想和宗教问题上的个人独立性取决于他们在财产和贸易方面的独立性。"② 他们所拥有的独立地位首先是与其在

---

　　① 需要注意的是，虽然福柯对生命政治学研究做出了开创性贡献，从而激活了生命政治这一研究领域，但后世包括阿甘本、埃斯波西托、哈特、奈格里等学者对生命政治的研究却并没有原原本本地继承和发展福柯的全部思路，他们的研究中所呈现的更多的是一种对福柯思想的批判性化用和改造，这就造成了整个生命政治学谱系本身具有含混性和异质性，不同学者在共享生命政治学这一总的研究话题的同时，其对生命政治的理解却有可能是完全不同的。因此，本文仅在福柯本人的意义上使用"生命政治"这一概念，以避免基本概念的含混性。至于不同学者间生命政治概念的差异及其对政治哲学研究的意义问题，笔者将另撰文以探讨。

　　② Elizabeth Anderson, *Private Government: How Employers Rule Our Lives and Why We Don't Talk about It*, Princeton University Press, 2017, p. 14.

经济上所取得的独立地位密切相关的，其次随着个人开始在经济上拥有独立地位，以人与人之间经济上的独立关系为基础的市场关系也开始逐渐在社会上发展起来。

事实上，正是在经济上拥有独立地位的个人以及市场关系的广泛出现为个人以独立姿态在政治哲学话语中出场奠定了现实基础。在近代政治哲学兴起之前的很长一段历史时期，个人在政治哲学上始终处于从属地位。在古希腊政治哲学思想中，个人要服从于城邦、共同体的最高目的；在中世纪的神学观点中，对上帝的信仰以及期待来自上帝的拯救则构成个人所应遵循的最高的，甚至是唯一的目的。但随着人类社会迈入近代，"到了霍布斯的时代，市场社会的发展已经为从尘世事实推导出政治义务提供了两个之前并不存在的必要条件。其一，它创造了一种在市场规律面前的平等，它足以令人信服地成为对清楚自己真实处境的理性之人有约束力之义务的基础……其二，市场社会的发展已经用客观的市场秩序取代了等级秩序"①。而这一变化同时意味着，拥有平等权利的个人开始成为政治哲学的新的论证前提和基础。

所以，我们看到，在霍布斯这里，个人不再天然服从于某些外在性的最高目的，个人的自我保存被承认为个人的最高目的。每个人都天然地拥有采取一切手段以服务于自我保存的平等权利。但霍布斯随即发现，每个人都拥有对于一切事物的均等权利，实际上也就意味着当面对同一个有限的、不可分割的事物时，人们的权利将发生冲突。所以，我们看到，霍布斯政治哲学的重要理论目标就是要探索出一种可以合理规范冲突，以保障整个人类社会的稳定与和谐的政治哲学理论。洛克在霍布斯的基础上进一步推进了对权利问题的理解，洛克意识到人类基于其对于自身劳动的自我所有权能够合法地获得财产，因而真正造成人与人之间的冲突的实际上是在财产权纠纷中个人对于惩罚手段的运用失当。这样，政治国家的真正目的就被转换为调节因财产权纠纷所引发的权利问题，

---

① ［加］C. B. 麦克弗森：《占有性个人主义的政治理论：从霍布斯到洛克》，张传玺译，王涛校，浙江大学出版社 2018 年版，第 91 页。

"人们联合成为国家和置身于政府之下的重大的和主要的目的，是保护他们的财产"①。这就更为鲜明地体现了人在市场社会中的现实存在状态。当然，这一变化也并不否定霍布斯的理论宗旨，二者都以权利问题为核心关注对象。事实上，这奠定了近代政治哲学的理论基调。

当代自由主义政治哲学的兴起继承了近代政治哲学对于权利问题的关注。"对于罗尔斯以及其他的'道义论'自由主义者而言，自由主义是为了人们追求他们自己选择的目的和目标的一个框架结构，因此也就中立于任何一种特定的目的以及被偏好的生活方式。用当前'道义论'自由主义者们的话来说，'权利'优先于'善'。基于这样的理解，自由主义据称是避免了内在于功利主义或集体主义政治进路之中的那些问题，因为这种理论只是将国家当作是基本权利和自由的保护者，其本身并不承诺任何一种关于作为人类愿望终极目标的善的实质性图景。"② 事实上，这种以权利问题为核心的研究方式构成了当代自由主义政治哲学的基本形态。

需要注意的是，尽管将个人从共同体、上帝等概念的压抑中解放出来，这在政治哲学史上确有其进步性意义，而个人的独立地位也必然要求在政治哲学中以权利的方式加以承认和保障，同时独立的个人之间的交往也必然会引发一系列权利问题，因而对于现代社会的政治哲学研究必然无法绕开对权利问题的探讨。但问题在于，当自由主义政治哲学将权利问题上升为政治哲学研究的根本性问题，并将一系列丰富多样的社会问题都转化为权利问题时，很多现代社会的现实方面就被忽略了。因为"他们并不想去理解所有的事实，而是要奠定一种新秩序的基础，也就是说，提出它，并为之申辩。这就是为什么我们若要在霍布斯和斯宾诺莎那里寻找一部关于罗马衰亡或封建法出现的真实历史的话，就会搞错的原因。他们不关心事实。卢梭坦率地说，必须从撇开所有事实开始。

① ［英］约翰·洛克：《政府论》下篇，叶启芳、瞿菊农译，商务印书馆1964年版，第77页。
② ［美］史蒂芬·B.史密斯：《黑格尔的自由主义批判：语境中的权力》，杨陈译，华东师范大学出版社2020年版，第2页。

他们只关心权利，也就是说只关心应当是什么。事实对他们来说，只是行使这种权利所需的素材，就像是这种权利存在的单纯诱因和反映"①。福柯则更进一步发现，事实上，对权力问题的研究就处在被权利话语所忽略的领域之中。在福柯看来，这种把权力问题转化为权利问题的思路是一种"权力理论中的经济主义"，因为在这种思路中，"权力被视为权利，我们可以像商品一样拥有它，我们也可以把它的部分或整体进行移交和转让，通过确认权利的合法的程序，例如签订合同"②。在这种情况下，"权力的理论与商品的理论，权力的理论与财产的理论之间有着清晰的相似性"③。但实际上，经济功能并不是权力的本质性特征，权力所对应的实际上是一种力量关系，因而，经济分析并不能展现权力之全貌，这种自由主义政治哲学在权力问题和权利问题之间的转化事实上就遮蔽了权力问题的丰富向度，因而，在福柯看来，我们尚需一种对权力问题的非经济的分析。

事实上，正是以对权力问题的非经济分析为基础，生命政治学挖掘出了现代社会中权力关系问题的更为丰富的理论内涵。在洛克看来，人们因滥用强力而引发冲突，政府与国家要求人们让渡其运用强力的权利，因而，在社会状态中，国家拥有运用强力的权利，个人没有运用强力的权利，而国家运用强力的合法目的则在于保障个人权利。这样，社会中的权力关系问题就被转化为政府与国家的权力是否遭到滥用的问题，转化为个人权利是否受到了相应的侵犯的问题。同时，由于个人让渡了运用强力的权利，因而，权力的主体只能是国家而不能是个人。生命政治学话语恰恰打破了这种由自由主义政治哲学所拟定的公私二分式权力关系分析方式。生命政治学研究的一个最为重要的理论创见就在于，它发现在现代社会中，不仅有与政府相关的权力问题，而且在传统意义上的

---

① ［法］路易·阿尔都塞：《孟德斯鸠：政治与历史》，霍炬、陈越译，西北大学出版社2020年版，第22页。

② ［法］米歇尔·福柯：《权力的眼睛——福柯访谈录》，严锋译，上海人民出版社1997年版，第223页。

③ ［法］米歇尔·福柯：《权力的眼睛——福柯访谈录》，严锋译，上海人民出版社1997年版，第223页。

私人领域、非政治领域同样广泛存在权力问题，并且由于权力机制的更新与变化，这些权力形式已变得更为隐蔽且难以被发现，它们长期潜藏于主流政治哲学研究的视野之外。正是在政府这一自由主义所认定的唯一权力主体之外，生命政治学研究发现了现代社会中所广泛存在的惩戒肉体的权力机制与调节生命的权力机制等新型权力机制。一方面，通过对人的肉体的细致训练、管控与改造；另一方面，通过对作为整体的人口之生物性和统计学特征的管理与调节，现代社会中的人们已经事实性地生活在一张由自由主义治理术所编织的现代权力之网中，而这张权力之网处在关注权利问题的政治哲学视野之外。

因此，生命政治学研究对于政治哲学研究而言的一个重要启示就在于，它提示我们在对现代社会的把握中应该同时关注权力问题。事实上，就政治哲学之本意而言，权力关系作为人类社会中的基本政治关系之一，它本应处于政治哲学的研究范围之内。以权利话语改造权力问题实际上并不是一种无损改造，通过以权利话语表述权力问题，关于权利问题的政治哲学话语之兴起遮蔽了这一重要方面。生命政治学一方面直接关注权力的具体运行方式，而并不将"权力为谁所有"视为前提性问题，这就在一定程度上避免了将权力话语转化为权利话语的尝试，构成了对这一遮蔽的反对。另一方面，生命政治学从研究方式上为我们示范了一种以非权利话语切中现代社会现实问题的可能道路，这对于我们构建把握现代社会之权力问题的政治哲学有重要的借鉴意义。

二　自然论证与历史论证

近代政治哲学批判中世纪神学观点，其目的在于为人类社会奠定一种新的理论基础。因而，在神学的权威被驳倒、上帝已经无法继续充当人类社会的终极解释原则的情况下，为政治制度之合理性寻找新的解释原则和立论基础就成为近代政治哲学所要解决的一个重要问题。正因如此，自然论证这种新的论证方式逐渐成为被众多近代政治哲学家所广泛采用的论证方式，同时这一论证方式在很大程度上也得到了当代政治哲学的继承。

自然论证的基本思维方式是，人类社会是由一系列复杂的要素共同构成的，既然超越性的上帝并不能提供对于各要素之复杂性结合的合理性证明，那么理解人类社会的唯一合理方式就是将各构成要素予以拆解，将其还原到最为原始的状态中去理解其根本特征。正如霍布斯所指出的那样，"我要从构成国家的要素入手，然后看看它的出现、它所采取的形式，以及正义的起源，因为对事物的理解，莫过于知道其成分。对于钟表或相当复杂的装置，除非将它拆开，分别研究其部件的材料、形状和运动，不然就无从知晓每个部件和齿轮的作用。同样，在研究国家的权利和公民的义务时，虽然不能将国家拆散，但也要分别考察它的成分，要正确地理解人性，它的哪些特点适合、哪些特点不适合建立国家，以及谋求共同发展的人必须怎样结合在一起"①。只有在正确理解人的自然本性的基础上，人类社会的应然状态才能得到正确理解，而对人之自然本性的把握只有上溯到社会尚不存在的自然状态中才是可能的。因此，自然论证的基本思路是："为了说明社会的根本性起源，就必须理解那些先于社会而存在的人：初生状态的人。……必须在一种叫作社会的虚无的状态中来把握他们。这种初生状态就是自然状态。"②人类社会的应然状态和所应遵循的最高原则是从作为社会之前提的自然状态中推论出来的。

当代自由主义政治哲学在很大程度上继承了这种从原始的自然状态推论出应然状态和最高原则的自然论证方式。当罗尔斯通过假定原初状态，假定原初状态中的正义的环境，并设定原初状态下的无知之幕，以达到以一种程序正义的方式推论出正义原则的时候，其所运用的依然是将社会还原为原始状态，并从中推论出制度原则的自然论证方式。与此同时，当诺奇克试图反对罗尔斯的契约论式论证，确立其自由至上主义观点时，其所诉诸的也是对于国家形成过程的自然论证，即诉诸由自然

---

① ［英］托马斯·霍布斯：《论公民》，应星、冯克利译，贵州人民出版社 2003 年版，第 9 页。

② ［法］路易·阿尔都塞：《孟德斯鸠：政治与历史》，霍炬、陈越译，西北大学出版社 2020 年版，第 19 页。

状态中的保护性社团逐步上升为超低限度的国家和最低限度的国家这一自然过程。总的来说，自然论证实际上构成了一种为近代政治哲学与当代自由主义政治哲学所共享的论证方式。

需要注意的是，自然论证这种方式本身是存在缺陷的。尽管自然论证试图将人类社会还原到原始状态，并通过人类由原始进入文明社会的过程来探寻应然性制度原则，但事实上，所谓的自然状态以及这一整套发展过程都不是人类历史的真正再现，它们实际上只是思想家们在观念和思想中假设、设定出来的。当然，政治哲学家们对此是有清醒的理论自觉的，罗尔斯承认原初状态纯粹是一个假设的状态。但问题在于，虽然意识到自然状态是想象出来的假定状态，但他们并不认为自然状态所反映出的人性本质是虚假的。毋宁说，在这些政治哲学家看来，自然状态之所以是一种合理的理论假设，就在于它虽然在历史上并不存在，但这种假设却真实地把握了人之本性，因而，这一假设才堪当政治哲学论证之理论地基。

问题正出在这里。既然自然状态不是哲学家们通过对人类的真正历史之回溯所得到的，而只是一种理论抽象，那么这就意味着自然状态实际上是哲学家们通过对于其现在正身处其中的现存社会之抽象而得到的。以霍布斯为例，为了防止人类社会陷入内战状态，霍布斯实际上并不需要真的将人类社会退回到一切文明要素都尚不存在的原始状态。霍布斯指出，"我们从原先在一个和平政府之下生活的人们往往会在一次内战中堕落到什么样的生活方式这种活生生的事实中可以看出，在没有共同权力使人畏惧的地方，会存在什么样的生活方式"①。霍布斯通过自然状态所要展现的状态，实际上只是一种从现存社会中抽象出来使人畏惧的共同权力的状态，并不是丧失了文明社会的全部要素的状态。这也就意味着，霍布斯的自然状态实际上是一种从现存社会中抽象出来的状态，自然状态展现的并不是人类社会的历史发展过程，而只是当下社会的一种理论倒影。正如阿尔都塞所指出的那样，"他们反思的不是具体事实的总

---

① ［英］托马斯·霍布斯：《利维坦》，黎思复、黎廷弼译，杨昌裕校，商务印书馆1985年版，第96页。

体，而是某些事实，或者是社会一般……他们没有建立一种关于现实历史的理论，而是建立了一种关于社会的本质论。"① 这种研究方式只是将现存社会的某些要素抽象出来，并自行建构了一种关于社会一般或社会本质的理论。这就意味着，在回溯并把握人类社会的现实历史之前，他们已经通过对现存社会的抽象构建了一种理想性的社会图景。"自然状态只不过是他们意欲述其发生的某种社会的起源。"② 这里的问题是双重的，一方面，现实的历史在政治哲学的视野之外，它们不是用现实去解释观念，而是用观念去裁剪现实；另一方面，由于应然性原则是从现存社会中抽象出来的，现存社会的某些基本原则实际上已经被上升为超历史性的自然真理，这种政治哲学最终只能达到对于某种现存社会形式的维护，以及对于此种社会形态框架之下的某些不当之处的修补和完善，而无法真正超越现有社会形态，实现人类文明形态的历史性变革。正如当代自由主义政治哲学所展现出来的那样，它们所关注的平等问题确实是当代社会中的重要问题，但是其讨论却最终只限定在资本主义社会、自由主义思想框架这一总的理论框架之下来进行。这种探讨最终只能导向所谓的"历史终结论"。

处于后现代思想谱系之中的生命政治学研究并没有延续传统的以还原论为主要特征的本质主义思维方式。福柯试图以其谱系学方法来把握社会，在他看来，"与那种把知识纳入与科学相连的权力的等级秩序的规划形成对照，谱系学应该被看成是一种把历史知识从这种压制中解放出来的努力。谱系学让历史知识能够对抗理论的、统一的、形式的和科学的话语的威胁"③。因而，生命政治学在对人类社会进行把握时，并没有试图将人类社会还原到原始的自然状态中，也并不试图以某些假定的前提性概念和范畴为基础推论出人类社会的应然状态和最高原则，而是直面社会现象本身。

---

① ［法］路易·阿尔都塞：《孟德斯鸠：政治与历史》，霍炬、陈越译，西北大学出版社2020年版，第12页。

② ［法］路易·阿尔都塞：《孟德斯鸠：政治与历史》，霍炬、陈越译，西北大学出版社2020年版，第20页。

③ ［法］米歇尔·福柯：《权力的眼睛——福柯访谈录》，严锋译，上海人民出版社1997年版，第220—221页。

正如福柯在谈到对治理问题的研究时所指出的那样："不是从普遍概念出发推导出具体现象，更不是从作为某些具体实践必须遵守的可知性框架的普遍概念出发，我想要从这些具体实践出发并且某种程度上在这些实践活动的框架中检验普遍概念。"① 这就构成了一种不同于自然论证的历史论证方式，它并不将现实还原为自然，而是直面人类社会的历史发展过程。同时，福柯也强调，他的研究方法不同于以普遍概念为出发点来诠释、把握历史的历史主义方法，"而是从普遍概念不存在这个论断出发，来询问我们可以书写什么样的历史？"② 这就使得对历史的把握最终不会转化为对某种既定的、先天的体系和秩序的辩护，而是能够原本地再现出历史的真实内容。因此，这种历史论证不仅与自然论证存在根本区别，而且它能够挖掘而非遮蔽人类社会存在的现实问题。

在自然论证往往会导向对现实问题的遮蔽和对现存状态的辩护的情况下，生命政治学研究启示我们，以历史论证为基础开辟一种新的政治哲学研究是具有可能性的。同时我们应注意，不是把人归结为概念，而是在人类社会的现实历史中去把握人和人类社会，这正是由马克思所开辟的历史唯物主义新世界观的重要内容。因此，超越自然论证的政治哲学，构建以历史论证为基础的新政治哲学，对于进一步推动马克思主义政治哲学研究的发展具有极为重要的理论和现实意义。

三 理性主体与生命性主体

理性概念是政治哲学探讨中的一个重要概念。在古希腊哲学那里，过理性沉思的生活被认为是最高的生活方式，因为这样可以克服感性世界的杂多性与偶然性。中世纪神学的兴起承诺了一种使全人类都能普遍过上至上性生活的终极方式，即在对上帝的信仰中得到上帝的拯救。在这一观念

---

① ［法］米歇尔·福柯：《生命政治的诞生：法兰西学院课程系列，1978—1979》，莫伟民、赵伟译，上海人民出版社 2018 年版，第 5 页。
② ［法］米歇尔·福柯：《生命政治的诞生：法兰西学院课程系列，1978—1979》，莫伟民、赵伟译，上海人民出版社 2018 年版，第 6 页。

中，虽然对拯救的承认是普遍性的，但问题在于，上帝的神圣意志是处于全部人类理智之上的超越性存在。上帝创世的理由在人的理解能力之外，人无法用理性认识自己得到拯救的可能性和原因。在这里，"理性只是让人们趋于启示的真理，以及使他们做好接受这一真理的准备"①。在这种情况下，人之获得拯救对于个人来说实际上是一种完全偶然的、不可理解的行为。"在有限者和无限者之间的这种两分的后果——黑格尔后来称之为'苦恼意识'的经验——是任何一种秩序意识从宇宙之中的消失，而作为这种秩序之根源的上帝对于人的理性而言，又是如此彻底的深不可测，以至于被认为与实践意图完全无关。"② 人的生活依然陷于偶然性的支配之中。

近代哲学展开了一种通过高扬理性以克服人在偶然性之中所产生的焦虑的理论尝试，这一工作首先由笛卡尔展开。因为通过确定我思的真实性，笛卡尔发现："我们是有限的、会犯错误的被造物，但是我们却能通过与某种被预设的完善的标准的比较来认识我们的不完善。"③ 这就意味着，由人的有限理性通达拯救，以及对于最高原则的理性认识实际上都是可能的。事实上，这就为一种以作为理性主体的个人为基础的政治哲学建构奠定了基础。

近代政治哲学的兴起在很大程度上吸纳了笛卡尔关于人类理性的创造性看法，因而，我们看到，在近代政治哲学中，个人作为理性主体是构成政治哲学的重要前提。霍布斯认为，自己把握了"两条关于人性的绝对肯定的假设。一条是人类贪婪的假设，它使人人都极力要把公共财产据为己有。另一条是自然理性的假设，它使人人都把死于暴力作为自然中的至恶努力予以避免"④。理性既是人性之根本性要素，同时也是个

---

① ［美］史蒂芬·B.史密斯：《黑格尔的自由主义批判：语境中的权力》，杨陈译，华东师范大学出版社2020年版，第25页。
② ［美］史蒂芬·B.史密斯：《黑格尔的自由主义批判：语境中的权力》，杨陈译，华东师范大学出版社2020年版，第25页。
③ ［美］史蒂芬·B.史密斯：《黑格尔的自由主义批判：语境中的权力》，杨陈译，华东师范大学出版社2020年版，第27页。
④ ［英］托马斯·霍布斯：《论公民》，应星、冯克利译，贵州人民出版社2003年版，第4页。

人作为理性主体也是其整个政治哲学推论得以成立的重要前提。洛克则进一步认为，缔结社会契约需要人们充分地表达自己的自由意志，而人能否充分地听从、表达自己的自由意志，取决于人所具有的理性能力。"人的自由和依照他自己的意志来行动的自由，是以他具有理性为基础的，理性能教导他了解他用以支配自己行动的法律，并使他知道他对自己的自由意志听从到什么程度。"① 所以，当一个人尚未充分具有理性能力时，他是无法成为参与政治社会的合格主体的，正如子女在尚未成熟之时需要父母的管束和指导一样，"在一个人尚未达到自由的状态，他的悟性还不适于驾驭他的意志之前，必须有人来管理他，作为支配他的一种意志"②。一旦子女已经成长到具备足够的理性能力时，他就拥有了选择加入何种政治社会的自由，"孩子对父亲的隶属并不能剥夺他加入一个他认为合适的政治社会的自由"③。因此，作为理性主体的个人同样是构成洛克政治哲学的重要前提。"霍布斯与洛克都自觉地把自然法与理性联系了起来，自然法或者是经由理性被认识，或者就来自理性，因此自然法甚至就被视为理性法。"④

当代自由主义政治哲学延续了将人视为理性主体这一理论前提。罗尔斯在总结来自经验论、唯理论等不同思想传统对理性的看法的基础上，以合理的（rational）和理性的（reasonable）这两个概念来概括作为理性主体的个人之特点。在罗尔斯的语境中，"如果说罗尔斯用'合理的'来表达人对利益的追求，合理性归根结底是追求自己利益的合理性，那么他用'理性的'来体现人对正义的尊重，理性使人们在追求自己利益时服从正义的约束"⑤。就罗尔斯的政治哲学而言，人是合理的和理性地构

---

① ［英］约翰·洛克：《政府论》下篇，叶启芳、瞿菊农译，商务印书馆 1964 年版，第 39 页。
② ［英］约翰·洛克：《政府论》下篇，叶启芳、瞿菊农译，商务印书馆 1964 年版，第 37 页。
③ ［英］约翰·洛克：《政府论》下篇，叶启芳、瞿菊农译，商务印书馆 1964 年版，第 63 页。
④ 黄裕生：《权利的形而上学》，商务印书馆 2019 年版，"序言"第 5 页。
⑤ 姚大志：《罗尔斯》，长春出版社 2011 年版，第 6 页。

成了其政治哲学论证展开的基本前提。罗尔斯指出，"作为理性产物的政治哲学，通过确立一些原则来分辨这些不同种类的理性的（reasonable）目标和合理（rational）的目标，通过表明这些目标如何能够在一种得到很好表达的正义的和理性的社会观念内保持连贯一致，来完成这个任务"①。总的来说，近代政治哲学与当代自由主义政治哲学都是以作为理性主体的个人为基础的、关于理性的政治哲学。

生命政治学研究提供了一种打破理性的政治哲学这一范式新的可能性。事实上，现代哲学在发展过程中逐渐形成了一种对以理性主义为主导的近代哲学的反叛倾向，其兴起开启了一种关注人的非理性要素的思想倾向，而这些非理性要素往往与人的生命直接相关，例如，叔本华、尼采、柏格森对意志和生命的强调，以及克尔凯郭尔对以黑格尔为代表的思辨哲学的批判与对"生存"的观照，等等。这为生命原则在政治哲学的出场奠定了基础。

生命政治学研究的一个主要特征就在于，它所关注的不再单纯是作为理性主体的人的理性选择，而是关注人的生命特征与政治之间的复杂关系。因而，在对现代社会中的权力问题的研究中，福柯首先关注的是一种落实在人的身体之上的新权力形式，他发现现代社会中已经形成了一种对于人的肉体进行精细规训的"政治解剖学"。这是"一种支配人体的技术"②，在这种新型权力技术的视域中，人不再主要体现为运用自己思辨能力的理性主体，而首先是作为肉体性的生命性主体存在的。在其后期研究中，福柯进一步指出："我想开始研究某个我称为生命权力的东西，这似乎有点虚无缥缈。它所指的是一系列显得不那么重要的现象，透过这些现象，生命权力在人类中构成了基本的生物特征，这些机制的整体将能够进入一种政治、政治战略和权力的总体战略的内部，换一种说法，从18世纪开始，社会，现代西方社会，是如何把人类之所以成为

---

① ［美］约翰·罗尔斯：《作为公平的正义：正义新论》，姚大志译，中国社会科学出版社2011年版，第9页。

② ［法］米歇尔·福柯：《规训与惩罚：监狱的诞生》，刘北城、杨远婴译，生活·读书·新知三联书店1999年版，第156页。

人类的基本生物特征重新纳入考虑的。"① 通过对自由主义治理术的形成历史的考察，福柯发现，人的生命性特征不仅仅限于单个人的肉体这一种形式，作为整体的人口的生命性特征，包括出生率、死亡率、传染病等要素也可以成为权力的直接关注对象。这样，福柯就发现了一种与惩戒肉体的权力技术并行不悖的、调节生命的权力技术。无论是在惩戒肉体的权力技术中，还是在调节生命的权力技术中，人首先是作为生命性主体，而非理性主体存在的。

因此，通过对生命政治学研究的分析，我们会发现，仅仅从人作为理性主体的角度出发开展政治哲学研究是远远不够的。虽然西方主流政治哲学以作为理性主体的人为基础建构了现代国家的政治秩序，但现代社会的实际运作却并不完全局限在这套理性主义的框架之内。因此，如果缺乏对于人作为生命性主体这一方面的关注，就会在很大程度上忽视现代社会中的重要现实问题。生命政治学研究的兴起提示我们，以生命性主体为立论基础展开政治哲学研究具有重要的理论和现实意义。

四 生命政治学研究的政治哲学意义

通过对西方主流自由主义政治哲学的形成过程与生命政治学的兴起之间的对比，我们看到，西方主流自由主义政治哲学研究以权利问题为核心关注对象，基于自然论证的方式，以作为理性主体的个人为立论基础建构政治哲学理论，而生命政治学的兴起则提示了一种以权力问题为核心关注对象，运用历史论证的方式，以作为生命性主体的个人为立论基础进行政治哲学研究的可能性与重要性。事实上，从更为根本性的角度来看，我们发现，西方主流自由主义政治哲学实际上是以一种应然性的方式来把握人类社会，其将人理解为一种理想性的理性主体，将对人类社会的分析还原为某些超验性的基本前提，从而把握了权利这一理解

---

① ［法］米歇尔·福柯：《安全、领土与人口：法兰西学院课程系列，1977—1978》，钱翰、陈晓径译，上海人民出版社 2018 年版，第 3 页。

政治哲学问题的核心原则。从这一角度来说，西方主流自由主义政治哲学构成了一种规范性政治哲学，其主要是在一种抽象性、思辨性的意义上，探讨人类社会的应然性存在方式，从而形成一种以权利原则来规范全部社会生活的政治哲学体系。生命政治学研究的理论旨趣不在于以一种理想性的方式探讨人类社会的应然状态，从而找到一种规范性原则，而是以直面人类社会中实际存在的现实问题为出发点和立足点。所以，我们看到，生命政治学更注重从具体的作为生命性主体的个人出发，理解权力在社会中的形成史及其现实运作过程，因而，相较于规范性政治哲学而言，生命政治学研究的意义更多地体现在批判性方面，它为我们示范了一种开展批判性政治哲学研究的可能性。正是在对现代社会中存在的现实问题的批判这一维度上，生命政治学所提示的生命主体、历史论证和权力分析三者实现了有机勾连。

尤其需要注意的是，在自由主义政治秩序已经在广大西方国家通过制度和法律的形式得以落实的情况下，自由主义政治哲学的规范性向度越发凸显，而对现实社会的批判性维度则逐渐缺失。只有重新开启政治哲学研究的批判性维度，我们才能真正切中现代社会的社会问题之实质，从而推动社会的进一步发展。在这一意义上，我们看到，虽然生命政治学研究本身并不能被视为一种完美的政治哲学研究方式，我们在反思西方主流自由主义政治哲学研究方式的同时不能完全照搬生命政治学研究的全部研究思路，但毋庸置疑的是，生命政治学研究所提示的批判性政治哲学这一研究向度为政治哲学研究的进一步发展提供了丰富的可能性，而这也是生命政治学研究的政治哲学意义之重要体现。同时需要注意的是，这种由生命政治学研究所提示的批判性政治哲学研究思路为我们进一步推动马克思主义政治哲学研究的进展提供了重要的理论依据。当我们将研究视角转向马克思主义政治哲学研究时就会发现，马克思不像其他典型的政治哲学家一样提出一套成体系的政治哲学理论，但其思想中确实蕴含着丰富的政治哲学要素。在面对世界百年未有之大变局，当代西方主流政治哲学未能给出一套合理的应对方案的情况下，我们不能沿用西方主流政治哲学的理论思路来统筹马克思的政治哲学思想，必须探索如何按照不同的思路来将一种合理形态的马克思主义政治哲学建构出来。尤其是建构一种合理形态的马克思主义政治哲学绝不能仅仅重视马克思思想中所蕴含的规范性因素，同时也要充分彰显马克思思想的批判性维度。在这一问题意识的导向下，我们发现，生命政治学所提示的由权力、历史论证和生命性主体这三个重要特征展现的批判性政治哲学研究，对于构建一种既符合马克思的本意又不同于自由主义政治哲学的马克思主义政治哲学，有重要的启发意义。

第一，以权力概念为核心把握马克思的政治哲学是有其合理性的。虽然在近代政治哲学开启对权利问题关注的时候，权利是与个人的独立性地位联系在一起的，然而随着人类社会的不断发展，当马克思对资本主义社会进行批判性考察的时候，马克思发现，在资本主义社会条件下，权利与个人自由之间并不具有必然性的等同关系。私有财产的充分发展非但没有导向人的自由解放，反而使得资本主义社会中工人的劳动表现为异化劳动，工人的劳动产品成为异己性的存在物，并进一步导致人与人的类本质的异化以及人与人之间的异化。通过对财产权的进一步批判性考证，马克思发现，资本家"一方面能买到劳动的客观条件，另一方面也能用货币从已经自由的工人那里换到活劳动本身"[①]，这构成了资本主义生产方式得以形成的前提条件。而当资本家能够用财产购买到工人的活劳动本身时，实际上资本家也就拥有了一种对于工人的劳动的支配力，正是在这种劳动支配力的作用下，资本家才能够强迫工人在生产过程中创造出超出预付资本的剩余价值，从而完成对工人的剥削。因此，马克思洞察到了资本主义社会中在财产权话语背后所潜藏着的权力话语，并以此为基础揭示了工人在资本主义社会条件下所受到的奴役和压迫。在此意义上，马克思的政治经济学批判思想中实际上蕴含着一种关于资本权力的政治哲学。[②] 而这也就意味着，我们可以以对权力问题（而非权利问题）的关注为核心来建构一种合

---

① 《马克思恩格斯全集》第 30 卷，人民出版社 1995 年版，第 501 页。

② 关于如何从资本权力批判的角度切入马克思的政治哲学，更为详细的论述可以参见拙文《重思马克思政治哲学的真实内涵——以资本权力批判为切入点》，《哲学动态》2021 年第8 期。

理形态的马克思主义政治哲学。

第二，以历史论证的方式理解马克思的政治哲学是有其合理性的。历史性原则是马克思的理论所具有的重要特征。辩证法坚持从暂时性的方面去理解事物，从发展与变化、生成与灭亡的不断运动的角度去理解事物，因而，它不会将人类社会中的某个特殊要素上升为永恒不变的唯一原则，而是从运动和变化的角度理解人类社会中的一切要素，认识到"人，作为人类历史的经常前提，也是人类历史的经常的产物和结果，而人只有作为自己本身的产物和结果才成为前提"①，从而实现对于人以及人类社会的历史性把握。正是由于没有坚持辩证法的思维方式，古典政治经济学才将那些资本主义社会中"属于生产过程支配人而人还没有支配生产过程的那种社会形态的"要素进行了永恒化、绝对化的理解，即"在政治经济学的资产阶级意识中，它们竟像生产劳动本身一样，成了不言而喻的自然必然性。"② 所以，只有以历史论证的方式，以历史性原则理解马克思的思想，我们才能够真正理解马克思如何在古典政治经济学认为自然而然的经济规律中发现资本主义社会的特殊规律，发现剥削与剩余价值的秘密。如果以自然论证的方式来理解马克思理论的话，就只能造成对马克思思想的矮化，将其降低到其所批判的形而上学的思维方式的层面上，从而使其真理沦落为教条。

第三，基于生命性主体来把握马克思的政治哲学是有其合理性的。马克思对其主要理论观点的建构实际上就是建立在对以黑格尔为代表的、处在理性主义传统之中的、思辨哲学的批判的基础之上的。马克思意识到，"德国的批判，直至它最近所作的种种努力，都没有离开过哲学的基地"③。这种从理性思辨和观念出发对现实世界的把握，只能构成"把理论引向神秘主义的神秘东西"④。马克思则明确指出，"全部人类历史的第

---

① 《马克思恩格斯全集》第35卷，人民出版社2013年版，第350—351页。
② 《马克思恩格斯文集》第5卷，人民出版社2009年版，第99页。
③ 《马克思恩格斯文集》第1卷，人民出版社2009年版，第514页。
④ 《马克思恩格斯文集》第1卷，人民出版社2009年版，第501页。

一个前提无疑是有生命的个人的存在"①。事实上，正是通过把握个体的生命性活动在资本主义条件下只能体现为谋生的手段而非其本质性力量的确证，马克思发现了人在资本主义社会中被异化的存在状态。而一种实现人的全面解放的共产主义社会，也必然包含对人的生命性力量的彻底发扬。因此，超越以理性主体为基本原则研究政治哲学的单一路径，从生命性主体的角度出发，将更有可能展现马克思的政治哲学思想之丰富内涵。

综上所述，相较于自由主义政治哲学的权利、自然论证、理性主体等概念，由生命政治学所提示的权力、历史论证、生命性主体等概念能够更好地契合马克思思想的基本特征，也能更为充分地展现马克思政治哲学的批判性内涵。事实上，马克思思想的基本特征与这三个概念之间的契合性也在一定意义上解释了近年来生命政治学研究在马克思主义哲学界日益火热的深层原因。因此，以这三个概念为基础建构一种合理形态的马克思主义政治哲学是有其合理性和可行性的。

（原载《世界哲学》2022 年第 4 期）

---

① 《马克思恩格斯文集》第 1 卷，人民出版社 2009 年版，第 519 页。

安济：权力有序性部署的一个谱系学研究

——阿甘本的政治哲学话语之三

张一兵[*]

阿甘本告诉我们，早在很多年前，他就开启了"对西方权力的谱系——或人们通常所说的自然本性（nature）——的研究"，即西方政治学和法学观念中的自然法和天然秩序论。杰姆逊曾经说："这是资产阶级革命的武器库里最重要的意识形态之一。"[①] 而在2007年出版的《王国与荣耀：安济与治理的神学谱系》（*The Kingdom and the Glory*）[②] 一书的谱系研究里，他将对西方权力的自然本性溯源深化为"为什么在西方的权力会采取安济（oikonomia）的形式，即对人的治理"[③]。我们知道，西方当代政治哲学中的治理问题，缘起于福柯，但阿甘本觉得，福柯虽然思考了这一问题，但却半途而废，他自认为是"福柯的谱系学所未能企及的年代界限"的突破者，因为他将关于安济治理的谱系研究上溯到基督教神学诞生之初的岁月。

---

[*] 张一兵：南京大学哲学学院教授。

[①] ［美］弗雷德里克·杰姆逊：《后现代主义与文化理论：弗·杰姆逊教授讲演录》，唐小兵译，陕西师范大学出版社1986年版，第239页。

[②] Giorgio Agamben, *Il Regno e fa Gloria. Per una genealogiateologicadell'economia e del governo.* (Homo Sacer IL 2), 2007. *The Kingdom and the Glory, For a Theological Genealogy of Economy and Government* (Homo SacerII, 2), Translated by Lorenzo Chiesa, Stanford, California: Stanford University Press, 2011. 此书已经由蓝江博士译成中文，由中央编译出版社出版。

[③] ［意］吉奥乔·阿甘本：《王国与荣耀：安济与治理的神学谱系》，蓝江译，中央编译出版社2018年版，第1页。

一　空王位：权力不在场的政治范式

阿甘本说，从 2006 年开始的三年中，他从事了一项所谓的"安济的神学谱系（the ological genealogy of economy）研究"。阿甘本这里的 economy 并非通常的经济之意，而是他从神学研究中刻意剔认出来的一种神恩安邦济世的特殊操持和践行，我们将其构境式地译为安济。通过这项研究，阿甘本声称，在公元 2—6 世纪的教会前史中，由希腊术语家政学（oikonomia）这一概念中生发出一种实践性的神学功能，它专指圣子的道成肉身，以及救赎和拯救的家政活动，这里，作为神之救恩的 oikonomia 并不是某种认识论的范式，而是一种伴随着某种实践活动——每次，这种实践活动必须面对一个问题和一个特殊的境遇——的实践（praxis）。由此，oikonomia 也就成为一个践行式的日常装置，实现着世界和人类历史的救赎治理（redemptive governance），也通过这个装置，"三位一体"的教义和世界的神恩治理的观念被引进了基督信仰。阿甘本新的发现还有，正是这个基本的希腊术语 oikonomia 在后来拉丁教父的作品中被意译成部署（dispositio）。并且，阿甘本坚持认为，福柯本人也没有完成关于部署的这种重要的谱系学研究。我先作一个说明，阿甘本将福柯的资产阶级治理观回溯到神学构境的缘起处，这并无可非议，但是笔者却发现阿甘本无意识将资产阶级的生命政治治理同质于中世纪的神性权力，这明显是非法和僭越的。下面笔者会专门谈及这一点。

2007 年，阿甘本出版《王国与荣耀：安济与治理的神学谱系》一书，十分具体地研究了安济到部署（oikonomia → dispositio）的神学谱系。此书的副标题就是"关于安济与治理的神学谱系，神圣人第二部之二［*For a Theological Genealogy of Economy and Government*（Homo Sacer II，2）］"。阿甘本认为，相比之福柯的治理研究，他的新发现在于西方的"治理机器的中心是空的（the center of the governmental machine is empty），一个空王座（empty throne）。这种出现在早期基督教和拜占庭巴西利卡王廷的拱门和后殿弧顶上的空王座（hetoimasiatouthronou），在某种意义上，或许就是权力最重要的象征"①。西方权力的肇始，就是空的。阿甘本显然是在扩大和延伸福柯在同一构境意向上的权力批判观念。

阿甘本解释道，这个空王座"是一个膜拜的对象（object of worship），而不是用来坐的座位"②。空王位，即权力的不在场，它意味着西方治理的本质是一种空心的权力机器，看不见王座上的主权者，但这空无却又是最牢固的权力控制的象征。的确，看不见的权力，是福柯思考资本主义社会治理观的核心。可依笔者之见，在福柯那里，权力统治的暴力（表演性的杀戮）是在资产阶级统治较为巩固之后（19世纪初）才开始消失的，这种消失也并非仅仅是无，而是双重转化：一是有脸的统治君主转化为无脸的科学认知话语——权力，这是某种意义上的无主体化；二是可见的权力更主要地微观化为毛细血管式的日常生活部署③。阿甘本将福柯这种历史性的辨识上推至中世纪的神学构境中，到底是新的谱系发明还是非科学的历史倒退，真还不一定。可是阿甘本是想强调，这种空位权力真正缘起于中世纪的基督教神学语境中。我们来看他的分析。

阿甘本提出，他对空位权力的思考其实是一种政治学范式的谱系学研究。在今天西方政治学的研究领域，广义上存在两种政治范式（political paradigms），即传统的资产阶级主权——民主理论和福柯的生命政治论。这两种范式并非彼此矛盾，而是在功能上彼此相关，它们均源自基督教神学：一个是政治神学（political theology），它是唯一的上帝的至上主权权力的根基；另一个是安济神学（economic theology），它则用安济代替了至上权威，将其看成神与人的内在构序（immanent ordering）——这是一种家族（demostic）秩序，但并非严格意义上的政治秩序。政治哲学和现代主权理论出自第一种范式；现代生命政治，以及安济和治理相对

---

① ［意］吉奥乔·阿甘本：《王国与荣耀：安济与治理的神学谱系》，蓝江译，中央编译出版社2018年版，第2页。

② ［意］吉奥乔·阿甘本：《王国与荣耀：安济与治理的神学谱系》，蓝江译，中央编译出版社2018年版，第357页。

③ 参见张一兵《回到福柯——暴力性构序与生命治安的话语构境》，上海人民出版社2016年版，第9章。

于社会生活的所有其他方面取得的胜利则出自第二种范式①。

这是一段非常重要的表述，它基本标识出阿甘本全书要探究的关键性构式线索。阿甘本特意指认出，福柯在政治学研究中的进展主要体现在他区分了资产阶级传统政治学中符号化的现代主权理论与真正在现实中发生微观支配作用的生命政治。在福柯那里，他刻意界划了这两种政治支配的根本异质性，而阿甘本则进一步指认了这两种政治哲学都可以在西方基督教神学中找到自己的构境缘起：前者缘起纠缠于至上主权权力的政治神学范式；而后者则是他第一次发现的所谓主权权力不在场的空王位中的安济神学范式，即神与人的家政式的内在构序。这本书的英文译者竟然直接使用了 ordering 重要的动名词，与笔者对"构序"一词的构境意向完全一样②。在这里，笔者必须为福柯进行一个特设辩护，因为固然他也将治理回溯到中世纪的牧领思想，但福柯仍然坚持资产阶级治理权力支配的独特历史性③，而阿甘本在这里的安济回溯，却将治理直接同质于神性政治。在这一起点上，阿甘本显然走过头了。

阿甘本认为，他所发现的这种"安济神学"在公元 2—5 世纪的西方社会生活中占据了十分重要的地位，但是这一安济神学却被历史学家和神学研究者"抛进了故纸堆"中。因为对于 oikonomia 这个词，人们只是外在地知道它与亚里士多德的家政学"具有明显的原生性亲缘关系"，以及它在 18 世纪经济动物（économie animale）和政治经济学的诞生之间的关联，它深刻的原初神学构境意义在今天显然已经荡然无存，无以复构，所以对 oikonomia 一词原意为逐渐消失的原因的研究，以及对导致其发生的事件的回溯性的考古学和谱系研究就变得十分必要。阿甘本自己就是要深入探寻这后一种神学构境中的看不见的安济之手，以及它与资产阶级现代生命政治学中的"空王位"权力部署的内在关联。

---

① Giorgio Agamben：*The Kingdom and the Glory*，Trans，Lorenzo Chiesa，Stanford：Stanford University Press，2011，p. 1.

② 参见张一兵《劳动塑形、关系构式、生产创序与结构筑模》，《哲学研究》2009 年第 11 期。

③ 参见张一兵《回到福柯——暴力性构序与生命治安的话语构境》，上海人民出版社 2016 年版，第 14 章。

　　为了证明自己论说的合法性，阿甘本有保留地肯定卡尔·施米特这样一个断言："所有现代国家理论最重要的概念都是世俗化的神学概念。"① 换句话说，即今天的一切政治学概念都是过去神学观念的一种现实变形。其实，福柯在讨论作为现代资产阶级社会治理本质时，曾经回溯过它在中世纪神学中的牧领观念先见，但更坚持其政治上的断裂性或非连续性。阿甘本显然没有理解福柯的这一重要构境支点。当然，阿甘本觉得自己不同于施米特的地方在于，他所肯定的世俗化并非一个简单的概念，而是一个福柯和梅兰德里②思想构境中的标识（signature）。signature 一词意大利原文为 segnatura，阿甘本那本重要的方法论著作的书名就叫《方法上的万物标识》（*The Signature of All Things On Method*）。也就是说，阿甘本承认的世俗化是一种重新构境式的标识，即"用一个符号或概念所标志出来的某物溢出了这个符号或概念，并将其回溯到一个决定性的解释或场（interpretation or field）中"。其实，这也是他对福柯考古学的一种方法论上的重新标识。阿甘本说，这有点像本雅明所说的"秘押"（secret indexes），它起着明确而重要的策略作用，为解释符号提供了一个持久的方向。因为这些印记将不同的时代和不同的领域衔接起来，因而，它连同纯粹历史要素起作用。福柯的考古学和尼采的谱系学［还有，在一个相当不同的意义上，甚至德里达的解构和本雅明的辩证意象（dialectical-images）理论均是如此］都属于标识的科学，这个科学与观念史和概念史平行发展③。

　　可是笔者认为，这是阿甘本对自己神学考古学的一种方法论放大。并且，不惜将如此多异质性的原创性思想构境放置到同一个"标识"筐中，不免令人生出疑问。有时候，笔者感觉阿甘本的说理总有些僭越之嫌。

---

　　① ［意］吉奥乔·阿甘本：《王国与荣耀：安济与治理的神学谱系》，蓝江译，中央编译出版社 2018 年版，第 2 页。
　　② 恩佐·梅兰德里（Enzo Melandri，1926—1993）：意大利当代哲学家。代表作为《胡塞尔的逻辑和经验》（1960）、《时间和时间性现象地平线》（1991）、《哲学批判知识和跨学科的努力》（1999）等。
　　③ ［意］吉奥乔·阿甘本：《王国与荣耀：安济与治理的神学谱系》，蓝江译，中央编译出版社 2018 年版，第 6 页。

二　安济：道成肉身的神恩救赎

阿甘本非常聪明，他先引了福柯曾经赞同的一句话，即"主上统治，但并不治理（Le roirègne，mais il ne gouverne pas）"①。福柯是在说明资产阶级新型的治理政治与传统政治统治的异质性断裂中，引述这一断言的②。阿甘本想说，福柯赞赏的这一断言可能并不准确，因为在福柯手滑过的基督神学中，其实也存在与治理相近的神恩安济（oikonomia）。阿甘本显得很高明地说，福柯没有注意到，如果说"历史不是政治史，而是'行政的'（administrative）和'治理的'（governmental）问题的历史，这一事实正是安济神学的逻辑后果"③。笔者完全不能同意阿甘本这里对福柯的批评和武断，因为在福柯这里，资产阶级的行政和治理只是现代发生的事情，固然在过去的神学构境中存在某些相同的情境，但资产阶级的治理——生命政治是绝不能简单前推的，就像"人的说法"自古就有，但"人"却只是现代的发明。阿甘本这里相对福柯的"高明"显然是非法的。

显然，阿甘本知道自己这种奇异性"标识"的突兀，所以他试图领着我们重走一下 oikonomia 一词的湮灭之路。他说，最早在古希腊的语境中，"oikonomia 一词意思是'对家的管理'。在亚里士多德（或者说伪亚里士多德④）的关于家政的论著中，我们可以读到，家政技艺（technēoikonomikē）不同于政治，就如同家（oikia）不同于城邦（polis）

---

① ［意］吉奥乔·阿甘本：《王国与荣耀：安济与治理的神学谱系》，蓝江译，中央编译出版社 2018 年版，第 15 页。

② ［法］米歇尔·福柯：《安全、领土与人口：法兰西学院课程系列，1977—1978》，钱翰、陈晓径译，上海人民出版社 2010 年版，第 61 页。

③ ［意］吉奥乔·阿甘本：《王国与荣耀：安济与治理的神学谱系》，蓝江译，中央编译出版社 2018 年版，第 4 页。

④ 伪亚里士多德（Pseudo-Aristotelian），是指在古希腊和中世纪假亚里士多德之名写作和发表论著的匿名研究者，作品有《论宇宙》（第四或公元前 3 世纪）等。

一样"①。这是对的。在那个时候，区别于城邦政治，oikonomia 的确是指一个家庭内部的打理。依阿甘本的看法，"oikonomia 在这里展现为一种在功能上的组织，一种仅仅与家的有序功能的规则（the rules of the ordered functioning）联系在一起的管理行为（administrative activity）"②。这里的"有序"（order）十分重要，阿甘本引述色诺芬③的话说，oikonomia 就是在家里"有序地进行安置（peri...taxeōsskeuōn）"。能看得出来，阿甘本这是硬将 oikonomia 往管理（治理）的情境上联系。其实，古代家庭生活的打理真用不上"管理"这样大的概念。

阿甘本指认说，进入基督教的时代，oikonomia 一词开始"被转移到神学领域"，原先那种在家庭内部实施打理的家政学的语境逐渐弱化，并且开始生成一种"神的救赎（redemption）计划"全新构境层，即"基督的道成肉身（incarnation）"④。请注意，这正是那个前述与神的主权权力相关的政治神学相异的安济神恩的缘起。也就是说，oikonomia 一词在神学领域仍然被较为广泛地使用，但它凸显出来的意义构境已经不再是家政学，而是上帝不在场或空王位构境中的神恩安济。

通过非常仔细的历史文本考证，阿甘本追溯了 oikonomia 一词在整个神学文献中的出场和每一次具体的意义标识（重构）。

其一，oikonomia 重新标识中最关键的是上帝的救赎计划，即通过圣母玛利亚，救世主耶稣的降生，神不在场，但神恩浩荡安邦济世。为此，阿甘本引述了圣贾斯汀⑤这样一段话："基督屈尊道成肉身，并被大卫家的圣女所诞生，为的是通过这个（安济）（diatēsoikonomiastautēs）进入一

① ［意］吉奥乔·阿甘本：《王国与荣耀：安济与治理的神学谱系》，蓝江译，中央编译出版社 2018 年版，第 28 页。

② ［意］吉奥乔·阿甘本：《王国与荣耀：安济与治理的神学谱系》，蓝江译，中央编译出版社 2018 年版，第 30 页。

③ 色诺芬（Xenophon，约公元前 434—前 355）：希腊将军，历史学家，著有《长征记》一书。

④ ［意］吉奥乔·阿甘本：《王国与荣耀：安济与治理的神学谱系》，蓝江译，中央编译出版社 2018 年版，第 33 页。

⑤ 圣贾斯汀（Saint Justin Martyr，公元前 165—前 100）：早期的基督教护教士。

种有序（in order），以战胜毒蛇，并成为随后而来的天使的楷模。"① 这是一个非常复杂的神学故事构境。依圣经故事，亚当和夏娃误从蛇的引诱，误食智慧果而明男女事理故陷入不洁罪潭，被逐出天堂下凡人世。圣父为了拯救苦难的世界，让圣子耶稣出世，圣母玛利亚按照上帝的安济（oikonomia）从大卫的种子（圣灵）那里怀上了耶稣，神在耶稣这里道成肉身成为救世主基督，基督在我们的世界里受难，让魔鬼现形，从而指引我们在上帝不在场的所有境况中得救，与天使共同安邦济世。这是 oikonomia 在"三位（圣父—圣子—圣灵，God Father-God Son-Holy Spirit）一体"的神学情境中的重新意义构境，即安济神学的特殊构境。

其二，"安济包含了'实践、管理和行政行为'（'praxis, administrative and executive activity'）的一般性意义"②。笔者认为，这显然是阿甘本的过度诠释，因为，他认为神学语境中的安济即是"旨在实现某种目的的实践或神之行为"。所以，安济理性不是本体—认识论（ontologic-epistemic）范式，而是"实用—管理（pragmatic-managerial）的范式"。显而易见，阿甘本反对"神统治，但并不治理"（le roirègne, mais il ne gouverne pas）这一观点。在这一点上，他直接与福柯对立。在阿甘本看来，基督教神学从一开始就是安济管理的范式，而非政治—国家（politico-statuale）的范式。也是在这个意义上，阿甘本说，"oikonomia 在拉丁语中的同义词是 dispensatio 和 dispositio（The oikonomia-and its Latin equivalents dispensatio and dispositio）"③，即部署。笔者不认为这种故意扯上关系的说法是科学的。

其三，安济救赎的实践本质在于无主性（Anarchy）。阿甘本说："治理的范式，我们在这里已经重构了其谱系，实际上它一直是业已'无主

---

① ［意］吉奥乔·阿甘本：《王国与荣耀：安济与治理的神学谱系》，蓝江译，中央编译出版社 2018 年版，第 43 页。

② ［意］吉奥乔·阿甘本：《王国与荣耀：安济与治理的神学谱系》，蓝江译，中央编译出版社 2018 年版，第 56 页。

③ ［意］吉奥乔·阿甘本：《王国与荣耀：安济与治理的神学谱系》，蓝江译，中央编译出版社 2018 年版，第 62 页。

的治理'（anarchico-governamentale）。"① 这是什么意思呢？阿甘本解释道："神之实践，从创世转向救赎，即在上帝存在那里失去基础，即神是由它自身的另一个分立的人格（separate person）——逻各斯或圣子（Logos，or Son）来实现自身的。"② 在安济治理中，上帝是不直接在场的，这是它无主性的本质。阿甘本进一步发挥说：

> 治理必须将无主性（Anarchy）作为其诞生的原点，与此同时，也要将其看成其运行命定的方向。在这个意义上，当本雅明写到没有像资产阶级秩序那么无政府的东西时，他是对的。同样，帕索里尼电影《索多玛的 120 天》中的一个法西斯的权贵的评论："唯一真正无法无天的东西就是权力（the only real anarchy is that of power）"③，这是相当严肃的话题。

为了说明自己这种他性链接的合理性，阿甘本还硬拉来了本雅明和帕索里尼④来帮忙。治理的本质既是无主性，也是那个权力不直接在场的空王位象征，这在说明治理的特殊本质上无疑是深刻的，但是神学中上帝不在场的无主性与现代资产阶级的看不见的治理权力在政治本质上是根本异质和断裂的。在这一点上，笔者坚决站在福柯一边。

三　安济救赎：让事物自然入序

阿甘本对神学安济概念进行标识重构的另一个重要方面，是指让世

---

① Giorgio Agamben：*The Kingdom and the Glory*，Trans. Lorenzo Chiesa，Stanford：Stanford University Press，2011，p. 65.

② ［意］吉奥乔·阿甘本：《王国与荣耀：安济与治理的神学谱系》，蓝江译，中央编译出版社 2018 年版，第 100—101 页。

③ ［意］吉奥乔·阿甘本：《王国与荣耀：安济与治理的神学谱系》，蓝江译，中央编译出版社 2018 年版，第 99 页。

④ 皮埃尔·保罗·帕索里尼（Pier Paolo Pasolini，1922—1975）：意大利作家、诗人、后新现实主义时代导演。主要作品有《俄狄浦斯王》（1967）、《爱与愤怒》（1969）、《十日谈》（1971）、《萨罗》（又名《索多玛的 120 天》，1975）等。

界万物安于自身内在的秩序。这是一个深刻的学术构境意向。阿甘本说，在众多神学文本中，安济救赎即让世界入序，他引述雅典纳哥拉①的话说，圣父—圣子—圣灵的统一，是让存在"寓于它们部署的秩序之中（in order their disposition，tēnentēitaxeidiairesin）"②。这里的部署，又是阿甘本特别的标识性构境。

为了说清楚这一问题，阿甘本再一次回溯到亚里士多德。这也是他从海德格尔—福柯那里学来的谱系研究方法。依阿甘本的看法，在亚里士多德那里，他已经将"主权原则和自然（the sovereign principle and nature）——archē 与 physis——结合在一起了"，在这里，archē 是神之本原，而 physis 则是让存在按其自身的内在秩序（immanent order）运转的方式③。希腊文中的 Physis 一词的原意是自然，即后来西方现代文字中的 nature。海德格尔倒对 Physis 进行重新构境，在他那里，Physis 是指让物依主体的存在构序需要涌现出来。在之后的神学诠释中，亚里士多德的这一观点被解释成第一位的神与第二位的世俗安济的关系，或者是"本体论和实践的关系，上帝存在和上帝行为的关系问题"：上帝创造了世界，却让世界的万物按自身的有序的相互关系共存，这就是自然安济的本质。"构序（taxis，order）是一种可以让独立实体共在，上帝同俗世结合在一起的工具。构序（taxis）命名了它们之间的神秘关系。"④ 构序不是现成的秩序结构，而是建构中的有序关系。上帝不直接构序，但事物之间的入序却实现神的意志。

阿甘本认为，古代希腊文中的"构序"（taxeis）一词，在亚里士多德那里是"一种关系而非一种实体"，不是现成在手的秩序，而是正在发生的构序关系。也就是说，"秩序在结构上意味着一种内在的相互关系的

---

① 雅典纳哥拉（Athenagoras，约130—190）：2 世纪后半叶的基督教护教者。

② ［意］吉奥乔·阿甘本：《王国与荣耀：安济与治理的神学谱系》，蓝江译，中央编译出版社 2018 年版，第49 页。

③ ［意］吉奥乔·阿甘本：《王国与荣耀：安济与治理的神学谱系》，蓝江译，中央编译出版社 2018 年版，第 122 页。

④ Giorgio Agamben：*The Kingdom and the Glory*，Trans. Lorenzo Chiesa，Stanford：Stanford University Press，2011，p. 82.

观念"。所以，在亚里士多德看来，世界即一个万物共同构序（ordered together）存在的安邦济世的和谐互动关系体。或者用圣托马斯①的话来说，"理解有序的安济（economy），它与实体无关，而是涉及关系（secundum quod disposition designatordinem, qui non est substantia, sed relatio)"②。也就是说，有序性是一个非实体性的概念，它主要是一个非直观的功能性关系概念。阿甘本甚至说，这里，具有标记功能的秩序概念是一个真正的本体论概念，亦即"秩序"这个标记导致一个转变，即从实体范畴具有本体论上的优先性，变成关系或实践范畴在本体论上具有优先性。这个转变或许是中世纪思想中最为重要的本体论贡献③。

这种关系是一种让事物进入某种安定有序的共同安济的状态。为此，阿甘本甚至说："有序概念的转变（turning of the concept of order）成了一种形而上学和政治上的基本范式，这一转变正是中世纪神学的成就。"④为什么？阿甘本告诉我们，构序（order）概念实际上是基督神学中被我们遗忘的理解安济的关键性范式。构序即是万物进入上帝创造的存在关系之中，有序性并非神的直接在场，却是神恩安济的体现。

首先，基督神学中存在两种完全不同的构序性。阿甘本说："拉丁语的有序（Ordo）一词一方面表达了上帝与造物之间的关系（ordo ad unum principium），另一方面，也是诸物自身之间的关系秩序（ordo ad invicem)。"⑤他直接引述圣托马斯的表述来认证有序性的二重结构，即："如今，在对有序的思考上有两个方面，一方面是引导诸造物被创造的有序性，另一方面由上帝裁定的造物的有序性"（Est autem duplex ordo con-

---

① 圣托马斯·阿奎那（Thomas Aquinas，1225—1274）：中世纪经院哲学的哲学家和神学家。

② ［意］吉奥乔·阿甘本：《王国与荣耀：安济与治理的神学谱系》，蓝江译，中央编译出版社 2018 年版，第 199 页。

③ ［意］吉奥乔·阿甘本：《王国与荣耀：安济与治理的神学谱系》，蓝江译，中央编译出版社 2018 年版，第 131 页。

④ ［意］吉奥乔·阿甘本：《王国与荣耀：安济与治理的神学谱系》，蓝江译，中央编译出版社 2018 年版，第 126 页。

⑤ ［意］吉奥乔·阿甘本：《王国与荣耀：安济与治理的神学谱系》，蓝江译，中央编译出版社 2018 年版，第 127 页。

siderandus in rebus. Unus，quo aliquid creatum ordinatur adalium creatum，Alius ordo，quo omina create ordinatur in Deum)①。阿甘本还说，这里的秩序的二重性（duplex ordo）完全对应于亚里士多德文本中的善的二重性（duplex bonum）。在这两种不同的有序性中，一是上帝创世的构序——造物同上帝的关系（the relation of every creature to God），这也是所谓"至善构序"（ordo ad finem）；二是上帝认同的被造物自身的有序性——造物同造物之间的关系（its relations with other creatures），这是事物与事物之间的"相互构序"（ordo ad invicem），或者说，王国与治理、创世与保存、神圣构序（ordo ad deum）与关系互构序（ordo ad invicem）之间是功能互补的。二者"相辅相成，互相包容"②。用海德格尔的话来表述，前一个构序关系是我与上帝的垂直关系，而后一个构序关系则是我们（物与物）之间的水平关系。也有人将其指认为"原初秩序"（ordo origi-nis）和"自然秩序"（ordo naturae）。而后一个物与物之间的自然秩序，则很深地延伸到后来的资产阶级观念中（如哈耶克的自然秩序说）。

请一定注意，安济缘起于第二个构序！让事物自然入序，即让事物与事物处于上帝认同的自身之间的世俗的相互构序中。阿甘本说，亚里士多德的家政学（oikonomia）正是表达了这后一种构序关系。

其次，有序性是一种结构上的创序（ordinatio）。阿甘本发现，在基督神学中，上帝在其自身的存在中，他就是秩序（ordo）。不过，神不是具象存在，所以它不能被衡量、被计数、被称重。

上帝之存在，如同秩序，是在结构上的创序（structurally ordinatio），亦即按照尺度、数、重量来安置万物的治理实践与活动。正是在这个意义上，万物在有序性中的部署（dispositio）［我们不应忘记这个词是对安济（oikonomia）的拉丁语翻译］仅仅是上帝自己对万物的部署③。

---

① ［意］吉奥乔·阿甘本：《王国与荣耀：安济与治理的神学谱系》，蓝江译，中央编译出版社 2018 年版，第 127 页。
② ［意］吉奥乔·阿甘本：《王国与荣耀：安济与治理的神学谱系》，蓝江译，中央编译出版社 2018 年版，第 130 页。
③ ［意］吉奥乔·阿甘本：《王国与荣耀：安济与治理的神学谱系》，蓝江译，中央编译出版社 2018 年版，第 133 页。

这个动词意义上的创序（ordinatio）是十分重要的：一是它表示有序性本身不是一个凝固的静止的给定秩序，而是正在发生的构序活动；二是有序性绝不是一种实体意义上的东西，而是一种动态发展关系，即部署。"上帝本身是超凡的（extra ordinem），或者毋宁说，他仅仅只是在构序和安置（ordering and arranging）意义上的有序，不是实体（substance）意义上的有序，而是活动（activity）意义上的构序。"① 这是令笔者激动的一刻，因为阿甘本这个英译本中直接出现了笔者所提出的构序（ordering）一词②。虽然这只是对阿甘本精妙的意译，这也是神恩安济的本质。世俗世界中没有可见的上帝之手，但上帝无处不在，他表露在事物之间每一种有序关系中。阿甘本说："在《论秩序》（De ordine）中，圣奥古斯丁③解释了有序概念的无所不在的弥散性，甚至在最微不足道和最偶然事件中也是如此。"④ 实际上，这就是神恩安济的本质，安济有序，即上帝的看不见的手的无形力量。

最后，世俗万物的相互构序是一种治理活动（work of government，ab opera regendz）。阿甘本说，在神学中，让世俗万物入序的安济正是由治理实践每时每刻建构起来的，用圣托马斯的话来说，即是创序（ordinatio）和有序施行（ordinisexecutio）——治理的关系。

不仅诸造物的实体只是神之部署的活动，万物的存在最终还依赖于一种治理实践——在其本质意义上，其是实践与治理（praxis and government）——而正是上帝的存在——因为在某种特殊的意义上，他是尺度、数、重量，也就是有序——它不再仅仅是实体或思想，而且也是同样尺度上的部署和实践。有序（ordo）命名了这种不停的治理活动，这种活动

① ［意］吉奥乔·阿甘本：《王国与荣耀：安济与治理的神学谱系》，蓝江译，中央编译出版社2018年版，第133页。

② 参见张一兵《劳动塑形、关系构式、生产创序与结构筑模》，《哲学研究》2009年第11期。

③ 圣奥古斯丁（Aurelius Augustinus，354—430）：古罗马帝国时期基督教思想家，欧洲中世纪基督教神学、教父哲学的重要代表人物。代表作为《论上帝之城》（394—400）、《忏悔录》（412—427）等。

④ ［意］吉奥乔·阿甘本：《王国与荣耀：安济与治理的神学谱系》，蓝江译，中央编译出版社2018年版，第136页。

设定了超越性和内在性，上帝与俗世的分裂，与此同时，也不断地去弥合这个分裂①。

与上述第二点一致，构序关系不是一个给定的实体构架，而是由治理实践不断建构起来的，上帝不在场，不在世俗世界中现身，但它却部署自己的有序性。

所以，阿甘本的结论是"安济（oikonomia）、有序（ordo）和治理（gubeinatio）的'三位一体'，构成了不可分割的三头同盟，这些词语互相渗透，因为它们命名了中世纪基督教神学遗赠给现代性的一种新本体论的形象"②。这真是很好的古为今用策略。不过，多少有些可察觉的故意和牵强。

其实，阿甘本之所以如此卖力地回溯神学文本中的有序性范式，正是想说明有序安济在今天的意义。可是，笔者认为，阿甘本的这种逻辑意向是非法的。指认神学语境中被遗忘的有序性范式是有意义的，可是将其视作资产阶级治理实践的本质则是有问题的。因为神学语境中的双重 ordo 都是被给定的，即便这被诠释为"结构性的创序"或"关系性有序"，通常而言，神的有序是不变的。可是，在人类现实工业生产上建立起来的社会存在构序和资产阶级的社会政治构序，与传统意义的凝固化的神性秩序是根本不同的，依马克思的解读，资产阶级的生产方式的存在之基就是"不断地改变自己"，永不停息地求新是资产阶级构序论的动态组织性特性，这与安济论中的给定式的有序性是完全异质的。另外，那种极其粗陋的"尺度、数量和重量"上的有序观念与今天科技生存中复杂组织化构序和资产阶级制造出来的浸入人的存在之"毛细血管"（福柯语）的微观权力线之构序有天壤之别。

阿甘本急着想超越自己的老师福柯，但真的是事与愿违。

① ［意］吉奥乔·阿甘本：《王国与荣耀：安济与治理的神学谱系》，蓝江译，中央编译出版社 2018 年版，第 135 页。
② ［意］吉奥乔·阿甘本：《王国与荣耀：安济与治理的神学谱系》，蓝江译，中央编译出版社 2018 年版，第 136 页。

四　福柯的盲区：治理概念的神恩安济缘起

阿甘本承认，福柯最先发现了现代资产阶级政治中的治理本质。

米歇尔·福柯在 1977—1978 年的法兰西学院的讲座，题为《安全、领土、人口》(Sécurité, territoire, population)，旨在梳理出现代"治理"的谱系。福柯区分了权力关系史上三种不同的模式：一是法律体系对应于领土主权国家的制度模式，而这个体系通过一个界定了什么允许，什么禁止的标准码来进行自我定义，最终这种体系建立起惩罚体系；二是规驯设置对应于规驯性的现代社会，其按照法律要求，将一系列的监控、医学和监狱技术付诸实践，其旨在规制、纠正和塑造主体的身体；三是安全机制对应于当代的人口国家及其新型实践，对于这种实践，福柯称之为"人的治理"(the government of men)①。

阿甘本也看到，在福柯那里，权力的"三种模式并不是在年代上的承接关系，或者在一个时代中彼此相互排斥，而是共存的，他们以某种方式彼此铰接在一起，不过，在每一个阶段上，其中一个构成在该阶段上的支配性政治技术"②。阿甘本当然充分肯定福柯在政治哲学中这种开创性的工作。固然他也坏坏地说，福柯这里的治理观念，"我们业已在施米特和彼得森那里遇到过了"。他似乎想泄露某种天机——福柯治理观念的非原创性。可是笔者要说，这真不是一回事。

不过，阿甘本认为福柯在治理问题上存在一些可以进一步深入的地方。他觉得，其中最重要的逻辑缺环即福柯对安济问题的忽视。他分析说："福柯认识到，治理技术的起源在于基督教的牧师团体，即'灵魂的治理'(regimen animarum)，这是一种'技艺之技艺'(technique of tech-

---

① [意] 吉奥乔·阿甘本：《王国与荣耀：安济与治理的神学谱系》，蓝江译，中央编译出版社 2018 年版，第 162 页。

② [意] 吉奥乔·阿甘本：《王国与荣耀：安济与治理的神学谱系》，蓝江译，中央编译出版社 2018 年版，第 162 页。

niques）"①。阿甘本甚至认为，福柯"治理行为的本体论是一种牧领本体论（vicarious ontology）"②。可是，福柯并没有看到牧师团体和人的治理的另一个共同特征——"安济"（economy）的观念，即"按照家政模式，对个人、事物、财富秩序的管理"。从前面的讨论中我们已经知道，这里的 economy 不做现代经济学构境意义的理解，而是家政式的社会治理，即安邦济世。阿甘本直接指认，"福柯完全忽略了安济一词神学上的含义"，这是其生命政治理论中治理思想构境中一个重要盲区，而这正是阿甘本自己要着力探究的方面，这看似有一定道理。

阿甘本很有信心地指出："福柯的治理谱系学（genealogy of govern-mentality）可以在时间上进行延伸和回溯。"阿甘本一本正经地要补充和修正福柯的治理学说。并且他还觉得，这样做，"并不会让福柯的假设失效，而毋宁说，这认可了福柯的理论内核，并在某种程度上，细化并纠正了其历史年代上的阐述"③，真是"能够超越老师的一个好学生"。阿甘本说，"治理"（gubernatio）一词——肇始于萨尔维亚（Salvia）的《论神的治理》（*De gubernatio Dei*）一书——是"神恩"（providence）一词的同义词，而论对世俗世界的治理的论文不过是论述上帝同其神恩行为的关系和实施的论文。神恩就是"安济"一词的名字，因为后者将自己显现为对俗世的治理④。

依阿甘本的构境回溯，福柯挖掘的治理范式的原型就是神学中的神恩，即上帝不直接在场中的神恩浩荡，正是圣灵通过圣子的道成肉身之显现，指引了现世的救赎之路，从事物自身的相互构序关系治理世俗世界，安邦济世。因此，神恩就是安邦。阿甘本有些感叹地说："令人感到

① ［意］吉奥乔·阿甘本：《王国与荣耀：安济与治理的神学谱系》，蓝江译，中央编译出版社 2018 年版，第 163 页。
② ［意］吉奥乔·阿甘本：《王国与荣耀：安济与治理的神学谱系》，蓝江译，中央编译出版社 2018 年版，第 206 页。
③ ［意］吉奥乔·阿甘本：《王国与荣耀：安济与治理的神学谱系》，蓝江译，中央编译出版社 2018 年版，第 164 页。
④ ［意］吉奥乔·阿甘本：《王国与荣耀：安济与治理的神学谱系》，蓝江译，中央编译出版社 2018 年版，第 165 页。

奇怪的是，在 1977—1978 年的课堂上，福柯没有提到神恩观念。"依阿甘本的判断，这正是福柯没有看到的历史回溯盲区。阿甘本说，从根本上看，福柯的治理谱系学没有能贯彻到底。

依阿甘本的看法，福柯没有理解的地方，是神学—安济（economical）范式在"存在与实践之间的断裂（the fracture between being and praxis）中的地位"，具体地说，神恩安济现身于上帝本体与救赎实践的关系中，上帝存在，但对凡人肉身来说，它并不直接在场，神对人世的关心恰恰是通过看不见的神恩实现的，这正是治理（安济）的原初构境。在阿甘本对神学文本的解读中，我们可以看到这种所谓神恩与安济—治理的关系。他转引阿佛洛狄西亚的亚历山大①的观点论证道，无论神恩将自身展现在普世原则中，还是降临到世间，甚至照料最低等的事物，"它都需要穿越诸事物的本性（nature of things），并遵循其内在性的'安济'"。阿甘本说，神恩对俗世的治理，不是通过把外在的一般意愿以暴君式命令方式（tyrannical imposition）来意外地实施，而是通过了解在万物本性之中产生的可以预期的伴生效果（collateral effects），以及它们独特之处的绝对偶然性（absolutely contingent）来进行的。这样，看起来像是边缘现象或次要后果的东西，正好成为治理行为的范式②。

笔者认为，阿甘本对安济治理的这段表述中有三个关键词：一是非强制性方式，神从来不直接回击魔鬼，不干预罪恶的发生，它不显示为另一种暴力；二是伴生效果或旁系结果，神恩总是显露在其他现象中，细小的事情从善和升华，神即在场；三是绝对偶然性，它不是决定论的必然，但它突然而至。"神对于造物的治理不过是内在于事物的自然必然性"，神恩的安济治理将自身界定为一种特殊的活动形式，这种活动"不是暴力的（not violent）"，而是要"通过被统治事物的自然本性来阐明自

---

① 阿佛洛狄西亚的亚历山大（Alexander of Aphrodisias）：公元 2 世纪前后对亚里士多德的评注者。

② ［意］吉奥乔·阿甘本：《王国与荣耀：安济与治理的神学谱系》，蓝江译，中央编译出版社 2018 年版，第 175 页。

身"，甚至，神恩慧泽的方式往往是"自发性"（spontaneous）①。阿甘本解释说，上帝所涉及的是"神之秩序"，即诸造物关系的第一原因。而神恩治理关乎的是"关系秩序"，即事物之间的偶然性关系。神恩并不是直接地发生作用，它通常通过傍生的方式让事物和凡人体认神的存在。这样，神恩的作用就不同于上帝第一动因的必然性，它往往通过偶然事件发生实现神的恩泽。

为此，阿甘本很得意地说，迪迪耶·德鲁勒②已经说明，"在现代思想中，从休谟到亚当·斯密，一个可以与神恩理论进行完美类比的概念出现了，它打破了第一动因的优先性，并用一种在内在性后果的偶然博弈所产生的秩序（order produced by the contingent game of immanent effects）取而代之"③。这是一个十分重要的指认，斯密在经济学中引入的偶然博弈观的重新构境的谱系，正是神恩中的安济说在资产阶级经济世界中的重新构境。阿甘本甚至说，资产阶级重农主义者和作为政治经济学的"构序科学"（science del'ordre）理论家，"在五个世纪之后重新发现了这一点"。发现什么？资本主义商品—市场经济活动中基于偶然博弈的自然安济。

五　自然安济与斯密的看不见的手

笔者认为，这可以算是阿甘本谱系研究中的一个重要发现，即古典经济学理论建构中表面上袭承神学构境中安济思想的线索。阿甘本认为，在基督教神学中，安济与历史的关联是理解西方历史哲学的关键所在。尤其是，自黑格尔到谢林直至费尔巴哈的德国唯心主义的历史概念，就是为了思考神之救赎同历史之间的"安济"的关联［用我们早前曾引述

---

① ［意］吉奥乔·阿甘本：《王国与荣耀：安济与治理的神学谱系》，蓝江译，中央编译出版社 2018 年版，第 193 页。

② 迪迪耶·德鲁勒（Didier Deleule, 1941—　）：法国当代哲学家。1979 年以《休谟和经济自由主义的诞生》获得国家博士学位。代表作为《心理学，科学的神话》（1969）、《休谟和经济自由主义的诞生》（1979）、《培根和改革的知识》（2010）等。

③ ［意］吉奥乔·阿甘本：《王国与荣耀：安济与治理的神学谱系》，蓝江译，中央编译出版社 2018 年版，第 180 页。

过的谢林的话来说，这是神圣和安济的"共同归属"（co-belongings）]。奇怪的是，当左翼黑格尔主义切断了同这个神学概念的关联时，唯有将现代意义上的经济（economy），也就是说，人在历史中的自我生产放置在历史过程的中心，历史哲学才是可能的。在这个意义上，左翼黑格尔主义用纯粹人的经济（economy）取代了神的安济（economy）①。

"安济与历史的关联是理解西方历史哲学的关键"，笔者认为此话说大了。依笔者的理解，阿甘本这种说法中有意义的方面是他暗示了马克思的思想转型及其对黑格尔理解上的深化。

阿甘本说，在福柯的1977—1978年的《安全、领域、人口》（*Sécurité*, *territoire*, *population*）的讲座中，"他用短短的凝练的几行字，界定了卢梭政治计划的基本结构"，特别是他对1775年卢梭对《百科全书》"政治经济学"（political economy）条目与《社会契约论》的关系的解读。按照福柯的说法，这个问题在于对"经济"（economy）或治理技术的界定上，"经济"不再是在家庭中成形的东西，而是以可能最好的方式和最高的效率满足人民幸福的统治的公共目标②。

请注意，福柯那里根本没有对economy的安济论构境！福柯只有经济的概念，但他真的将现代资产阶级的经济学理解为资本主义社会治理的直接基础。并且，他直接指认出治理的本质已经从传统社会支配中的强制转向"以可能最好的方式和最高效率满足人民幸福的统治的公共目标"。笔者认为，这恰恰是阿甘本自己没有深入理解的地方。可是，阿甘本自己的盲区却成为他神气十足地声称要补充福柯的地方。这显得有些自负。

阿甘本发现，"安济"（oikonomia）一词在后来中世纪的西方神学语言中逐渐地消失了，偶然，它还会被等同于神对世俗世界的治理中的"部署（dispositio）和例外（dispensatio）"使用，只是在18世纪的时候，

---

① ［意］吉奥乔·阿甘本：《王国与荣耀：安济与治理的神学谱系》，蓝江译，中央编译出版社2018年版，第71页。

② Giorgio Agamben：*The Kingdom and the Glory*, Trans. Lorenzo Chiesa, Stanford：Stanford University Press, 2011, p. 273.

这个词重新以拉丁语 oeconimia 的形式出现，尤其在其他欧洲语言中，这个词被等同于我们所熟知的意义："对世俗事务和人民的管理和治理的活动"，似乎在哲学家和经济学家（économistes）的头衔下重新（exnovo）创立了这个词，这个词与经典的安济学说或它的神学传统并没有本质性关联①。对此，阿甘本显然不以为意。

首先，在阿甘本看来，现代经济学并不是来自亚里士多德的家政学，也不是直接源自中世纪的神学，他语出惊人地说，现代经济学的真正缘起是出自生物学家林奈②！阿甘本说："1749 年，卡尔·林奈（Carl Linneaus）在乌普萨拉（Uppsala）出版了他的《自然安济的学术样本》（Specimen academicum deo economia naturae）。他给予'自然的安济'（economy of nature）这个词组一种策略性的功能，这将会导致现代经济学的诞生。"③ 这还是阿甘本念念不忘的神恩安济说。依阿甘本的解读，在现代科学分类学的奠基者林奈这里，他所使用的"自然的安济"一语显然"起源于安济—神恩传统"，"造物主留在他的造物印象中的明智的神恩部署（providential dispositio），通过这个部署，造物主统治造物"④。根据阿甘本的考古学研究，他发现林奈思想中的一个重要构境转型。

1760 年，他在《论自然政策》（Dissertatio academica de politia naturae）中再次进行这样的实验。"自然的安济"让位于一种自然政策（politia naturae），不过按照在这个时代变得日益巩固的政策科学（Policey wissenschaft）的术语来说，这个词意味着单纯的关于有序的知识和治理（knowledge and government of the order），以及人类社会的内在构成（inter-

---

① ［意］吉奥乔·阿甘本：《王国与荣耀：安济与治理的神学谱系》，蓝江译，中央编译出版社 2018 年版，第 405 页。

② 卡尔·林奈（Carl Linneaus, 1707—1778）：瑞典博物学家。动植物双名命名法的创立者。1727 年，林奈就读于隆德大学，1737 年，获得维克大学医学博士学位。1741 年任乌普萨拉大学医学教授，1750 年任乌普萨拉大学校长。代表作为《自然系统》（1735）、《植物属志》（1737）、《植物种志》（1753）等。

③ ［意］吉奥乔·阿甘本：《王国与荣耀：安济与治理的神学谱系》，蓝江译，中央编译出版社 2018 年版，第 407 页。

④ ［意］吉奥乔·阿甘本：《王国与荣耀：安济与治理的神学谱系》，蓝江译，中央编译出版社 2018 年版，第 406 页。

nal constitution)①。那么，什么是林奈此时眼中的自然政策呢？他解释道："在一个国家中，我们把对整体的导向和公正的管理（direction and just administration）称之为政策，如果我们尽可能地按照自然之链（chainofnature）而行，这个概念就只能得到确定。"② 依阿甘本的指认，林奈这种自然安济—自然政策的观念构境，正是"当时所谓的经济学派（lasectéconomiste）——重农主义（Physiocrats）学派"的思想前提。

其次，神恩安济说中的构序性概念是现代经济学的核心。真是语出惊人。阿甘本认为，在神恩安济中，"天国的安济治理（gouvernement économique d'un royaume）不过是最好的自然有序（ordre naturel plus avant ageux），而这源于最高存在为了创建和保存其造物所建立的永恒不变的规律"③。请一定注意，阿甘本无意间指认的这个"永恒不变"正是神学有序的本质，但阿甘本没有认真体悟的事情真相是，资产阶级经济王国的有序性恰恰破坏永恒不变。马克思曾经说，资本主义生产方式的存在方式就是不断地自我革命化。阿甘本认为，这种神对世俗世界治理的构建中起关键作用的"构序"的概念，恰恰生成了古典经济学中的最重要的本质范式。例如，对于魁奈来说，economy 本身即意味着构序，经济就是自发地奠定社会治理的内在秩序。18 世纪 50 年代，魁奈撰写的著名《经济表》（Tableauéconomique，1758）以及他为《百科全书》撰写的"佃农"和"谷物"等词条，构序（order）概念都在他的思想中占据中心（center）地位④。因此，在 1762 年版的《学术辞典》（Dictionnaire de l'Académie）中所编辑的 économie 一词的意思，就成为"让政治体原则上可以维持下去的构序"，并且，在 1789—1799 年的新版中又加上了"在

---

① ［意］吉奥乔·阿甘本：《王国与荣耀：安济与治理的神学谱系》，蓝江译，中央编译出版社 2018 年版，第 407 页。

② ［意］吉奥乔·阿甘本：《王国与荣耀：安济与治理的神学谱系》，蓝江译，中央编译出版社 2018 年版，第 407 页。

③ ［意］吉奥乔·阿甘本：《王国与荣耀：安济与治理的神学谱系》，蓝江译，中央编译出版社 2018 年版，第 409 页。

④ ［意］吉奥乔·阿甘本：《王国与荣耀：安济与治理的神学谱系》，蓝江译，中央编译出版社 2018 年版，第 409 页。

这种情况下，它被称为政治经济学（political economy）"的注释。阿甘本说，古典经济学传承了神学语境的有序性概念，这并不错，可是资产阶级在大工业生产上建构起来的商品市场经济组织中的动态创序真的不再是上帝赐予我们的永恒不变！

阿甘本归纳说，自然秩序的神学观念对事物的影响，如此清晰地表达在经济学家的思想中，因而，我们所谓的"政治经济学"也可以被称为"构序科学"（science of order）。这么说应该也是对的。可是，当阿甘本提出"重农主义的'经济科学'不过是将自然秩序'应用'到和转换到'社会治理'上"① 时，问题就不那么简单了。以笔者的看法，重农主义的确提出抑制人为干预的经济活动的自然构序，但这绝不是一种神性自然秩序的简单应用和转换，因为这两种自然秩序的构境意义是完全不同的：前者是上帝给予万物的永恒不变的存在和运动秩序；而后者则是市场自发生成的非人为性的似自然性有序。

阿甘本进一步证明，"自然的安济"这个概念还出现在亚当·斯密的《道德情操论》（*Theory of Moral Sentiments*）中，并且阿甘本坚持说，斯密那个最著名的"看不见的手"的隐喻"源于圣经是毫无疑问的"。这是阿甘本此书中一个最有意思的"发现"。

按照圣奥古斯丁的说法，上帝统治并管理着世俗世界，"大若丘山，小至蝼蚁，世间诸物，均在神秘之手中"（omnia maxima et minima，occult onutu administranti），圣托马斯·阿奎那在《神学大全》（*Summa Theologiae*）中以同样的方式谈到统治之手（manus gubernatoris）在看不见的情况下统治着造物；在路德②《意志奴役论》（*Deservo arbitrio*）中，造物自己

---

① ［意］吉奥乔·阿甘本：《王国与荣耀：安济与治理的神学谱系》，蓝江译，中央编译出版社 2018 年版，第 411 页。

② 马丁·路德（Martin Luther，1483—1546）：罗马公教奥斯定会的会士、神学家和神学教授。西方宗教改革的发起人，他的改革终止了中世纪罗马公教教会在欧洲的独一地位。1501 年，路德在埃尔福特大学（University of Erfurt）哲学系就学，1505 年取得法学硕士后入爱尔福特的奥斯定会修道院（Augustinian friary），1507 年晋升为神父。1508 年任威登堡大学（University of Wittenberg）圣经教授。1512 年，路德在威丁堡大学获得神学博士学位。路德的本名为 Martin Luder，从 1517 年开始他在签名时将 Luder 改为 Luther（这个名字来源于希腊词 ελευθερο，意为"被解放的人""自由人"），来表现他内心的转折。代表作有《九十五条论纲》（1517）等。

就是看不见的上帝之手；在博絮埃①那里，"上帝是整个天国最高的统治者，在他手中掌握着所有的心灵"②。这就是斯密的看不见的手的真正出处。阿甘本的构境意向就是试图将资产阶级经济学回溯到神学谱系。

最后，阿甘本的小结是"神学将自己消解在无神论之中，将神恩主义消解在民主之中，因为上帝创造了世界，仿佛那里没有上帝一样，统治世界，仿佛世界自己统治自己（governed itself）一样"③。转换到今天的资本主义世界中，这是一个深刻的指认，资产阶级世界的统治本质，正是没有统治者的统治。

在这幅宏伟的图像中，上帝所创造的世界被等同于一个没有上帝（without God）的世界，在那里，偶然与必然、自由与奴役全都彼此融合在一起，治理机制的荣耀中心似乎很明显。现代性，将上帝从世俗世界中移除，不但没有将神学远远地抛在后面，而且以某种方式，其所作所为不过是让神恩安济的计划更为完善④。

由此，阿甘本提出，在今天的资本主义社会中，"因为民主的历史不过是逐渐地让立法权具有优先性，且治理最终不能还原为纯粹的行政的，实质上的谎言变得越来越明亮。如果在今天，我们看到了治理和安济压倒性地支配了且掏空了所有意义的人民主权，这或许意味着西方民主制为不明智地通过卢梭所承袭神学遗产而付出了政治上的代价"⑤。这倒是一个透视感很强的判断。他信心满满地声称："我们的研究已经说明了那个真正的问题，政治的核心秘密不是主权，而是治理；不是上帝，而是天使；不是国王，而是臣僚；不是法律，而是治安（police）——也就是

①　博絮埃（Bossuet，1627—1704）：法国莫城主教，历史学家，君权神授论者。
②　［意］吉奥乔·阿甘本：《王国与荣耀：安济与治理的神学谱系》，蓝江译，中央编译出版社2018年版，第413页。
③　［意］吉奥乔·阿甘本：《王国与荣耀：安济与治理的神学谱系》，蓝江译，中央编译出版社2018年版，第417页。
④　［意］吉奥乔·阿甘本：《王国与荣耀：安济与治理的神学谱系》，蓝江译，中央编译出版社2018年版，第417页。
⑤　［意］吉奥乔·阿甘本：《王国与荣耀：安济与治理的神学谱系》，蓝江译，中央编译出版社2018年版，第402—403页。

说，是它们形成和支撑的治理机制。"①

阿甘本的观点是，现代资产阶级生命政治的核心不再是有面容的主人，而是不可见的治理；不是形式上的法律，而是部署在生活细节中的治安。这种观点的原创者其实是福柯。阿甘本甚至还看到："神恩—安济范式就是民主权力范式（paradigm of democratic power），就如同神学—政治范式就是专制范式（paradigm of absolutism）一样。"② 或者更准确地说，即："两种主权，即王朝主权和人民民主主权，指向了两个完全不同的谱系。神圣王朝主权起源于神学—政治范式，而人民民主主权起源于神学—安济—神恩范式"③。

（原载《理论探讨》2018 年第 3 期）

---

① ［意］吉奥乔·阿甘本：《王国与荣耀：安济与治理的神学谱系》，蓝江译，中央编译出版社 2018 年版，第 403 页。
② ［意］吉奥乔·阿甘本：《王国与荣耀：安济与治理的神学谱系》，蓝江译，中央编译出版社 2018 年版，第 207 页。
③ ［意］吉奥乔·阿甘本：《王国与荣耀：安济与治理的神学谱系》，蓝江译，中央编译出版社 2018 年版，第 403 页。

奈格里的生命政治生产及其
与福柯思想的歧异

莫伟民[*]

福柯在《知识意志》和《生命政治的诞生》等作品中分别探讨了作为权力技艺的生命政治之缘起和框架，奈格里（Antonio Negri）和哈特（Hardt）则在《帝国》等论著中论述了生命政治生产，探究诸众（the multitude）本身借以主宰生命的生命权力运作，阐发一种能揭示针对生命形式之各种斗争的新生命政治，从而拓展了福柯的生命政治思想。如果说福柯对西方政治思想史的梳理重在论析古典时期向现时代的转型过程中遍布各处的权力机制运作与个体抵抗之间关系的变化，那么，奈格里则致力于探讨西方社会从现代转向后现代之后帝国生命权力实施与诸众革命之间的关系，强调后现代构建力量起始于生命政治基础，横跨整个存在视域，渗透时间性的每个瞬间。因此，奈格里否定政治自主，而主张存在论吸纳政治，断言任何政治都是生命政治。在奈格里和哈特看来，在民族—国家和现代帝国主义衰落之后，就崛起了以新的全球主权为形式的、既无中心也无边界的帝国（Empire）。帝国的崛起和巩固标志着人类历史进程打破了民族—国家这个地狱牢笼而重获自由。帝国是全球化的政治形式，既是网络系统，又具等级结构。帝国的形成并不基于契约，也不借由联邦制，而是源自一种新的经济—工业—交往机器，即全球化生命政治机器。虽然他们同福柯一样，认为权力必定还起积极作用，但他们所谓的帝国却没有权力中心，无固定的疆域，也无三个世界的划分，

---

[*] 莫伟民：复旦大学哲学学院教授。

帝国财富的创造也成了生命政治的生产（biopolitical production），即全方位的社会生活本身的生产①。显然，生产成了奈格里生命政治的关键概念，正是这一概念集中体现了奈格里与福柯生命政治理论的主要差异和思想特征。

一　生命权力

帝国权力关系解释了新的生命政治的、经济的和制度的系统，社会生产与处于社会生产核心处的基本合法性（legitimation）规范在整个生命政治社会空间内同等重要，而不再有主次之分、经济基础和上层建筑之分。② 在生命权力（biopower）统治下的帝国，经济生产与政治建构愈来愈趋于重合。帝国统治着整个社会生活，帝国呈现出生命权力的典范形式，并致力于一种在历史之外的永久而普遍的和平。③

奈格里和哈特之所以强调从思想王国转入生产王国的重要性，是因为他们认为生产王国最能清楚地展现社会不平等，也最能有效地抵抗和取代帝国的强力。奈格里和哈特在用生产概念来包容生命概念时，使得生产成了生命政治性的生产，从而拓宽了福柯生命政治的空间向度。奈格里确认福柯的著作确定了帝国统治从训诫社会转向治理社会的职能变换，并让人们认识到新权力范式的生命政治本质。奈格里意识到在资本主义发展进程中，马克思曾确认的资本对劳动的形式占有过渡到实质占有，是与福柯所说的从基于司法权力的训诫社会向基于生命权力的治理社会的过渡同步的。福柯从权力运作、权力抵抗和主体呵护等角度和方面去分析权力关系，其中一个角度也是奈格里所尝试的，奈格里主张从工人的"自我肯定"这个角度去分析反对资本的阶级斗争。当然，奈格里不同于福柯之处明显体现在福柯视野尚缺乏"资本"维度并拒斥阶级分析。

---

① Michael Hardt, Antonio Negri, *Empire*, Harvard University Press, 2001, p. xiii.
② Michael Hardt, Antonio Negri, *Empire*, Harvard University Press, 2001, p. 41.
③ Michael Hardt, Antonio Negri, *Empire*, Harvard University Press, 2001, p. xv.

在《生命政治的生产》一文①中，奈格里和哈特强调，从司法观点我们虽然已经领会了帝国之观念发生的某些要素，但仍难以理解帝国"机器"在社会现实中如何实际运转。为此，奈格里要探究权力范式的具体条件和实际变革，不仅要揭示社会现实的生产方式和生产力量，还要阐明激发此种生产的主体性和主体性的生产。他们承认，福柯的生命政治理论为他们审视帝国权力机制铺平了道路，但也表明了他们不同于福柯的思想见解。主要表现在两个方面：首先，在社会形式方面，福柯的工作使得奈格里和哈特能确认西方发生的从训诫社会（sociétédisciplinaire）向控制社会（sociétédecontrôle）的历史性的和决定性的过渡。监狱、工厂、学校、医院这些训诫机构通过构造思想和实践的边界，通过准许或规定异常者或正常者的行为举止来实施其训诫权力。但奈格里和哈特把福柯的训诫化时期从法国大革命前的旧制度和古典时期延伸至世界资本主义积累的整个初期，并主张控制社会是在现代性终结处开启并朝向后现代的，且社会控制的权力机制总是显得较为"民主"、较为内在于社会领域，散布于公民的头脑和身体之中。"权力固有的社会整合或排斥行为因而愈来愈在主体自身中内化。"② 不同于训诫社会中的训诫权力通过监狱、工厂、学校、医院这些社会机构从外部来影响个体的活动，权力与个体的关系是封闭的、静态的，权力的训诫侵入抵消了个体的抵抗，而控制社会中的生命权力则通过强化和推广针对灵肉的正常化机器，借助柔顺的、可调整的和浮动的网络从内部来影响生命和欲望，生命权力与个体的关系是开放的、动态的，生命权力通过全部社会关系而直抵人口的灵肉深处。其次，福柯的工作使得奈格里和哈特能确认这个权力新范式的生命政治性质。"生命权力是这样一种权力形式，它从内部，通过追随、解释、吸收和重组社会生活来操控和管理社会生活。"③ 权力只有成

---

① Michael Hardt, Antonio Negri, "La production biopolitique" *Multitudes*, 2000/1（n° 1），pp. 16 – 28. 此文也是《帝国》一书第二章的大部分内容（Michael Hardt, Antonio Negri, *Empire*, Harvard University Press, 2001, pp. 22 – 34）。

② Michael Hardt, Antonio Negri, "La production biopolitique" *Multitudes*, 2000/1（n° 1），p. 17.

③ Michael Hardt, Antonio Negri, "La production biopolitique" *Multitudes*, 2000/1（n° 1）.

为全部个体心甘情愿加以包容和复活的一个整合的和生命的功能，才能确实有效地控制人口的整体生命。虽然在生命政治之性质的确认上具有共识，虽然都致力于探讨权力与主体之间的复杂关系，但奈格里和哈特强调的生命权力旨在管理生命本身的生产和再生产，这一点在福柯那里却是不甚明确的。

在奈格里和哈特看来，马克思谈论资本对劳动的形式占有向现实占有的过渡，法兰克福学派分析国家的极权统治或启蒙的反常辩证法对文化和社会关系的占有，与福柯探讨从训诫社会向控制社会的过渡根本上是不同的：福柯并不聚焦于由马克思描述、接着由法兰克福学派重新表述和展开的那个占有过程的单向度特征，而基本上是探讨了后来被德勒兹和瓜塔里更为清晰地加以阐发的复多（lapluralité）与诸多（lamultiplicité）的悖论。当现实占有被视为不仅围困社会的经济或文化领域，而且还特别包围社会生命（biossocial）本身时，对这种占有的分析就扰乱了资本主义发展的线性的和极权的形象。一旦市民社会被国家吞并，各种抵抗就在社会网络中心活跃起来；个体点在"千高原"（milleplateaux）上就显得独特。因此，福柯所隐含的、德勒兹和瓜塔里所阐明的，就是权力的悖论，该权力自身通过统一和包容社会生活的全部要素（同时失去其实际调停不同社会力量的能力），显示出一个新的上下文、一个不可控的多样的和独特的新环境、一个事件环境（unmilieudel'événement）。① 简言之，这种生命权力在施展自己的整合力量时生产出了趋于对抗自己的新环境、新主体。

奈格里和哈特认为，这些关于控制社会和生命权力的理论描绘了帝国理论的全部基本方面。主体新的多方面性（universalité）应该在这个帝国概念的框架中被理解，权力新范式趋向于这个终极目的。于是，在基于契约形式或联合国形式而构建起来的原有的国际法理论框架与帝国法的新现实之间就出现了真实鸿沟。当新的法律概念出现在全球化背景中并能把整个地球当作唯一的系统整体时，我们必须假定一个直接的先决

---

① Michael Hardt, Antonio Negri, "La production biopolitique" *Multitudes*, 2000/1（n° 1），p. 19.

条件（特别状态中的行动）和一个合适的、灵活的和形塑技术（管治技巧），作为新帝国法的坚实内核和关键要素。于是，特别状态中的行动和管治技巧与独裁和极权主义的司法手段毫无关系。因为法律权力仍然严肃，依然起关键作用——成为程序上的规范力量。"这个彻底的变革显示出权力与主体性之间非调停的关系，同时表明了'先前'调停的不可能性和事件之不可操控的时间多样性。"① 新的超国家法律应该在三重规定性基础上得以确定：支配地球的无限空间，渗入生命政治世界的深处，面对不可预见的时间性。正是在此，帝国概念必须为自己的确立进行奋斗并证明自己行使生命权力的有效性。

二　生命生产

奈格里把生命政治生产定位于后现代，因为资本主义从现代到后现代的转变，可由两大变化来加以刻画：工人或无产阶级、脑力劳动者和体力劳动者这些生产者都愈来愈使用头脑来进行生产，生产关系也必定随着劳动—力量的变化而变化；资本主义制度变得愈来愈极权和凶残，已从控制和剥削工人变为控制和剥削全体公民，资本主义生产已是生命政治生产②。奈格里和哈特认识到，权力新范式的生命政治背景向权力提供的，不仅有服从与不服从之间形式的政治参与或拒绝之间的选择，还有生与死、贫与富、社会生产与再生产之间的全部选择。鉴于新的权力概念在探讨帝国权力这个维度时会遇到巨大困难，鉴于新的权力概念未能具体触及生命权力所有实际方面，帝国法律最多只能部分地再现世界秩序新构造的下层图式。因而，奈格里和哈特的分析也就聚焦于生命权力的生产性维度。③

---

① Michael Hardt, Antonio Negri, "La production biopolitique" *Multitudes*, 2000/1（n° 1），p. 20.

② Antonio Negri, *Time for Revolution*, Continunm, New York：London, 2003, p. 144.

③ Michael Hardt, Antonio Negri, "La production biopolitique" *Multitudes*, 2000/1（n° 1），pp. 20 – 21.

奈格里先是分析了福柯思想在处理生产与生命权力和控制社会之间的关系时存在的理论得失。在 20 世纪 70 年代中期的那些著作中，福柯认为如果不弄清楚生命政治背景如何逐渐服务于资本主义积累，就难以理解大革命前旧体制的"主权"国家向"训诫"国家的过渡。资本主义社会对个体的控制，不仅通过意识或意识形态，还在身体中并且凭借身体来进行。在奈格里和哈特看来，福柯设法把社会再生产的问题和所有的"上层建筑"要素都置于基本的物质结构的界限内，并且不仅依据经济，还依据文化、灵与肉来定义这个领域。虽然福柯强有力地把握了社会的生命政治境域，但福柯在人文科学领域内重新创造了一种功能主义分析而实际上牺牲了文化和社会再生产的动力创造机制，以至于福柯给不出"何谓 bios"的答案，福柯不理解生命政治社会中真正的生产动力学。①不同于福柯，德勒兹和瓜塔里坚实地扎根于社会存在的生产问题，聚焦于社会生产的存在论要旨（lasubstanceontologique）。社会机器的恒常运转生产了世界以及建造世界的主体和客体。德勒兹和瓜塔里似乎还是只能确实地设想到连续运动的趋势或绝对流变，以至于在他们的思想中，创造性要素和有关社会之生产的激进存在论，既无足轻重，也软弱无力。他们虽然发现了社会再生产的生产性，但最终只是表面上并且昙花一现地把这种生产性表述为一个不确定的、被不可操控的事件所标记的混沌境域。②

奈格里和哈特认为，当代意大利马克思主义者们轻易地捕捉到了社会生产与生命权力之间的关系，确认基于生产劳动新性质的生命政治维度及其在社会中的生动发展。他们的研究由相互协调的两个设想组成。第一个设想是分析生产劳动的近来转变及其变得愈来愈非物质的趋向。在剩余价值生产中原先由工厂工人的劳动力占据的关键作用，现在愈来愈由一种脑力的、非物质的、基于交往（lacommunication）之上的劳动力

---

① Michael Hardt, Antonio Negri, "La production biopolitique" *Multitudes*, 2000/1（n° 1），pp. 21 – 22.

② Michael Hardt, Antonio Negri, "La production biopolitique", *Multitudes*, 2000/1（n° 1），p. 22.

所获得。于是，很有必要展开一种新的关于剩余价值的政治理论，它能提出处于剥削机制核心处并或许因此处于无产阶级潜能反抗核心处的这种新资本主义积累的问题。第二个设想，作为第一个的逻辑结果，就是分析当代资本主义社会中活生生劳动之社会的和交往的维度，并由此提出处于剥削中或革命潜能中的主体性的新形象问题。因此，在一种新剩余价值理论之后，就必须明确提出一种经由认识、交往和语言的主体性新理论。① 这些分析把生产置于语言和交往的境域中，确立了生产在社会构建的生命政治进程框架中的重要性，表明生产力的新形式足以具体地把握物质生产和社会再生产之间动态的和创造性的关系。然而，由于仅从语言和交往的视野来展示生命政治背景中的生产，这些分析最严重的不足就是倾向于只是在智力和非物质方面来探讨生命政治社会中新的劳动实践。可是，在生命政治的背景中，身体的生产性和情动（affects）的价值恰恰是绝对关键的。② 因此，奈格里和哈特要论及当代经济学中非物质劳动的三个主要方面：基于信息网络的工业生产的交往劳动；符号分析与问题解决的交互作用劳动；情感生产和操纵的劳动。其中，第三个方面因聚焦于身体的生产性而在生命政治生产的当代网络中显得尤为重要。奈格里和哈特认为，当代意大利学者们的这些分析虽然标志着某种进展，但其概念框架仍然太过单纯、几乎纯净，只是触碰了生命权力之新理论框架的生产动力学的表面。③

因此，奈格里和哈特打算从这些意大利学者部分成功的尝试出发进行工作，以确认生命政治生产的潜力。恰恰是通过以连贯的方式对照那些描绘了我们所说的生命政治背景的不同特征，通过把这些不同特征归并到生产之存在论，奈格里和哈特才能够辨别集体生命政治身体的新形象。该身体成为结构，这不是通过否认而是通过确认那激发它的原初生

---

① Michael Hardt, Antonio Negri, "La production biopolitique", *Multitudes*, 2000/1 (n° 1), p. 23.

② Michael Hardt, Antonio Negri, "La production biopolitique", *Multitudes*, 2000/1 (n° 1).

③ Michael Hardt, Antonio Negri, "La production biopolitique", *Multitudes*, 2000/1 (n° 1), pp. 23 – 24.

产力；该身体成为语言，既是科学的又是社会的语言，因为这涉及一大群正在寻找关系的独特的和确定的身体。该身体，既是生产，又是再生产；既是结构，又是上层建筑，因为它既是广义上的生命，又是狭义上的政治。① 奈格里和哈特必须下沉到由集体生命政治身体提供给他们的生产性的和冲突性的规定性丛林之中，因而，生命的展开、世界和历史的构建过程就成了他们的分析背景。②

在生命政治领域，生命注定为了生产、交往而劳动，生产、交往注定是为了生命而劳动。鉴于帝国的生产是脑力生产者和体力生产者齐上阵的后现代生产，帝国的交往也是愈来愈趋向于使用脑力作为交往工具的后现代交往。从金融视角看，帝国的世界图景尽在金钱的控制之中，金融占据生产过程的关键位置。生产、再生产和交往中的一切都披上了金融的外衣，在世界舞台，每个生命政治形象都穿着其货币华服。③ 于是，生产与交往、语言就密不可分，在生命政治中合力生产劳动者、交往者和新主体。巨大的工业和金融力量不仅产生商品，还在生命政治背景框架中产生生产者和交往者。语言，作为交往者，产生商品，创造更多的主体性，语言使这些主体性变得相关起来并对之进行分层。交往网络的展开与新世界秩序的涌现有机相连，这是因与果、生产者与产品的关系。交往借助网络来增加和构成相互关系，不仅表现出全球化运动，还组织了全球化运动。曾经被有关现代性权力的种种理论视为外在于生产关系和社会关系的虚拟交往，现在则被看成是内在于这些关系本身的。交往工业之所以显得重要，是因为它把虚拟交往整合进生命政治结构和权力运转之中，社会空间的政治综合被固定在交往空间之中。④

奈格里和哈特进而探讨新世界秩序的合法性（la légitimation）与交往

---

① Michael Hardt, Antonio Negri, "La production biopolitique", *Multitudes*, 2000/1（n° 1），p. 24.

② Michael Hardt, Antonio Negri, "La production biopolitique", *Multitudes*, 2000/1（n° 1）.

③ Michael Hardt, Antonio Negri, "La production biopolitique", *Multitudes*, 2000/1（n° 1），p. 26.

④ Michael Hardt, Antonio Negri, "La production biopolitique", *Multitudes*, 2000/1（n° 1），pp. 26 – 27.

工业的关系问题。这个合法性既不产生于先前存在的国际协定，也不产生于早先初步的、基于国际法条约而创立的超国家组织的运转。帝国机器的合法性至少部分地产生于交往工业，即产生于新生产方式之转变成一架机器。这是一个产生自己权威形象的主体。这是一种只基于自身的合法性形式，还是一种不停被自己的自动有效的语言的展开所重新明确表达的合法性形式。①

　　奈格里和哈特的结论是：如果交往是生产之支配性领域之一并影响整个生命政治领域，那么，我们就必须把交往和生命政治背景视为共存的并具有共同的范围。而这个想法就把奈格里和哈特的交往理论与哈贝马斯的交往理论区别开来。"实际上，当哈贝马斯展开交往行动概念，有力证明该概念的生产形式及其随之而来的逻辑结果时，他总是始于一个外在于这些全球化结果的视点，总是始于一个能阻止个体被信息所殖民化的有关生命和真相的视角。然而，帝国机器证明这样的视点和视角不再存在。"② 相反，交往生产与帝国合法性的构建步调一致，不再能被分开。奈格里的帝国机器具有自动生成者（auto-générateur）、自动调节者（auto-régulateur）、自动有效（auto-validante）的特征。③ 任何探讨后现代性状况的司法理论都必须考虑这个关于社会生产之严格意义上的交往的定义。帝国机器打算提出一个普遍公民身份的设想，并为此通过按照完全后现代的模式来消解身份和历史，来强化其干预交往关系整个要素所具有的实效性。"但是，与许多后现代考量所采取的方式相反，帝国机器远非消除基础性叙事，而是要真正生产和再生产基础性叙事（尤其是意识形态的主要叙事），以便使自己的权力有效并颂扬自己的权力。"④ 总之，理解帝国法之实效性、有效性和合法性的根本关键就在于这种语言与生产相吻合，现实之语言学生产与自动有效的语言相吻

---

① Michael Hardt, Antonio Negri, "La production biopolitique", *Multitudes*, 2000/1（n° 1），p. 27.

② Michael Hardt, Antonio Negri, "La production biopolitique", *Multitudes*, 2000/1（n° 1）.

③ Michael Hardt, Antonio Negri, "La production biopolitique", *Multitudes*, 2000/1（n° 1），p. 27.

④ Michael Hardt, Antonio Negri, "La production biopolitique", *Multitudes*, 2000/1（n° 1）.

合。由此，不难看出奈格里和哈特所说的后现代并非真正利奥塔意义上的后现代。

三　主体性生产

无论是后现代生产者，还是后现代交往者，帝国的新主体只能是"诸众"。诸众要为获得全球公民身份、挣脱帝国权力系统的网罗而重新占有自己的生产性、创造性和生命力进行斗争。1968年是奈格里用来划分现代性与后现代性的时间标尺：这一年群众知性首次以霸权的形式呈现自身，即作为诸众之中和属于诸众的霸气一群人。由诸众生产的价值是诸众超越存在的边缘而投射的力量，因而深不可测。

奈格里在生命政治领域把主体性与瞬间（kairòs）的存在论体验联系起来加以考虑。世界不是一个实践惰性的背景，而是瞬间活动的交织。时间是生产的时间和建构的时间，时间是来临者（theto-come），来临者是进行中的存在论构建，而"来临"（to-come）这个共名（common-name）又表达了创新力量（瞬间的活力）。① 正是在为自由占有当下而进行的奋斗中，生命才向来临者敞开自身，欲望才感知实践的创造力量。奈格里把"瞬间"视为时间性之极其独特的生产力量，从而更新了斯宾诺莎的"欲望"（cupiditas）。② 奈格里之所以拒斥那种认为主体具有认识论卓越性和存在论至上性的先验主体幻想，是因为在他看来，主体性不是某种继续存在的东西，相反，是由瞬间生产的，并取决于瞬间单子的关联。主体性并不先于瞬间，而是晚于瞬间。③ 主体性的生产经由瞬间的关联而向永恒者与来临者之间的深不可测性开启。而生成（generation）之生命政治主体正是在诸众内通过语言和合作得以被构建。生成意味着爱和活劳动作为存在的创造是密不可分的。爱经由生成而通过在"大同"（the common）之中筹划时间来赋予时间以主体规定性。生成之共同张力

---

① Antonio Negri, *Time for Revolution*, Continunm, New York：London, 2003, p. 163.
② Antonio Negri, *Time for Revolution*, Continunm, New York：London, 2003, p. 142.
③ Antonio Negri, *Time for Revolution*, Continunm, New York：London, 2003, pp. 172 – 173.

（抵抗和构建力量）蕴含着诸主体的自由和平等，抑制了任何形式的民族主义和种族主义。正是爱的技术推动诸众过渡到主体性。

奈格里认为，语言存在、作为主体性生产的存在以及生命政治存在，这三者指的都是同一件事。深不可测的开启是"大同"之根本特征，"大同"并非个体旨趣的一种抽象，而是独特需求的流通循环。语言、生产和生命是"大同"存在的三种方式。首先，语言是大同。人与自然、人与人都通过语言发生关系，语言就不再只是表达形式，而是人与其环境之生产的唯一方式。"语言因此是大同存在的存在方式。"① 其次，生产也是大同。"生产由诸多语言活动、瞬间单子组成，这些活动和单子本身展现在存在的边缘而构成了共名（commonname，或译'普通名词''通名'）内的新存在。"② 主体性生产赋予这个独特创新网络以意义，主体性的生产，即需求、情动、欲望、行动、技艺等的生产，都是通过语言来进行的。主体性就是语言，同样，语言就是主体性。最后，生命也是大同。语言和主体性的生产一起在政治上重组了众多的语言行动和生命的生产。"但是，生命与政治，对现代性作先验理解的训诫技术曾经把这两个旧偶像分离开来了，现在变得彼此不可区分了。"③ 就像不再有未经重组的自然领域、生产领域一样，政治领域也早已是重组的。"因此，政治把自己呈现为一个不可与语言、不可与主体性生产区分开来的存在方式。世界是这个集合；世界是生命政治的世界。"④ 正是在语言、生产和生命成为大同存在的条件下，人作为诸众而聚合在共名中的生产与自然和历史环境的生产不可分离。因此，政治不是一种本源探索，而是一种生命政治生产。人从事的世界生产完全是生命政治人工物的物质生产，即机器生产。"大同把自身组织为一架机器、一架生命政治机器。"⑤ 至此，奈格里只需坚持：如果生产是交往，那么，大自然的生产和人工物的生产就必须完全相关于主体性的生产，主体

① Antonio Negri, *Time for Revolution*, Continunm, New York：London，2003，p. 189.
② Antonio Negri, *Time for Revolution*, Continunm, New York：London，2003.
③ Antonio Negri, *Time for Revolution*, Continunm, New York：London，2003，p. 190.
④ Antonio Negri, *Time for Revolution*, Continunm, New York：London，2003.
⑤ Antonio Negri, *Time for Revolution*, Continunm, New York：London，2003，p. 191.

性就在生命政治中确立了生产。

生命政治主体生来就是一个赤裸的和贫穷的存在，悲惨、无知和疾病让穷人赤裸游走在存在的边缘，穷人是"存在之力量的赤裸永恒性"①。贫穷越是强大，就越能推动时间之箭从一个瞬间（kairòs）飞向另一个瞬间之深不可测的生产，越能推动一个生命政治事件走向另一个生命政治事件并生产出永恒存在本身。穷人的斗争和反抗为来临者（theto-come）的深不可测开启了永恒。如果说现代性的抵抗是觉醒主体反对资本家剥削的活动不断积累，那么，后现代性的抵抗则是无须集体觉醒的诸众之活动的扩散，逃离生命权力及其造成的苦难之限制和封闭，以实现：言论自由和身体愉悦，语言自主、交流和重构，新的、独特的和流动的生产方式的创造。②

在后现代，生产变成主体性的生产，生产都是始于、经由并为了主体性而生产，穷人的抵抗实实在在地生产了生活的新主体形式，拓宽了其市场，不间断地投入新的装配和表达机器，并创造新的语言空间。③ 当今对后现代思维来说，生产就是在生命政治中珍视那通过交织成和形成诸众来生产和再生产世界这样的独特行动，就是珍视那些通过相互交织而开始形成主体性的情感、语言和交往之间的独特关系。于是，奈格里断言："历史进程的唯一合理性就是贫穷！"④

贫穷与爱紧密相连。如果奈格里只是说出这一点，那算不上有什么新意。奈格里观点的重点恰恰落在穷人是爱的主体，而非客体，因为正是穷人使爱变得真实。奈格里把基督教哲学视穷人为爱的客体而非爱的主体称作是最大的邪恶之一，因为这种哲学把穷人当作怜悯的对象。实际上恰恰相反，穷人的具身性（corporeality），穷人的直接实在，在爱中被赋予了主体规定性。⑤ 而爱受到贫穷的激励后，又把贫穷与大同关联起来。爱的体验就是大同之构建活动。"如果大同是爱之体现，那么，贫穷

① Antonio Negri, *Time for Revolution*, Continunm, New York：London, 2003, p. 194.
② Antonio Negri, *Time for Revolution*, Continunm, New York：London, 2003, pp. 200 – 201.
③ Antonio Negri, *Time for Revolution*, Continunm, New York：London, 2003, p. 201.
④ Antonio Negri, *Time for Revolution*, Continunm, New York：London, 2003, p. 203.
⑤ Antonio Negri, *Time for Revolution*, Continunm, New York：London, 2003, pp. 209 – 210.

就提供了这个关系的身体基础。"① 当大同诞生于贫穷与爱之间的创造性关系时，大同就被赋予了主体规定性。

爱存在于合作之中，即存在于独特性的合作和诸众的合作之中。奈格里之所以使用"诸众"，而不使用"群众"，是因为前者恰恰指诸多独特性在大同之组建内始终努力开放地奋斗着。"战斗（militancy），作为爱的实践，揭示了贫穷之动力学与大同之组建的共存。"② 战斗这种最成熟的爱的技术能向我们提供大同之体验，就是抵抗、决裂、探索独特性以及生产共名。战斗是构建性力量，是情动能量和理性激情，贯穿于生命的再生产、社会关系的生产。战斗通过生产主体性来构建诸众。奈格里认为，把贫穷—爱规定为构成大同之新形式的能量，就能解决永恒性与创新性之间关系之古代的和近现代的谜语。③ 因此，自 1968 年起，作为贫穷与爱之间的共名生产活动，当代政治就开始取代以往扼杀诸众主体性、创造性的权力哲学。奈格里的后现代诸众是一个独特性集合，其生命—工具是头脑，其生产力在于合作。这个知性的合作的诸众如何治理自身？独特性的复多和合作，作为世界的构建力量，如何能表达对大同进行的治理？④ 鉴于现代主权恰恰否定构成为诸众的合作和复多，奈格里就把现代主权及其"直接民主"视为幻想，而把大同视为政治事务独一无二的标准。这是因为现代国家形式的主权调停和代议制民主基于尺度统一之上，而在后现代的全球性主权组织背景中，帝国与诸众都是直接相互面对的，无须任何调停，世界的存在论转型也总是深不可测的。鉴于在现代性中尺度和统一把社会与国家联系在一起，后现代诸众却能通过断定一个并不服从任何主权程式的大同性并把它展现给时间的深不可测性而切断了社会与国家的联系。⑤ 奈格里想说：并不是大写政治权力，而正是诸众的构建力量才创造了世界之先于任何命令和秩序的大同生存。

① Antonio Negri, *Time for Revolution*, Continunm, New York：London, 2003, p. 210.
② Antonio Negri, *Time for Revolution*, Continunm, New York：London, 2003, p. 219.
③ Antonio Negri, *Time for Revolution*, Continunm, New York：London, 2003, pp. 219 – 221.
④ Antonio Negri, *Time for Revolution*, Continunm, New York：London, 2003, p. 225.
⑤ Antonio Negri, *Time for Revolution*, Continunm, New York：London, 2003, p. 229.

奈格里把贫穷和爱看作大同之目的论的基石，而贫穷和爱向即将来临的时间之深不可测开启。生命政治作为大同之目的论，仰仗自己向即将来临者的展现。生命政治没有上下之分，没有内外之别，没有经济基础和上层建筑的差别，因为只有大同才是实实在在基本的。世界之生命政治视域是复多的，诸众是诸多超越尺度的独特性之不可缩减的一个集合，而独特性是新复多、新诸多的生产。① 在何种意义上，生产是主体性的生产？奈格里的答复是：处于时间的边缘，每一个位于诸众核心处的诸独特性之间、处于独特诸众之间的生产纽带，都是交往纽带。于是，如果生产者和产品都是主体性的，生产过程符合一般生命政治智力的语言学领域，那么，我们就可以把合作的共名解释为能通过增加生产者生产能力而把生产者凝聚在一起的力量，由此使得主体性的独特生产成为生产力。② 显然，奈格里把合作视为生产的必要条件。如果复多是合作，那么，诸众就是主体性生产的一个群集。

主体性生产的群集如何形成和合作？奈格里把合作视为在诸众核心处的诸差异的一个群集，而爱是每一个群集的构建力量。哪里诸众的力量—差异进行合作并创造新力量，哪里的生产性群集就形成。在现代性中，生产合作是通过资本主义或国家占有得以强加的，而在后现代性中，是脑力生产劳动本身构建了合作并把合作加给独特性，独特性本身如果没有合作就无法存在。如果在现代性中群众是从外部产生的，那么在后现代性中诸众是自发形成的。③ 奈格里说：诸众是在合作群集内被结合在一起的那些独特性之力量；大同先于生产。

这样的诸众具有存在论的、生命政治的和经验的三重规定性。奈格里遵循斯宾诺莎关于抵抗与权力处于同一个存在论层面的内在论思想，强调虽然帝国是各种权力关系都在其中得以交织在一起的存在论布局，但诸众具有先于权力进行抵抗的存在论优先性。奈格里主张政治必须处理存在论问题，从而赋予政治新的意义，即认为政治是一个纯粹内在性

① Antonio Negri, *Time for Revolution*, Continunm, New York：London, 2003, pp. 229 – 230.

② Antonio Negri, *Time for Revolution*, Continunm, New York：London, 2003.

③ Antonio Negri, *Time for Revolution*, Continunm, New York：London, 2003, p. 231.

领域。"存在论不是一种基础理论。存在论是一种关于我们沉浸在存在和存在的连续构建之中的理论。"① 因此，就存在论的规定性而言，诸众与存在及其事件是始终融为一体的。就生命政治的规定性而言，诸众具有生产力、交往力、创造力和战斗力，是一个生命政治生产主体和交往主体，是一个能治理自身的革命主体。就经验的规定性而言，诸众没有外在的生活，而是使用语言进行交往、过着社会生活。"唯物主义经验是一块通过存在进行不断切割并把存在装配进对交往和创造进行公开安排之中的刀片，这在语言中尤其如此。"② 奈格里认为，在通向后现代的道路上，德勒兹和福柯都坚决拒斥传统哲学的先验概念论、存在论和实在论，尤其是福柯再次为批判古代柏拉图主义奠定了理论基础：古代柏拉图主义无视那谋求实在、谋求事件力量的权利，反而总是把一切都导回到那先于其他任何事物而来到的"规律"（law）面前。③ 也就是说，以往遵循从整体到部分、从真理到经验进行运思的先验论都忽视了生命之未可预定和未可测定的创造力量。奈格里阐发的有关权力的唯物主义存在论恰恰要反抗大写的、固化的强力（power），要弄清楚当今新的可能性集合如何在后现代个体的合作和生产性上确立起来，如何对抗愈来愈导致后现代人贫穷的剥削并构建一系列新的合作（在生产、再生产和交往的网络中与他人友爱相处）。于是，诸众身上的这三重规定性恰恰也说明了，奈格里和哈特所说的主体性生产把存在论、生命政治与唯物主义经验论有机地整合在一起。

四　奈格里与福柯

以独特性来反对普遍性，以诸众来区别于群众，用具身性的生命来抗拒任何必然基于战争和毁灭的普遍本质；无论是生命的生产，还是主

---

① Michael Hardt, Antonio Negri, *The Labor of Dionysus Minneapolis*, University of Minnesota Press, 1994, p. 287.

② Antonio Negri, *Time for Revolution*, Continunm, New York: London, 2003, p. 141.

③ Antonio Negri, *Time for Revolution*, Continunm, New York: London, 2003, p. 142.

体性的生产，都体现了生命主体在抵抗生命权力的过程中不断向深不可测的时间开启。在奈格里的生命政治生产中，"从政"首先意味着抵抗和反叛，意味着脱离国家权力，以在存在的边缘生产新的大同的合作的时空，并实现能赋予大同存在以意义的多情创新。① "从政"意味着超越种族和文化的界限，从人类中生成大同，诸众成为革命主体。奈格里把活劳动（livinglabour）视为历史性存在的创造性母体，始终关注无法测算的活劳动能否战胜任何可度量的死劳动（deadlabour）的问题，并进行了询问：后现代的穷人能否决定人类的未来？能否选择大同的组织来把他们引向能生产财富和经历永恒的自由人之大同生活，而不是引向战争、奴役和死亡？②

从现代走向后现代，劳动力和生产关系都发生了变化，资本主义围困整个生活，生产成了生命政治生产。脑力和体力生产者重新占有了大脑这个生产工具。我们看到，在此后现代背景下，奈格里提出了下述不见得能给予令人满意的完整答案的问题：革命主体性如何能在生产者、交往者这样的诸众中形成？诸众如何能作出抵抗和反叛的抉择？诸众如何能展开一个重新占有自己生产力量的策略？诸众如何能引导一场对自身进行自身—治理的斗争？③

无论如何，通过叙述奈格里和哈特的生命政治生产理论并梳理其与福柯相关思想的主要歧异，我们还是可以作以下几点评论。

第一，奈格里认为历史和存在论经由狄尔泰和福柯而紧密交织在一起，从而催生了生命政治。奈格里把福柯看成了他所理解的后现代主义者，因为福柯是"68后"的思想家，因为福柯对生命政治中诸多差异的坚持，对生产规定性之独特表达的坚持，构成了独特的、共同的和伦理的后现代抉择理论的前驱症状。④ 福柯虽然也大多避谈蜷缩在国家政权空间内的政党、政客（当然还不至于像奈格里那样把"政客"斥为可鄙的、

---

① Antonio Negri, *Time for Revolution*, Continunm, New York：London, 2003, pp. 259 – 260.
② Antonio Negri, *Time for Revolution*, Continunm, New York：London, 2003, p. 146.
③ Antonio Negri, *Time for Revolution*, Continunm, New York：London, 2003, pp. 144 – 145.
④ Antonio Negri, *Time for Revolution*, Continunm, New York：London, 2003, p. 253.

臭名昭著的角色），但福柯并不像奈格里那样热衷于区分进而谈论现代性、后现代性甚至当代性①，更不会把 1968 年革命视为现代与后现代的分水岭。在生命政治领域中，奈格里与福柯一样谈论"哪里有权力，哪里就有抵抗"，一样探讨主体的产生和抗争命运，但奈格里并不像福柯那样从被动（知识、权力视角）和主动（伦理）两个侧重面来为主体配备不同的真相，即个体经由操控和依附而屈从于他人以及通过意识或自身认识而依附于自己身份，而是主要从主动方面把具有爱、为情所动和合作能力的以及作为穷人的诸众视为推动历史进程的唯一合理力量。鉴于福柯认为根基性的政治压迫通过法庭、监狱、医院（尤其是精神病医院）、大学、新闻出版这些机构并以不同的面具在实施，奋起抵抗的主体主要是在工厂、家庭、学校、军营、医院等社会中间层面处于权力关系之中进行作为，而奈格里的诸众作为生命政治生产和再生产最直接的行动者，诸众的创造力和预言力就成了后现代革命反抗帝国的生力军。

第二，奈格里和哈特的生命政治是在吸收前人思想并结合时代发展新状况的背景下阐发的，明显具有综合马克思、福柯、哈贝马斯等多种思想因素的特征。但他们以生命政治生产和交往的动力学之名来批判福柯的"结构主义认识论"（l'épistémologie structuraliste）却是缺乏理论依据的。因为福柯的权力谱系学与其说是一种结构主义，还不如说是一种新实证主义或政治历史主义。尤其是福柯的生命政治主要是为了构建一种聚焦当下时代诊断的历史存在论，而非一种像奈格里和哈特所说的帝国时代文化的和社会的生产和再生产存在论。

第三，如果说在批判现代性，反思人与人、人与社会的关系问题时，马克思在 19 世纪面对贫困问题而揭露资本主义剥削的秘密时主要谈论生产技术，哈贝马斯在 20 世纪七八十年代面对资本主义合法性危机而重点探讨交往技术，福柯在 20 世纪七八十年代面对密布的权力网罗而聚焦于权力技术和自身技术，那么，奈格里和哈特则在面对新世界秩序的合法

---

①　在 Art et multitude: neuf lettres sur l'art（Antonio Negri, Les Éditions EPEL, 2005）中，奈格里认为我们已超越后现代性而进入当代性，注意到劳动形变为生命（bios），并谈论作为诸众事件的当代性生命政治劳动。

性时，在生命政治框架内基于生产技术而把生产（尤其是非物质生产）技术与基于语言和符号形式的交往技术有机结合在一起，却忽视了在福柯那里极其重要的自身技术及其与权力技术相互之间的关系。笔者以为，审视现代性的全面视角应该是生产技术、权力技术、交往技术和自身技术这四大方面的有机整合和交织互补。

第四，虽然福柯和奈格里都强调至高权力在不同历史时期所经历的社会形态转型，如福柯认为对应于国家动力由中世纪权力等级制向现代训诫制的转变，社会形态也由管控型（主权范式）向功能型（治理性范式）转变，但奈格里更倾向于把此种转型视为主权概念内的转变："现代性以制造秩序功能的超越性取代了传统的管控（command）超越性。"①这里的超越性是指主权凌驾于全社会之上的管控超越。福柯认为，生命政治诞生于18世纪末人口本身的生命成为生命权力治理的对象之时，训诫权力虽仍在运作，但已不是主导性的。而奈格里近乎把生命政治的涌现定位于由1968年五月风暴开启的所谓后现代时期。对奈格里而言，韦伯彻底摧毁了黑格尔的现代国家主权观。现代性的衰落、现代主权的实现标志着生命权力的诞生。而在当今，市民社会不再是资本与主权之间适当的调节点，随着市民社会的消亡，学校、工厂、医院、家庭这类训诫机构的衰落，就出现了控制型社会的网络。然而，在控制型社会中训诫仍然在起作用，且训诫更趋向于普遍拓展。奈格里进而断定福柯理论分析的精彩核心就是主张训诫的实施绝对内在于管控下的主体性，训诫是我们主体性本身的内在驱动力。②

第五，奈格里认同福柯的观点：人性得有自然的特殊性，并不存在独立于自然的人。在超自然本性的大写的人、大写的主体死后，福柯阐发了一种处于历史境遇、深陷知识—权力网络却又自身呵护的历史存在论主体，而奈格里向我们展现了一种基于贫穷和爱，具有生产、斗争、合作和创造等政治使命的瞬间存在论主体。因为流动的诸众必须通过生

---

① Michael Hardt, Antonio Negri, *Empire*, Harvard University Press, 2001, p. 88.

② Michael Hardt, Antonio Negri, *Empire*, Harvard University Press, 2001, pp. 328 – 329.

产、自身珍视和自由这些创造性活动来获得一个全球公民身份，诸众具有的自由流转力量是一种反帝国存在论的首要伦理行动。① 诸众要重新组织和引导全球化进程，来进行反抗和颠覆帝国的斗争，从而创造新的民主形式和新的宪政。鉴于生产与生命在生命权力的帝国范围内趋于重合，诸众就在整个生命领域内以存在的欢乐投身到反抗权力宰制的革命斗争之中。鉴于生命权力与共产主义、合作与革命可整合在爱、单纯和天真之中，奈格里自信显示出"身为共产主义者的不可抑制的轻松和快乐"②。奈格里之所以说自己是马克思主义者，处于马克思主义传统内，是因为他与马克思一样反对霸权、探讨全球化问题。然而，从上文的论述可知，奈格里显然是一位西方马克思主义者。

然而，奈格里是何种意义上的共产主义者呢？马克思、恩格斯把民族—国家中无产阶级视为反抗资产阶级统治的革命力量，奈格里和哈特则把全球化时代帝国中反抗帝国的革命希望寄托在诸众，认为诸众用自己的创造力和活力来抗拒帝国的吸血盘剥并把主导权力推向纯粹抽象和空洞的统一。奈格里对诸众作诗意般理解，意为未被任何政治组织和机构所确定的复多（multiplicity），因而不同于那淹没在国家统一性之下的"民众""人民"。诸众没有现成的阶级内涵，而只具有集体积极抵抗这个规定性。鉴于在全球化时代，主权范式已从民族—国家转变为帝国，科学探究已从政治经济学转变为政治哲学，相应的主体也要从劳动阶级转变为诸众。于是，在奈格里所说的"帝国"中没有国家主权概念，没有阶级划分，也无经济与政治的区别，也不再划分三个世界，也无意识形态之争。显然，对奈格里和哈特来说，如果"西方马克思主义者"这个标签显得较为笼统，"后现代共和主义者"只是一个过渡性称谓，那么"新帝国论者"的称谓倒是较为贴切的。

（原载《理论探讨》2018 年第 3 期）

---

① Michael Hardt, Antonio Negri, *Empire*, Harvard University Press, 2001, p. 364.
② Michael Hardt, Antonio Negri, *Empire*, Harvard University Press, 2001, p. 413.

德里达晚年思想的政治哲学转向

张 旭[*]

对德里达的思想流行三种解释模式，分别是解构传统形而上学的海德格尔模式，以文学对抗哲学的德曼模式以及他者的伦理和政治的列维纳斯模式。德里达借助列维纳斯模式实现了他晚年政治哲学的转向，提出了一套以宽恕、友爱、好客、新国际等概念为核心范畴的新政治哲学，对全球化时代的新国际政治秩序和人权政治给出了深刻而负责任的反思。

一 德里达晚年的解构主义政治哲学

对德里达的哲学存在三种不同的解释，可以分别称之为海德格尔模式、德曼模式和列维纳斯模式。从解构主义的思想起源来看，费里和雷诺在《六八年的思想》中称德里达是"法国的海德格尔"①。将德里达视为海德格尔思想的传人，这在很大程度上是因为人们把德里达不仅视为结构主义的分裂者，而且还是整个西方传统形而上学的彻底颠覆者，即尼采和海德格尔事业的继承人。对德里达思想的这种广为流行的解释模

* 张旭：中国人民大学哲学院教授。

① 费里和雷诺（Luc Ferry & Alain Renaut）认为德里达与福柯、阿尔都塞、布尔迪厄、拉康这些思想家同属于法国六八年学潮的那一代激进的"反人道主义"的哲学家。在费里和雷诺看来："法国的尼采"是福柯、"法国的马克思"是布尔迪厄，"法国的弗洛伊德"是拉康。参见 Luc Ferry & Alain Renaut, *French Philosophy of the Sixties: An Essay on Antihumanism*, Trans. Mary H. S. Cattani, Amheret: The University of Massachusetts Press, 1990.

式可称为"海德格尔式解释"①。显然,德里达的"解构""延异""踪迹""播撒""替补""游戏""不在场"等概念受惠于海德格尔,他的关于不在场对于在场的优先性、将来对于现在的优先性、有限性的悖论等思想,在海德格尔的"存在论差异"的思想那里都有其渊源。德里达继承了海德格尔解构传统的形而上学的事业,对逻各斯中心主义、在场中心主义、语音中心主义、能指中心主义、阳性中心主义、西方中心主义、本体论神学等进行了解构。然而,解构形而上学并不仅仅是"摧毁形而上学"以"非主题"的方式在前人的文本中揭示出前人所未曾见到的东西,比如最新的语言学、精神分析、文化人类学、女性主义的洞见,或者揭示出前人文本中自相矛盾、自我拆台的话语逻辑及其所压抑的差异性或异质性的东西。作为一种文本解释和批判的模式,解构更是以一种使经典文本被激活的方式重新阅读和进入传统的经典文本,激发西方哲学传统的新生。这才是海德格尔和德里达所说的"解构"的意思。然而,以海德格尔来定位和解释德里达无法突出德里达的解构事业不同于海德格尔之处,因此是有失偏颇的。

解构主义的方向虽然源于海德格尔,但解构的技艺却更多地得益于结构主义所打开的语言学洞见,德里达将其彻底地施行于文字和文本的范畴之中②不仅激发了人们以一种新的方式阅读那些经典文本,而且还激发了人们在哲学的文本性和隐喻性之中、在"哲学的边缘"、在双重场域中重新阅读文本,进行哲学思考。德里达关注哲学文本的书写方式及其文本特征,因此,很多人将其视为打破文学与哲学之间的界限、身处文学与哲学之间的哲学家。我们将强调德里达的文本和互文性、自我解构和自由游戏以及

---

① 哈贝马斯就是这一解释模式的典型。参见〔德〕尤尔根·哈贝马斯《现代性的哲学话语》,曹卫东译,译林出版社 2004 年版,第 187—246 页,尤其是 187 页、212 页。

② 德里达 1966 年在美国的霍普金斯大学的结构主义研讨会上以其解构主义而一举成名,成为五六十年代鼎盛一时的结构主义运动的分裂者和终结者。多斯(Franois Dosse)在两大卷的《结构主义史》(1992—1994)中,用德里达的"解构主义"一词来标志"结构主义时代"之后的整个一个时代。多斯将德里达的解构视为"超结构主义"(supra structuralisme)。参见 Franois Dosse, *Histoire du structuralisme* (2 vol), Paris: ditions La Découverte, 1991。参见《从结构到解构》,季广茂译,中央编译出版社 2004 年版。

意义的延异—播撒—增补—踪迹—重复—涂抹等这种解释模式称为"保罗·德曼式解释"。这一解释模式基于如下的事实：德里达对"文字与声音"、书写的"踪迹"与意义的"播撒"、二元对立的替补、文学与"白色的隐喻"、文字与差异、"双重场景"的思考；他对现代作家萨德、马拉美、卡夫卡、乔伊斯、塞林纳、贝克特、阿尔托、博尔赫斯、巴塔耶、布朗肖、蓬热、热奈的解读；他的写作拥有他人无法模仿的鲜明的文体风格；还有他著有《明信片》和《丧钟》这样的超级文本；再加上罗兰·巴特、文学批评中的"耶鲁四人帮"（德曼、米勒、哈特曼、布鲁姆）、芭芭拉·约翰逊、乔纳森·卡勒、斯皮瓦克、罗蒂等人的推波助澜。

德里达的确是最关注现代文学文本的当代哲学家之一，他深深迷恋于现代文学作品诞生之刻就一直伴随着强烈的自我意识。他从现代文学中看到了一种颠覆哲学、文学和文学批评的禁忌、边界和制度的力量、激情和愉悦，现代文学不仅表达了对文学事件的独特性、重复性、虚构性与文本性的自我意识，而且也深刻地影响了语言学、哲学、历史等各种人文科学对自身的文本性和话语构成的自我意识。现代文学经验对现代人文科学各个领域的渗透使得德里达所钟爱的关于哲学、文学、语言学、文本和写作的那些主题成为当代哲学的核心主题：语言的差异性和创造性、文本性或文本事件、文本的游戏、写作实践、能指的自主性、踪迹和意义的播撒、文学与文学批评的交互性、修辞性、反讽与隐喻、签名的独特性与自传、翻译与不可译，等等。这种解释模式可能在文学批评领域中颇受欢迎，然而，在德里达的哲学中，文学并不拥有相对于哲学的特权。① 德里达通过那些"表现的危机""语言的危机"和"文学的危机"中的现代派作品提出了"文学是什么?"或"文学从哪里来?"等关于文学本体论、"文学建制"或"文本的法则"的哲学问题。德里达揭示了那些"写得好"的文本的"自我解构性"，正如德曼经常做的那样。德里达对文学及其建制、文学史及其同形而上学观念、意识形态的

---

① 在《六八年的思想》中，费里和雷诺说，德里达在解构了"主体"之后，"所有剩下的就是文学了"。Luc Ferry & Alain Renaut, *French Philosophy of the Sixties: An Essay on Antihu-man-ism*, Trans. Mary H. S. Cattani, Amheret: The University of Massachusetts Press, 1990, p. 146.

关系同样报以解构的态度，质疑其历史性构成，追问文学事件以其独特的书写方式对历史事件的特殊的责任和义务。因此，这种流行于文学批评和文化研究领域内的解释模式对德里达的理解也不无偏颇。

　　对德里达思想的海德格尔式和德曼式两种解释模式，大致可以勾勒出德里达思想20世纪90年代之前的主要轨迹，然而，自20世纪80年代后期他的十多本大大小小的著作表明，德里达的思想发生了一个解构的"政治哲学转向"①。当然，德里达并不是一个社会活动家，他对政治的思索很大部分仍然基于其怀疑主义和修辞性的解构姿态。② 在《从法律到哲学》（1990）、《马克思的幽灵：债务国家、哀悼活动和新国际》（1993）、《法律的力量》（1994）等一系列文本中，德里达以一种非政治化、非教条主义的方式质疑"何谓政治"并追问政治的限度，质疑"何谓法律""何谓法律之外的正义"。要想理解晚年德里达的思想，理解他的"他者的伦理和政治"的思想转折，就必须理解他晚年思想在列维纳斯的起源。我们可以把侧重于德里达晚年政治哲学转向的解释模式称为"列维纳斯式解释"。这种解释模式不仅在思想内容上使德里达的思想与海德格尔式、德曼式的解释截然分开，而且，它也使德里达能够避免"海德格尔事件"和"德曼事件"的陷阱。③

---

　　① 里拉在《法国政治哲学新思想》中收入了费里和雷诺的几篇文章，却对德里达的政治哲学只字未提。参见 Mark Lilla. ed, *New French Thought Political Philosophy*, Princeton：Prin-ceton University Press, 1994。在《当知识分子遇到政治》中，里拉把德里达列在海德格尔、施米特、本雅明、科耶夫、福柯这些"鲁莽的心灵"的最后，称解构是一种无限悬搁政治判断的"普遍怀疑主义"（universal skepticism）的学院哲学，而德里达的"到来的民主"无非一种"非理性的信仰"，一个"弥赛亚之梦"。参见马克·里拉《当知识分子遇到政治》，王笑红、邓晓菁译，新星出版社2005年版，"The Politics of Jacques Derrida", *The New York Review of Books*, Vol. 45,（No. 11）June 1998。

　　② 德里达这种政治姿态往往被人误解为保守主义或犬儒主义。实际上，德里达对政治、法律、正义、人权、国际等概念的解构，体现了欧洲政治的新思维。在对抗美国、捍卫欧洲的大政治这方面，哈贝马斯和德里达这两位彼此长期对对方不满的"欧洲思想家"走到了一起。参见 Jacques Derrida, *The Other Heading：Reflections on Today's Europe*, Trans. Pascale-Anne Brault & Michael, Naas. Bloomington：Indiana University Press, 1992.

　　③ 关于"海德格尔事件"和"德曼事件"，参见德里达《论精神》，朱刚译，上海译文出版社2008年版，[法]雅克·德里达：《多义性的记忆：为保罗·德曼而作》，蒋梓骅译，中央编译出版社1999年版。

实际上，德里达早在 1964 年的《暴力与形而上学：论列维纳斯的思想》一文中就站在他的老师列维纳斯的他者、差异、异质性、不可还原性、非关系性的立场对海德格尔的"聚拢"和同一性思想进行了尖锐的批判。①列维纳斯强调他的不可还原的、不可"总体化"的原初的给予性和无限异质性：他者的踪迹，他者的不可见的"面孔"，他者的"外在性"，他者的超越性，他者的死亡，对他者的义务，总之，"绝对的他者"。这是德里达晚年思想最直接的渊源。②可以说，在捍卫他者这方面，列维纳斯是德里达、拉库拉巴尔特、南希、马里雍这些法国哲学家的指引者。除了受益于列维纳斯关于差异的思想，德里达还从列维纳斯及其好友布朗肖的思想中发展出他自己的"幽灵政治学"、"记忆的政治"、非关系性的"他者伦理学"以及"没有弥赛亚的弥赛亚"、法律之外的正义等各种"解构主义政治哲学"的思想。③只有从"列维纳斯式模式"出发，我们才能更好地理解德里达晚年思想中的那些核心概念：宽恕、友爱、好客、到来的民主、新国际，从而理解德里达晚年思想的政治哲学转向。

二 "友爱的政治"与"将来的民主"

在德里达 20 世纪 80 年代晚期以来的系列著作中，标题中唯一带有"政治"字眼的著作是《友爱的政治学》（1994）。④《友爱的政治学》与

---

① 参见［法］雅克·德里达《暴力与形而上学：论列维纳斯的思想》，《书写与差异》，张宁译，生活·读书·新知三联书店 2001 年版，第 128—276 页。

② 在《永别了，列维纳斯》中，德里达表达了对这位老师的无比敬意。［法］雅克·德里达，《永别了，列维纳斯》，《解构与思想的未来》，吉林人民出版社 2006 年版，第 17—355 页，特别参见第 25 页。

③ 德里达的"法律之外的正义"的概念来自列维纳斯的定义："正义，就是与他者的关系"（Larelationavecautrui-s'estàdirelajustice）。Emmanuel Levinas, *Totalitéetinfini：essaisurl'extériorité*, The Hague：Nijhoff, 1961, p. 62. 关于德里达的正义的概念，参见 Drucilla Cornell, ed., *Deconstruction and the Possibility of Justice*, Routledge, 1992.

④ ［法］雅克·德里达：《〈友爱的政治学〉及其他》，胡继华译，吉林人民出版社 2006 年版。德里达在《多义性的记忆：为保罗·德曼而作》与《永别了，列维纳斯》中所表现的对德曼和列维纳斯的友谊堪称《友爱的政治学》所描述的友爱的典范，参见德里达《多义性的记忆：为保罗·德曼而作》，蒋梓骅译，中央编译出版社 1999 年版。

《马克思的幽灵：债务国家、哀悼活动和新国际》二者构成了德里达晚年政治哲学的两个核心文本。德里达的《友爱的政治学》试图通过列维纳斯的他者伦理学进入无限的他者政治之中，呼唤一种完全不同于整个西方传统友爱观的新型友爱以及新型的政治，通过对他者的无条件的"好客"吁请"到来的民主"和"新国际"。而"新国际"正是《马克思的幽灵：债务国家、哀悼活动和新国际》的主题。

　　像在《马克思的幽灵：债务国家、哀悼活动和新国际》中一样，德里达在《友爱的政治学》中从列维纳斯的好友布朗肖那里汲取论友爱与政治之间关系的思想灵感，阐发自己的友爱观并解构整个西方传统的友爱观。德里达首先质疑亚里士多德把友爱作为一种政治参与经验的传统民主概念，进而通过解构从希腊、罗马到基督教，从法国大革命到康德、尼采的西方传统男性中心主义的友爱观念，解构了以权力、民族、主权、合法性、代议制等为核心的现代政治概念，提出了他自己的"好客""到来的民主"和"新国际"的新思维。对于德里达来说，整个西方传统的友爱概念实际上与西方民主的政治修辞学息息相关，从日常生活到国际政治，民主的政治修辞学产生巨大影响，这就是德里达在《友爱的政治学》中要同时解构"友爱"和"政治"，或者更准确地说，从"友爱"解构"政治"的原因。

　　本来在西方传统思想史中，"友爱"（philia）是政治哲学中的一个边缘概念，它更多地属于伦理学范畴。亚里士多德最早在《伦理学》中讨论了友爱的德行，友爱是正义和城邦民主政治经验最重要的组成部分，正义离不开城邦中平等自由的公民间的友爱，友爱而非正义才是城邦的基础。德里达从友爱来解构政治的思路深入西方最古老的政治传统。德里达指出，亚里士多德的友爱的德行是年轻人之间的兄弟般的友爱，而非男女之间和女人之间的爱欲，而罗马共和国的"公民友爱"和"公民团结"像现代革命"同志"的友爱一样，也是男人之间的"公共的友爱"。至于基督教的友爱，同样是上帝子民之间的兄弟之爱，法国大革命的"博爱"是这一兄弟之爱概念的世俗化形式。西方古典形式的友爱，无论是希腊—罗马式的还是基督教式的，都是一种同一性的交互式友爱模式。通过对友爱的"解构的谱系学"分析，德里达指出，整个西方传统的友爱概念是家庭至上、兄弟优先的男性中心主义政治学。对于德里达来说，对男性中心主义以及自然的纽带的质疑，其本身就是一种政治行动①，对男性中心主义的友爱观的质疑将直接触动西方传统的政治和民主思想的根基。这是因为男性中心主义的友爱概念完全基于某种政治认同的概念：在亚里士多德那里非常明显的是"城邦"及其"公民"概念，在其他情况下是国家、民族、主权、阶级及其臣民、市民和公民等概念。德里达认为，这些同一性、身份和认同的政治就是现代自由主义、保守主义、社会主义、纳粹等意识形态的共同起源。因此，解构男性中心主义的友爱以及像海德格尔的哲学那种"对存在的爱"，就是解构这些根深蒂固的政治概念的前提；而解构这种爱有差等的友爱又依赖解构"有限数量"的友爱所依赖的政治共同体的自然根基。正如南希所言，一种无限责任的民主依赖一种无限他者和无限差异的共同体，它既不是阿伦特所钟情的希腊"城邦"，也不是朋霍费尔所钟情的基督教"圣徒同体"，更不是施米特所钟情的"主权国家"。

德里达在《友爱的政治学》一书中着重解构了施米特的"敌友之分的政治概念"。在德里达看来，要呼唤一种新的政治的概念和新的国际法的概念，就必须解构施米特的"政治的概念"：既要解构其作为政治标准的"敌友之分"概念，也要解构其基于国家主权概念的"政治的概念"。在《政治的概念》中，施米特认为，"政治的"是"国家的"，"国家是政治的统一体"，只有国家才能"决断战争和敌人"②。德里达则认为必须解构这种建立在国家主权概念之上的政治的概念。德里达以"他者"和"将来"之名，跨越各种固有的自然限制（如民族、国家、阶级、地缘、政治等），允诺和呼唤一种承认无限的异质性、尊重无限的差异、承

① 参见 Nancy J. Holland, *Feminist Interpretations of Jacques Derrida*, Pennsylvania State University Press, 1997.

② ［德］卡尔·施米特：《政治的概念》，刘宗坤等译，上海人民出版社2003年版，第128、153、163页。Georg Schwab, *The Challenge of Exception: An Introduction to the Political Idea ls of Carl Schmitt between 1921 and 1936*, New York, 1989; Gopal Balakrishnan, *The Enemy: An Intellectual Portrait of Carl Schmitt*, London: Verso 2000.

担无限的责任的"到来的民主":另一种"无限友爱的民主",还有一种"无限民主的友爱"。① 当然,"到来的民主"并不是期待什么"未来民主",而是指出民主是一个事件性和历史性的过程,是对超越公民概念、民族国家概念、主权概念和大国制定的国际法的概念,以及对于从政治、主权、组织来理解民主全然异质的民主的允诺和呼唤,是积极承担民主的责任和紧迫感。德里达的"到来的民主"的根据在于从本体论上来讲的对他者无限的责任和对他者无限敞开的"好客",这是将列维纳斯的伦理学的"神圣的他者"和某种犹太教的思想民主政治化。

对于施米特来说,政治中最重要的就是"敌友之分"②。施米特认为,"在一个彻底消除了战争可能性的世界上,在一个完全实现了和平的世界上,将不存在敌友之分,因而政治也将不复存在。……战争作为最极端的政治手段揭示了那种支撑着所有政治观念的可能性,即敌友之分"③。如果取消了"敌友之分",尤其是取消了主权国家之间的"敌友之分",战争与和平、内政与外交、武力与文明的区分,以及国家、主权、战争、敌人等概念也就不再有任何意义。德里达认为,施米特犯了自由主义的老毛病,他总把政治领域视为独立的、纯粹的、自律的,与其他领域有根本区分原则的"政治"本身。为了坚持政治的严肃性、神圣性和至高无上性,施米特不仅要为政治而"划分敌友",而且不惜为政治而"决断"出至少一个"敌人"。④ 德里达认为,施米特是没有

---

① 在某些人看来,"到来的民主"就成了"为无限的异质性疲于奔命的解构"。参见迈尔《神学抑或哲学的友爱政治》,载刘小枫《施米特与政治法学》,上海三联书店2002年版,第265—300页。

② 施米特在《游击队理论》(1963)中指出,在大地上游击队员的不合法的非正规战争否定了"绝对的敌人"。"没有绝对的敌人,只有实际的敌人。"这看起来很后现代,甚至可以说,施米特预见到了21世纪国际恐怖主义这一新的非正规战争的形式。参见卡尔·施米特《游击队理论:〈政治的概念〉附识》,载《政治的概念》,刘宗坤等译,上海人民出版社2003年版,第349—440页。

③ [德]卡尔·施米特:《政治的概念》,刘宗坤等译,上海人民出版社2003年版,第147页。

④ 对这一问题的讨论需要考虑1927年和1932年两个不同版本的《政治的概念》。参见迈尔《施米特、施特劳斯与〈政治的概念〉》,载《隐匿的对话:施米特与施特劳斯》,朱雁冰等译,华夏出版社2008年版,第9—70页。

可能彻底地追问战争和敌人的起源的，因为不仅存在在敌对性的概念之间语汇的无限播撒，而且也存在大量的敌友之间无法绝对分立的状态的延异与替补。难道一定要将其极端化为战争状态吗？从战争和敌人来定义政治，从现实的可能性来定义战争和敌人，这无非对国家主权认同的极端化，无非对政治状态的非常状态化，以取得决断论的效果而已。显然，这一决断论仍然建立在对祖国、大地、人民、血缘、种族以及政治共同体的其他自然属性的隐秘的认同与捍卫之上，从而隐秘地建立在传统的友爱的概念之上。施米特实际上用"战争的可能性"或"政治的严峻性"这一含混的哲学概念掩盖了敌友之分的复杂性。如果"敌友之分"只有推到彼此杀死对方的可能性上才可能让敌人成为真正的、严肃的、政治上的、公共的敌人，那么，对这种在道德上并不邪恶、经济上并不竞争、审美上并不丑陋、人性上并不缺乏尊严甚至更有尊严的敌人，最后只能为了生存和种族而斗争。然而，这就意味着存在超出"敌我之分"之外的政治标准，即自然的生存或种族的生存。可见，施米特最终仍然是诉诸作为政治统一体的民族的绝对性。

在《友爱的政治学》中，德里达不仅解构了整个西方男性中心主义的友爱概念，尤其是这种友爱概念的认同政治基础，即城邦概念和公民概念，而且也彻底解构了施米特的"敌友之分"的可能性，尤其是其决断敌人的基础，即现代主权国家的概念。在这一基础之上，德里达以康德的"永久和平"学说中的"世界公民权利"的概念来克服施米特的限度。他从康德那里借用了"好客"概念，并将其"世界公民主义"（cosmopolitanism）的谱系一直追溯到晚期希腊的斯多亚派和圣保罗的"四海一家"的观念。从列维纳斯的他者伦理学的视角来看，"好客"就是无条件地接待他者，允许他者进入我们的空间，无论他人是"公民同伴"，还是"非公民同伴"。[①] 于是，建立在无条件地接待他者的"好客"的民主政治就颠覆了整个西方传统的友爱伦理和友爱政治。这种无条件的"好客"的"世界公民政治学"提供了一种超越民族国家的"新国际"概

---

① ［法］雅克·德里达：《论好客》，贾江鸿译，广西师范大学出版社2008年版。

念，这就是德里达在《马克思的幽灵：债务国家、哀悼活动和新国际》中批判新自由主义全球化资本主义的那个"新国际"概念。①

三 "马克思的幽灵们"与"新国际"

显然，"新国际"一词保留着对马克思主义的记忆和怀念，但它既不是"共产国际"，也不是不同国籍的人以新的方式联合组成的国际组织。"新国际"意味着以新的"没有政治的幽灵政治"去重新理解人权、国籍、国家、国际法和民主这些司空见惯而又颇成问题的政治观念。面对海湾战争、科索沃战争、伊拉克战争以及恐怖主义，德里达认为，必须超出民族、国家、地缘政治来思考一种正在实践、正在成型的新政治观念。新政治观念呼唤一个突破国家主权界限的民主、人权和国际法的"新国际"，而这正是德里达的"友爱的政治"所允诺的东西。这就是《友爱的政治学》（1994）与《马克思的幽灵：债务国家、哀悼活动和新国际》（1993）之间的关系。

在《马克思的幽灵：债务国家、哀悼活动和新国际》中，德里达呼唤代表"新国际"的"马克思的幽灵"归来，以抵制自由资本主义世界中某些国家的霸权。1989 年苏联和东欧共产主义集团解体后西方涌现了大量"历史的终结"的自由主义末世论声调，在这个试图驱逐和清除马克思的幽灵的时代，德里达以对马克思非正统、非教条的理解和对马克思解构式的阅读，重新激活了马克思思想的精神，使其在全球化的世界中游荡。② 德里

---

① 德里达的非欧洲中心主义的世界主义政治与哈贝马斯的"欧洲的复兴"思想有相近之处，而与他所深恶痛绝的福山的美国中心论的自由民主的"普遍同质国家"志趣迥异。参见［德］尤尔根·哈贝马斯《包容他者》，曹卫东译，上海人民出版社 2002 年版；《后民族结构》，曹卫东译，台北：台湾联经出版公司 2002 年版；［美］弗朗西斯·福山《历史的终结及最后之人》，中国社会科学出版社 2003 年版。与德里达的"新国际"针锋相对的请特别参见［美］塞缪尔·亨廷顿《文明的冲突与世界秩序的重建》，周琪等译，新华出版社 1998 年版；《我们是谁》，程克雄译，新华出版社 2005 年版。

② 参见［英］特里·伊格尔顿《没有马克思主义的马克思主义：德里达和〈马克思的幽灵〉》，载《历史中的政治、哲学、爱欲》，中国社会科学出版社 1999 年版，第 120—125 页。伊格尔顿不相信德里达从阿尔都塞那里学到了什么真正的马克思主义，也怀疑德里达的解构是更为激进版本的马克思主义。

达以幽灵的本体论论证了马克思的不可终结性：他反对将马克思的幽灵可见化，给它穿上人类导师的新装，变成被意识形态操纵的玩偶；他也反对西方大学把马克思视为西方思想传统"神圣家族"中的一员，将其著作安全地纳入"西方文明经典"之中，无视马克思作为纠缠附着在资本主义身上的幽灵，无视马克思作为一股道义的激进力量，无视马克思思想的非学院性的本质。针对"历史的终结"的福音和世纪末的新启示录的腔调①，德里达坚持马克思幽灵的激进性、异质性和弥赛亚维度，反对将马克思的幽灵实体化或虚无化。德里达宁愿牺牲正统的教条的马克思主义者坚持的历史—社会维度和经验的维度而保存马克思作为幽灵的将来性维度和弥赛亚主义，保存德里达所说的"马克思的精神（或幽灵）"。"马克思的幽灵"就像随时都在到来却一直尚未到来的弥赛亚。德里达重拾本雅明和布洛赫的救赎神学和希望神学的主题，试图重建马克思与圣经中的先知之间的联系，恢复马克思的弥赛亚维度。因此，卡普托（John Caputo）把德里达将马克思幽灵化的努力称作一种"神学的解构"②。用德里达自己的话说，这是"一种没有宗教的弥赛亚，甚至是一种没有弥赛亚的弥赛亚，一种正义的观念和民主的观念"③。德里达以幽灵的时间性、不死性、非实体性、允诺性等特性非教条地重新解释了"马克思的精神"：这就是允诺和期待一个颠覆全球资本主义同盟的"新国际"。

在《马克思的幽灵：债务国家、哀悼活动和新国际》中，德里达以布朗肖的《马克思的三种声音》为参照，重新解读了《共产党宣言》中关于民族主义与国际政治的真知灼见。马克思在《德意志意识形态》《路

---

① 参见［法］雅克·德里达《评福山的〈历史的终结及最后之人〉》，载《全球化时代的"马克思主义"》，中央编译出版社1998年版，第139—152页。德里达认为，福山的历史终结论基于科耶夫的历史哲学，一种"本体论—神学—考古学—目的论"的形而上学。德里达批判福山的"症候的蒙太奇"说，1989年后自由民主在资本主义世界中的胜利却从没有像今天这样病入膏肓、危机四伏。

② John Caputo, *The Prayers and Tears of Jacques Derrida：Religion without Religion*, Bloomington：Indianna University Press, 1977.

③ ［法］雅克·德里达：《马克思的幽灵：债务国家、哀悼活动和新国际》，何一译，中国人民大学出版社1999年版，第85—86页。

易·波拿巴的雾月十八日》《政治经济学批判导言》和《资本论》中驱逐了神圣同盟、密谋共产主义者、民主派等各种幽灵，揭示了货币和资本的幽灵，并在《共产党宣言》的开篇写下了"欧洲共产主义的幽灵"。可以说，在马克思那里本就有一种"幽灵政治学"和"幽灵政治经济学"。现在，真正的幽灵不再是150年前的共产主义，而是马克思本人。就像哈姆雷特父亲的幽灵呼唤哈姆雷特一样，马克思的幽灵也在呼唤马克思的儿女们。哈姆雷特父亲的幽灵呼唤他的继承人为他复仇，并赋予他拯救颠倒的乾坤的使命；而马克思的幽灵在全球化时代重新归来，也是来召唤我们继承他的遗产，将马克思幽灵的力量重新注入国际政治之中，以克服民族国家政治的限度，克服新自由主义的国际资本主义秩序。德里达呼唤马克思的幽灵重返当今霸权国家主导的国际秩序，试图在国际范围内引起一场政治概念的变革，以"新国际"克服主权国家和债务国家组成的旧世界体系的腐朽和无力。

德里达用哈姆雷特的话来标志这样一个时代："这是一个脱节的时代。"在这个时代，代表"新国际"的"马克思的幽灵们"是反抗国际资本势力同盟以新自由主义和市场经济的名义主宰世界体系的根本力量。全球性的失业、流亡、自由市场、金融资本、发展中国家债务、军火贸易、核扩散、民族认同、国际贩毒集团和黑帮集团、国际组织的无能，这些问题都无法在主权国家的国际体系框架之内解决。主权国家在全球化浪潮和霸权国家控制的国际法面前无能为力，也无能于民族战争、少数民族间的战争、种族主义战争、种族与文明的冲突、宗教斗争。这正是马克思精神（或幽灵）重新回到当今政治中的"时刻"。马克思思想不应局限于对国家、国家权力、国家机器的批判和国家消亡以及对资本主义的批判和资本主义灭亡的学说之上，而应该将自身定位于对今日世界民族国家的主权的批判，对国际资本主义市场的批判，对超越国家、政党、阶级的国际主义和世界公民的呼唤：这就是代表克服"有限的民主"和"有限的友爱政治"概念的"新国际"的"马克思的幽灵"。通过对马克思的幽灵化和对友爱政治的批判，晚年德里达给出了一种"无限友爱"和"无限民主"的"新国际"的政治哲学，一种超越于自由主义、社群主义、保守主义、激进左派等之外的"欧洲新政治哲学"。

（原载《江海学刊》2010 年第 6 期）

罗伯特·埃斯波西托的免疫范式

——一种肯定性生命政治的建构

刘 黎[*]

生命政治（biopolitics）是瑞典政治学家鲁道夫·科耶伦（Rudolf Kjellen）在 20 世纪 20 年代所创造的概念，他对生命政治概念的理解是建立在把国家看作一种具有生命特征、生命形式和种族个性的有机体的基础之上的，这鲜明地体现了 19 世纪末国家有机体学说的色彩。20 世纪 70 年代，福柯对此概念进行了重新塑造，正是福柯赋予它创造性和开放性的特点，从而开启了生命政治的崭新时代，它不仅在哲学领域受到广泛研究，同时也涉及其他诸多学科领域，如社会科学、人口统计学、农学、生物学、医学、法学等。从目前的发展情况来看，基于福柯著作的生命政治解读形成了系列研究特色的要归属于来自意大利的哲学家和思想家，如罗伯特·埃斯波西托（Roberto Esposito）、吉奥乔·阿甘本（Giorgio Agamben）、安东尼奥·奈格里（Antonio Negri）等，他们代表了对福柯生命政治思想研究的三种不同路径，而且在国内外学术界都占有举足轻重的地位。简单来说，阿甘本认为生命政治是一种死亡政治，奈格里则描述了一种在帝国主权镇压与控制之下的反抗力量，试图寻求生命政治的突破；就埃斯波西托而言，他将研究触角伸向生命政治（biopolitics）的 bios 和 politics 的分离和聚合，致力于对生命的密切关注，并将其视作构建肯定性生命政治逻辑结构的前提条件。此外，他通过引进免疫范畴

---

* 刘黎：湖南科技大学马克思主义学院讲师。

又使其成为肯定性生命政治理论的作用基点和可靠支撑。虽然，埃斯波西托在阅历上要稍逊于他的两位前辈，但是，他所开辟的独具一格的研究思路，在欧美学术界却久负盛名。

一　免疫范畴的出场语境

埃斯波西托在其著作《生命：生命政治与哲学》中一开始就介绍了现代社会中所出现的层出不穷的事件和现象，如患有严重基因病变的法国小孩、阿富汗人道主义战争、俄罗斯车臣事件、卢旺达大屠杀等，可是，这些事件和现象已经无法在传统政治解释中得到令人满意的回应，因为"我们在这里面对着的是一种非确定性，或者说是一种具有双重面孔的现象。而在其中生命与政治的关系需要一种崭新的概念性语言为其提供解释"①。这种概念性语言，即生命政治概念。由此，埃斯波西托对福柯的生命政治概念进行了细致的解读，并以此作为其思想理论的基础与起点，从而实现旨在寻找一种新概念或范畴来重新解释现代政治和社会的目标。从宏观视角来看，他主要注意到了福柯所凸显出来的两个方面的问题，认为可以为最终选择的免疫范畴的论证提供合理性依据。

其一，福柯生命政治概念所展现的最初背景。从整个福柯思想发展史来看，他十分注重医学知识体系的变化研究，1974年10月，他参加了巴西里约热内卢大学所举办的有关论社会医疗变化的学术研讨会，在其中他阐述了社会医学的变化过程：医学当局的逐渐显现，医学研究领域的持续扩展，医学管理技术的不断引进，医院成为医学化装置的体现，这种医学化手段又逐步地拓展到国家层面，延伸到经济学领域，最终实现了医学和权力的相互渗透，医学成为一种政治管理技术。② 此外，他在"社会医学的诞生"讲座中，直接使用了"生命政治"这一术语。他说

---

① Roberto Esposito, *Bios*: *Biopolitics and Philosophy*, Twin Cities: The University of Minnesota Press, 2008, p. 7.

② Leonard Lawlor, John Nale, *The Cambridge Foucault Lexicon*, Cambridge: Cambridge University Press, 2014, pp. 70 – 71.

道："社会对个体的控制不仅是通过意识或意识形态来完成的，而且这也可以在身体之中以及用身体来实现社会的控制。对于资本主义社会而言，它就是生命政治，即生物性的身体，躯体、肉体最为重要。身体是生命政治的现实；医学是生命政治的策略。"① 在这个阶段，福柯已经深刻地意识到了资本主义政治制度中所散发出的新型权力模式，在医学与政治、法律的密切配合之下，政治监控技术和社会控制性质都在发生重大变化，而这对埃斯波西托产生了强烈刺激，生命政治从医学领域中涌现出来，医学与权力、技术知识的相互融合，这种必然的客观现实为他摆脱对财产、自由、平等等传统政治术语的探讨而转向其他具有医学性的范畴或概念提供了契机。

其二，福柯生命政治理论所蕴含的非确定性。就生命政治概念本身而言，福柯确实没有给予它明确而又肯定的界定，表现出了比较暧昧而又模糊的复杂性与多样性，然而，福柯还是从三种角度阐述了生命政治的大致轮廓。首先，从权力角度来看，福柯追溯了从残暴的杀戮性君主权力，经过利用各种准则、规范、制度来监控个体肉体、灵魂、意识的规训权力的过渡，然后又被优化、管理、培育生命的生命权力所取代。这种转变标志着权力机制在不同的政治语境下发生显著变化，并旨在以更隐蔽、更无形、更持续的方式产生长久效应。其次，从作用对象角度来看，以采取暴力、血腥的酷刑方式对肉体施加影响而开始，紧随其后的是一种针对个体身体的纪律、规则、规范、标准的降临，然后又迈入从整体平衡角度出发的调节社会群体人口的阶段。最后，从权力效果角度来看，经历了从完全镇压性、扼杀性的权力模式，到较为温和、包容性的权力施展，最终抵达生命权力的生产性功能。就像福柯所言："我们不应再从消极方面来描述权力的影响，如把它说成是'排斥''压制''审查''分离''掩饰''隐瞒'的。实际上，权力能够生产，它生产现实，生产对象的领域和真理的仪式。

---

① Leonard Lawlor, John Nale, *The Cambridge Foucault Lexicon*, Cambridge：Cambridge University Press, 2014, p. 72.

个人及从他身上获得的知识都属于这种生产。"① 但是，生命政治又具有一种悖论性结构，生命权力的 "主要作用是确保、维护、强化、增加生命和理顺生命的秩序"②，可是，却产生了对生命的进一步控制、剥削与渗透。在埃斯波西托看来，福柯的生命政治思想在有关生命与政治的关系上，既透露着这是一种有关生命的政治，也隐匿着这是一种凌驾于生命之上的政治，即有关死亡的政治，但是，bios 和 politics 两者之间的关系既不是注定要分离，也不是永恒地聚集在一起，而是可以找到一个连接点从而整合两种趋向，埃斯波西托将其诉诸免疫范畴，认为 "免疫范畴就是生命与政治领域的相切点，在免疫范畴之中可以产生填补生命政治两种极端解释而造就的缺口的可能性——死亡视角和欣悦视角"③。然而，与阿甘本相反，埃斯波西托生命政治的最终指向是一种用免疫范畴缝合生命和死亡裂缝的肯定性生命政治。

二　生命政治的运作机制——免疫范式

免疫范式，对于埃斯波西托来说至关重要，它既是其共同体理论绕不过的话题，更是生命政治理论展开的基石；它不仅与阿甘本的赤裸生命、例外状态相异，也与奈格里的理论建构思路不同，因而具有明显的开拓性与独创性。免疫范式有生物医学领域与政治司法领域的双重指涉，前者指生命体获得免疫性，即机体本身就具有抗感染性，从而抵抗病毒或疾病，后者指可以不受普通法或规则的约束，达到保护生命的目的。免疫范式的双重指涉，这不仅是对福柯生命政治最初展现场所的尊重，也揭示了免疫范式语义的复杂性，更是一种医学权力与政治和法律权力互相渗透与延伸的体现。正是免疫范式所涵纳的复杂性与丰富性才建构

---

① ［法］米歇尔·福柯：《规训与惩罚：监狱的诞生》，刘北成、杨远婴译，生活·读书·新知三联书店 2012 年版，第 218 页。

② ［法］米歇尔·福柯：《性经验史》增订版，佘碧平译，上海人民出版社 2005 年版，第 89 页。

③ Roberto Esposito, "Community, Immunity, Biopolitics", Trans by Zakiya Hanafi, *Angelaki*, Vol. 18, No. 3, 2013.

了埃斯波西托生命政治的运作机制。

首先，免疫与共同体的矛盾与统一。埃斯波西托从词源学的角度，分析了免疫与共同体的拉丁语形式 immunitas 与 communitas，并从它们所共同拥有的词根 munus（职责、义务、礼物）入手来探讨免疫与共同体两者之间的关系，通过对共同体的本体论分析，他得出的结论是："共同体不是实体，也不是集体性主体或各种主体的总和，而是一种关系，这种关系使他们不再是个体主体，因为共同体建立了一种不断否定和改变他们的界限，从而使他们与自己的身份相分离。"① 因此，这种共同体相异于某些现代哲学家所认为的共同体，它是一种实体、一种所有权、一种财产、一种物等概念，此外，"共同体与由个人组成的群体、集体拥有财产这样的观念不相关，也与他们属于同样的身份这样的观念不同"②。共同体是他们彼此进行 munus 交换的场址和他者联系与交流的空间，这种 munus 从而形成了彼此的社会关系，这就是共同体最初的起源。可是，由于 munus 具有复杂和丰富的内涵，共同体又体现出它的脆弱性，"共同体不能保持我们的温暖，也不能保护我们，而是让我们面临极端的风险"③，因而，我们需要免疫，需要建立免疫范式的共同体来保护自身的安全。免疫是对共同体的一种否定，免疫者不必履行共同体其他成员必须履行的 munus 义务，也不必去承受共同体其他成员必须面对的风险，他享有特权，他就是一种合理的例外，从而实现对自身财产和生命的保护。就免疫与共同体的关系而言，假如说共同体中断了个体成员的身份，那么，免疫则是不断地去重建这种界限，从而与威胁它的因素作斗争。

其次，免疫范式的双重功效。免疫的实施包含相互对立的元素，它既可以产生保护生命的效果，也能导致生命的毁灭。在生物医学话语中，免疫范式的运作在一定程度上决定了生命个体的命运，而这同样可以拓

---

① Roberto Esposito, *Communitas*, *The Origin and Destiny of Community*, Trans by Timothy Campbell, Stanford University Press, 2010, p. 139.

② Roberto Esposito, *Communitas*, *The Origin and Destiny of Community*, Trans by Timothy Campbell, Stanford University Press, 2010, pp. 137 – 138.

③ Roberto Esposito, *Communitas*, *The Origin and Destiny of Community*, Trans by Timothy Campbell, Stanford University Press, 2010, p. 140.

展至政治、法律领域。就免疫对生命的否定逻辑而言，"这种否定不是采取暴力征服的形式，即权力从外部凌驾于生命之上，而是一种内在的二律背反模式，即生命通过权力保存自身。由此我们可以说，免疫是生命保护的一种否定形式。它挽救、保证并保持有机体，无论是个体的还是集体的，但是，它又不是直接地、迅速地……"①。也就是说，生命的保护与否定是内存于免疫机制之中，它们并不是两种相互分离的模式，这类似于我们现代社会中为生命机体植入的各种抵抗疾病、病毒、细菌的疫苗，当人为地进行积极接种之时，目的是保护生命有机体，可是在接种过程中，我们同时植入了一定剂量的被生命所否定的元素，只不过这种否定生命的因素进行了加工处理，使其致命性水平处于可控范围之内，从而刺激生命个体产生抵抗病毒的抗体，提高其免疫力，最终实现对生命个体的保护。在这种免疫执行的过程中，我们不难发现，免疫不是通过直接而又迅速的手段去消除病魔，采取的是一种迂回战术，不是与病毒因素进行正面对抗，而是使其慢慢地成为生命的一部分，让其逐渐地发挥作用，即："这种辩证形象是一种排除性的纳入或者是一种通过纳入的排除。身体要战胜一种有毒的东西不是通过把它驱逐出有机体，而是以某种方法使它构成身体的一部分"②。排除性的纳入机制是免疫范式尤为重要的运作方式，总而言之，免疫范式所展现的保护生命与否定生命的双重逻辑，昭示的是一种辩证关系，即："保护身体（个体身体、社会身体、政治体）的同时也在阻碍着它的发展，一旦超越一定的阈值，就很可能造成身体的毁灭"③。可是，"只有通过不断地给予生命以死亡的尝试，它才能延长生命"④。免疫范式的辩证逻辑游走在埃斯波西托的生命

---

① Roberto Esposito, *Bios：Biopolitics and Philosophy*, Twin Cities：The University of Minnesota Press，2008，p. 46.

② Roberto Esposito, *Immunitas，The Protection and Negation of Life*，Trans by Zakiya Hanafi, Cambidge：Polity Press，2011，p. 7.

③ Roberto Esposito，"Community，Immunity，Biopolitics"，Trans by Zakiya Hanafi，*Angelaki*，Vol. 18，No. 3，2013.

④ Roberto Esposito, *Immunitas，The Protection and Negation of Life*，Trans by Zakiya Hanafi, Cambidge：Polity Press，2011，p. 9.

政治思想之中，并成为其核心纲领。

最后，免疫范式与权力技术的紧密结合。埃斯波西托认为，从政治司法角度来看，主权统治者最基本的装置就是免疫范式，并使其成为主权权力调节的杠杆，主权者可以在保护生命的旗帜之下运用免疫范式来维护自身的统治秩序，但是，免疫范式与主权权力的结合会造成何种结果，在一定程度上依赖免疫范式与权力的融合程度。比如，在纳粹主义政权之中，免疫范式的运作机制与政治权力深入媾和，致使生命政治与死亡政治相一致，这就表明了当医学化的装置成为生命保护的唯一合理性标准之时，遏制的就不仅是外界的敌人，也会使枪口对准自身，这是免疫否定性逻辑的极端走向，也是对免疫过分需求而造成的自我毁灭。此外，免疫范式也可以成为主权统治的可靠帮手，从而推动政治秩序的稳定发展。比如，法国著名《巴黎竞赛画报》封面上曾印有一张黑人向法国国旗敬礼的图片，青年黑人忠诚地效忠于奴役他的法兰西帝国，甚至成为法兰西帝国进行殖民扩展的中坚力量。这位黑人朋友相对于法兰西帝国的民族、血统、文化而言，他被排斥在主权国家之外，然而，他并没有拿起武器进行激烈反抗，而是心甘情愿地为其服务，这就是免疫范式与主权权力的完美结合，将权力否定的因素培育成自身发展的不可或缺的部分，权力的狡诈诡计由此上演。从中可以看出，埃斯波西托的免疫范式的运作过程，相对来说比较灵活，不是僵死的固定模式，虽然免疫的否定逻辑不可避免，但是却依旧存在生命活力的诱惑。这种活力的展现依赖对免疫否定逻辑的出离，因为埃斯波西托对免疫范式与权力技术的描述，绝不是固守于权力的压制与束缚，而是为了更好地从否定性中剥离出希望，这鲜明地体现在他对纳粹主义生命政治的揭示与建构有关 bios 哲学的肯定性生命政治的探究之中。

三　肯定性生命政治的未来指向

埃斯波西托试图开辟一条不同于阿甘本与奈格里的考察生命政治思想的道路，因而，将自身的理论研究旨趣定位在一种肯定性生命政治的研究基础之上，即探索一种"不再凌驾在生命之上而是有关生命"① 的肯定性生命政治，这种将注意力主要集中于对"生命"的探讨，是意大利研究生命政治思想的哲学家们所拥有的共同之处，对于埃斯波西托而言，这首先要深刻地了解纳粹主义政权所建立的生物学生命政治的本质，从其出发，我们才能有效地捕捉他所描述的肯定性生命政治的雏形。

首先，从整体来看，肯定性生命政治是对纳粹主义三种免疫装置的解构。埃斯波西托有关纳粹主义性质的讨论更接近于阿甘本，他们都认为纳粹政权是一种生命政治的极端体现，是一种把死亡最大化的死亡政治学，但是，埃斯波西托强调的是纳粹主义的医学政治目标——在生物医学层面去对有价值的生命以及不值得活的生命进行区分，并致力于纳粹政权对免疫机制的具体操作的思索，他认为纳粹政权在其运作过程中的医学知识与政治技术不断强化得益于三种免疫装置的相互配合、相互补充：第一，生命的绝对规范化。在纳粹主义政权之中，生命与法完全重叠，即生命的司法化和法的生物学化彼此交融。一方面，纳粹政权依赖生物医学方面的专业知识与技术，可以对生命个体进行司法审判，决定他们的生死，因此，生物医学知识不断强化纳粹的政治统治；另一方面，纳粹政权为了执行统治，需要医学、生物学理论为其提供支撑，从而形成对生命机体进行裁决的新的法律规范，也就为生物医学实践提供了源源不断的生命对象。医学、生物学、法学的相互渗透，不仅可以使得屠杀犹太人的刽子手纳粹医生合法化，也能使纳粹政权在宣称生命的至高无上性之时，使生命个体彻底地屈从于纳粹政治的法律规范。第二，身体的双重封锁，即纳粹生命政治的核心，精神的生物学化和身体的精神化。纳粹政党在血统论下，鼓吹日耳曼种族优越论，认为犹太人、吉卜赛人等属于劣等种族，他们会给德意志民族的文化发展带来灾难，是文明进程的破坏者，需要不遗余力地驱逐或灭绝他们，因而，"种族灭绝可

---

① Roberto Esposito, *Bios: Biopolitics and Philosophy*, Twin Cities: The University of Minnesota Press, 2008, p. 157.

以被定义为德国人民的精神需求"①。德国人民在纳粹政策的不断灌输下，逐渐认同他们所宣称的民族主义与爱国主义，他们自身所拥有的身体不再属于自我，而属于强大的德意志民族，身体与精神完全沦为为纳粹政党服务的机器。第三，出生的预先压制，即"不只是对生命的消除，更是对生命起源的抑制"②。纳粹政党认为基于对血统与种族的考虑，只有身心健康的人才具备生儿育女的资格，不然则是可耻的。20世纪30年代，纳粹政党将这种生育的种族政策纳入正式的法律章程，制定并颁布了《绝育法》，对患有生理缺陷的生命个体进行强行绝育，并一直探寻更有效、更快速、更经济的绝育手段，实现对生命有机体生育权的全面剥夺。埃斯波西托对纳粹主义生命政治的解析，并不是要用这种历史事实来佐证免疫范式的运作，而是为了进一步推动免疫范式生命政治理论的发展，解构纳粹的三种免疫装置，建构肯定性生命政治，即他所认为的"肯定性生命政治具备推翻纳粹死亡政治的能力，从而建立一种不再凌驾在生命之上而是一种有关生命的政治"③。从纳粹政权的死亡政治学角度来看，埃斯波西托的肯定性生命政治是对纳粹体制的彻底颠覆，死亡政治学是埃斯波西托建构自身政治理论的裂缝，是寻求生命政治突破的豁口，他不期待阿甘本式的弥赛亚事件的到来，也不寄希望于超越统治权力的伦理式的革命主体，而是以死亡政治学为基础，以摆脱纳粹政权死亡政治学的免疫装置为目标，试图重新激活纳粹政权有关肉体、规范、出生等元素的功能，其中，免疫范式的双重逻辑，生命的否定与肯定，是肯定性生命政治的有效运作机制。既然它的否定性层面，在纳粹政权的指引下，蕴含着无穷的摧毁力量，可以给人类生活带来毁灭性打击，那么，这同样意味着，它的对立面，肯定性层面，在现代生命政治语境下，存在政治解放的可能，以至于不会走向末世论的道路。但这种可能

---

① Roberto Esposito, *Bios: Biopolitics and Philosophy*, Twin Cities: The University of Minnesota Press, 2008, p. 143.

② Roberto Esposito, *Bios: Biopolitics and Philosophy*, Twin Cities: The University of Minnesota Press, 2008, p. 143.

③ Roberto Esposito, *Bios: Biopolitics and Philosophy*, Twin Cities: The University of Minnesota Press, 2008, p. 11.

性依赖对纳粹死亡政治学的深刻理解与积极探索，这种可能性同时孕育纳粹死亡政治学的政治转向，肯定性生命政治将会在纳粹死亡政治学中得到生成，而充分发挥免疫逻辑的肯定性力量将是肯定性生命政治的唯一选择。

其次，免疫范式构筑肯定性生命政治的发展模式。埃斯波西托认为在政治经济全球化的时代背景中，对生命的优化、投资与保护转向了免疫机制，随着全球文化、政治、经济、社会等方面的交流与沟通的不断加强，免疫学逐渐地蔓延到各个领域和生活的各个角落。这个时代对免疫的需要已超越了过往任何一个时代，对免疫的迫切需求，确实让我们在面对天花、霍乱、疟疾、瘟疫等传染性疾病时不至于束手无策。不可否认，在抗生素、各种疫苗的保护下，诸多个体摆脱了之前无法克服的病毒侵扰。此外，还有众多诸如器官移植、神经修复、基因工程、细胞工程等新型生物技术手段，被运用于医学、工业生产、环境保护等领域，都在很大程度上改善了人类的物质生活和精神生活，这也是免疫机制富有活力和生命力的表现。今天，生命体不存在一个瞬间不被某种免疫机制所塑造和控制，而各种免疫机制之所以能够如此快速、有效地发挥作用，其一，是因为免疫机制本身所表现出的显而易见的成效。比如在解决医疗疾病、保护生命个体安全、防御外来"病原菌"侵犯方面，免疫机制起不可替代的作用。其二，免疫机制的本质在形式和内容上都有了一定程度上的补充和拓展，"免疫系统这门学科不仅具有医学意义，而且具有社会的、司法的和伦理的意义"①。免疫机制作用领域的广泛性，形式手段的多样性，也促进了免疫机制在不同学科领域的跨越式发展。其三，免疫机制甚至已经迅速地渗透到信息技术系统、国际金融政策的调控、政治军事策略的指导等方面，顽强地对抗各种病毒因子的侵袭。最后，免疫机制的疯狂扩散既是一种统治权力施展的方式，也是生命个体主动追求的结果。总而言之，"从任何一个角度来看，今天，在这个世界

---

① Roberto Esposito, *Terms of the Political*, *Community*, *Immunity*, *Biopolitics*, Trans by Rhiannon Noel Welch, Fordham University Press, 2013, p. 59.

上所发生的一切，从个体身体到社会身体，从技术身体到政治身体，在他们的相互作用之处，我们都可以发现免疫的问题。现在，更为重要的是，我们要使用一切必要的手段，不惜一切代价来阻止、抑制传染扩散的出现，并与之进行强烈的战斗"①。免疫机制能够保障共同体的安全，但这并不意味着安全目标的实现仅限于对外来因素的绝对排斥和完全抵御，这只会导致走向保守主义。任何一种免疫机制的执行，并不是直接地铲除与自身相对立的要素，也不是必须让否定因素与其保持所谓的安全距离，从而使彼此处于互相隔离的状态，而是执行排除性的纳入或纳入性的排除机制，"就像给个体身体接种的医学实践那样，政治机构的免疫功能也与此类似；在其内部导入部分同样的病原体，这样它就需要通过阻止、抑制自然的发展而进行自我保护"②。纯粹地清除，只会造成免疫机制本身失去效应，也就是说，免疫机制作用的启动是有条件的，只有通过这种辩证性的免疫机制操作才会达到真正的免疫效果。与此同时，在这种免疫过程中，共同体或生命个体本身也就获得了进一步的发展，自身力量的增强又会更有利于对抗外在或内在的否定因素。免疫机制产生的积极性和生产性效果便是埃斯波西托建构肯定性生命政治的方向和内容。

最后，肯定性生命政治需要在免疫逻辑基础上展开对"生命"的重塑。在现代政治社会中，想要逃离生命政治固有的死亡政治学的生成倾向，积极寻找生命政治的保护生命的免疫逻辑，埃斯波西托认为需要重要对"生命"进行哲学思考，他把法国著名的生物学家、哲学家康吉莱姆（Georges Canguilhem）有关对生命科学哲学的批判性反思作为肯定性生命政治的起点，认为他试图从不同的角度，以不同的方式来探讨生命概念，从而避免传统生命哲学的局限性与狭隘性。从生命政治视域来看，

---

① Roberto Esposito, *Terms of the Political*, *Community*, *Immunity*, *Biopolitics*, Trans by Rhiannon Noel Welch, Fordham University Press, 2013, p. 60.

② Roberto Esposito, *Bios*：*Biopolitics and Philosophy*, Twin Cities：The University of Minnesota Press, 2008, p. 46.

他是对"免疫范畴的最大化解构，开启了一种与众不同的生命政治词汇"①，是赋予一种生命创新意义的诉求，"假如说纳粹主义剥夺了生命的所有形式，使生命变成了一种赤裸的物质性存在，康吉莱姆重新把所有的生命与其形式结合起来，组建生命的是那些独特而又不可重复的东西"②。虽然，对生命哲学的研究并不是一个崭新的话题，在德国的哲学背景中，早有存在，埃斯波西托号召重新回到对生命起源的最深处，回到传统哲学的话语范畴之中，并不是要延续之前哲学家的思想，而是要在生命概念的这种范畴中寻找一种肯定性生命政治的可能性，比如德勒兹对纯粹内在性生命的探讨，"使得规范成为生命的内在冲动"③，这也是对纳粹免疫装置生命的绝对规范化的解构。总而言之，埃斯波西托想要建构的肯定性生命政治并不是一个有具体规划图纸的政治模式，而只是一种未来政治哲学的指向，"生命政治的意义是一种否定的有关死亡的政治或是一种肯定的有关生命的政治，这将依赖于当代思想所追溯的模式"④。因此，肯定性生命政治的实现，需要免疫范式的积极运转，并对"生命"内在性力量给予重新探索。

四 结语

埃斯波西托在意大利激进的社会氛围与丰厚的理论资源的熏陶与浸染下，立足于前辈的思想根基展开具有自身特色的理论建构和逻辑布局，这在一定程度上彰显了其学术研究的严谨性与开拓性。他对建立在福柯生命政治思想基础上的生命政治的探讨，可以成为西方激进哲学中有关

---

① Roberto Esposito, *Bios*: *Biopolitics and Philosophy*, Twin Cities: The University of Minnesota Press, 2008, p. 191.

② Roberto Esposito, *Bios*: *Biopolitics and Philosophy*, Twin Cities: The University of Minnesota Press, 2008, p. 189.

③ Roberto Esposito, *Bios*: *Biopolitics and Philosophy*, Twin Cities: The University of Minnesota Press, 2008, p. 194.

④ Roberto Esposito, *Bios*: *Biopolitics and Philosophy*, Twin Cities: The University of Minnesota Press, 2008, p. 194.

生命政治文献讨论的另一种典型代表，因为他逃离了传统政治哲学的分析方式，将对现代政治思想的探索置于生命政治视域之中，并在生物医学、生物科学等诸多领域来搜寻其理论的支点，而这种理论的具体运作又在于他对免疫范畴的引进。免疫范式是他生命政治理论分析最核心的范畴，也是他思考现代政治哲学最重要的概念工具，他走上了一条异于阿甘本与奈格里的道路。埃斯波西托虽然与阿甘本共享了许多思考视角，但并没有像阿甘本那样专注对极权主义和纳粹主义的分析，也没有具体去讨论生命个体在主权统治之下的生存状态，更没有把突破窘境的希望寄托在弥赛亚事件的来临中。此外，在其对肯定性生命政治的建构中，他也没有遵循奈格里的研究动向去求助革命政治主体的塑造，而是继续挖掘生命的内在性，探寻生命本身所隐匿的活力。从其理论脉络来看，埃斯波西托对福柯生命政治本身所蕴含的逻辑断层以及阿甘本与奈格里所代表的两种极端解释模式的批判，具有一定的新颖性与独特性，但是，这种免疫范式的思考方式未必优越于其他哲学家与思想家，或许更严肃地来说，还有滑向保守主义之嫌。在全球化时代，一系列的新事件、新现象需要得到异于传统的解释，才能揭示出笼罩在虚幻之中的真相，厘清事物发展的方向，并为我们正确认识新时代背景下所呈现的各种问题提供有效的解决方案，而免疫范式的生命政治只是一种全新的讨论视角。

（原载《华中科技大学学报》2017 年第 5 期）

三
后现代主义政治哲学

当代激进左派的哲学与政治
——以德勒兹思想为例

夏　莹[*]

引论：激进左派的问题意识

　　20 世纪崛起的激进左派思潮的理论取向源于对马克思思想的继承与发展。我们在回顾马克思思想理论演进的过程中会发现早期马克思与晚期马克思之间存在一个理论取向上的差异：青年马克思虽然强烈地批判了青年黑格尔派的基本思想，但却坚持了青年黑格尔派所共有的激进性，即对于革命以及革命主体的探寻始终是其哲学构造的一个主题。但随着马克思对政治经济学批判的不断深化，其理论取向发生了转变：基于向黑格尔思想的回归，马克思开始将社会发展视为一个客观发展过程。正如马克思在《资本论》第一版"序言"中所指出的那样："问题本身并不在于资本主义生产的自然规律所引起的社会对抗的发展程度的高低。问题在于这些规律本身，在于这些以铁的必然性发生作用并且正在实现的趋势。"[①]　由此，马克思"把经济的社会形态的发展理解为一种自然史的过程，不管个人在主观上怎样超脱各种关系，他在社会意义上总是这些关系的产物"[②]。至此，马克思用对带有某种铁的必然性的社会发展规律的关注替代了对革命以及革命主体的分析。这构成了马克思思想发展

＊ 夏莹：清华大学哲学系教授。
　① 《马克思恩格斯文集》第 5 卷，人民出版社 2009 年版，第 8 页。
　② 《马克思恩格斯文集》第 5 卷，人民出版社 2009 年版，第 10 页。

·221·

的一个内在矛盾。对此，詹姆逊在其《重读（资本论）》一书中指出："我的结论是《资本论》（第一卷）没有政治结论。但当我们讨论的是一本一个多世纪以来在全世界都被视为劳动阶级圣经的书，而书的作者又曾写过一本西方政治理论的基础和经典之作（《共产党宣言》），这就成了需要解释的悖论。"①

在笔者看来，激进左派的思想取向或可视为面对马克思思想中这一悖论而作出的一种阐释。他们坚持对当代资本主义社会彻底批判的理论立场，并在此基础上构建可能的、富有现实性的革命主体。

随着晚期资本主义经济的蓬勃发展，无产阶级作为一种显性的阶级正在消亡。强大的资本逻辑推动着社会如同一架自动运行的"机器"不断前行。资本固有的矛盾正在被体系内在消化，资本主义灭亡的时刻被无限期地延迟。随之而来的是，革命是否可能？革命的条件何以可能？后一问题同时引发了关于革命主体是否存在，如何存在等相关问题。因此，重构历史发展的主体性维度成为迫切的时代问题。激进左派的各位思想家，诸如吉尔·德勒兹、拉克劳与墨菲、齐泽克、阿兰·巴迪欧以及阿甘本等，他们分别作为"后"学思潮当中的一支，虽然理论表述语言各不相同，但对革命与主体性的探讨却是其共同的理论主题。

然而对革命主体的讨论隐含着对主体哲学的复兴。但20世纪是反一主体哲学高歌猛进的年代。如何将这一普遍的理论倾向与对马克思哲学主体性维度的讨论有机地整合，成为激进左派的理论难题，同时也促使激进左派对当代元哲学的发展做出了特有的理论贡献。阿兰·巴迪欧在《世纪》一书当中将主体问题作为七个关键词之一，认为今天对主体的讨论与之前对于主体的理解完全不同，今天"所谓'你是其所是'，作为主体而言，仅仅是一个生成（devenir）的决定"②。由此可见，对于激进左派而言，主体的问题并未退出历史舞台，但主体本身却失去其本质性的规定，它转变为某种生成性的观念。今天的革命主体以及由其带来的革

---

① ［美］弗雷德里克·詹姆逊：《重读（资本论）》，胡志国、陈清贵译，中国人民大学出版社2013年版，第111页。

② Alain Badiou, *Le Siècle*, Seul, 2005, p.144.

命正是在富有生成性的、过程性观念当中得以诠释。而激进左派也在保有这样一个革命主题的同时保有了自身的激进性维度。

概言之，我们看到了激进左派的三个基本共相：哲学理论与政治实践的共融性，坚持对资本主义的批判，以及生成性主体性原则的构筑。在这些基本原则之下，当代激进左派提出了各色不同的理论表述。在本文中，笔者将透过德勒兹的某些思想片段来彰显激进左派所具有的这些普遍共相。在此，德勒兹的思想所代表的不是某个哲学家的基本倾向，它作为激进左派思想的一般形态进入笔者的讨论视域。因为德勒兹是一个思想的开拓者。他不仅在时间上是激进左派思想的鼻祖，同时他的思想也为激进左派构筑了几乎所有的理论原则。因此，德勒兹的思想演进之于激进左派富有典型性。

一　肯定性哲学与革命

德勒兹作为激进左派思想传统中的先驱，其思想中同样包含着对于这种哲学的关注，并拥有其特定的讨论方式。就德勒兹的思想而言，其被"68革命"的政治运动所切割，或可分为两个阶段：第一，"68革命"之前，德勒兹着力于哲学抑或文学的典型人物及其思想的创造性阐发，其中包括休谟、尼采、康德、普鲁斯特与斯宾诺莎等，这些人物的选取看似没有关联，但却蕴含着德勒兹对于哲学的独特立场；第二，"68革命"之后，德勒兹亲身介入这一革命当中，并由此体会到了现实的政治运动所蕴含的巨大能量，理论也就此转向了对资本主义的批判以及革命理论的构建，从而创造了资本主义精神分裂的批判方法，并在其思想的晚期展开关于多元哲学的确立工作。《什么是哲学？》一书的完成或可视为德勒兹思想的自我总结。德勒兹哲学的两个阶段之间具有逻辑的内在关联，"68革命"之前德勒兹关于纯粹哲学的研究是"68革命"之后其资本主义的批判以及相关政治理论构建的哲学基础。德勒兹的哲学在其最初的纯粹形态中就已经蕴含着政治哲学的基本指向。

德勒兹思想的生发植根于当代法国哲学从"3H"（黑格尔、胡塞尔与海德格尔）向"三个怀疑大师"（马克思、尼采与弗洛伊德）的转折点之上。德勒兹依赖对休谟和尼采的研究完成了自身对于法国黑格尔主义传统的彻底批判和扬弃。法国黑格尔主义的传统最具影响力的是辩证法思想。它让苦难变成通向光明未来的必经之路，从而弘扬了否定性的内在价值。战后法国思想界对于黑格尔思想的接纳带来了对否定性哲学的弘扬。虽然这种否定性在诸如科耶夫和萨特①那里意味着对人的能动性的强调，但对这种否定性的强调也带来了虚无主义的潜在危险。在历史终结论的启发之下，哲学的终结、艺术的终结等各色终结论在法国思想界甚嚣尘上。终结论与政治上的保守主义具有天然的关联。黑格尔的思想是这一倾向的典型代表，因此，如果要反叛社会思想的保守主义倾向，防止思想窒息在终结论当中，需要新的思想路径。这一路径需要能够激发生生不息的哲学创造，扬弃否定性，复兴某种肯定形态的哲学，这样的思想所激发的行动将不是被规定的否定性，而是积极的、开放性的、未知的。德勒兹选择了尼采作为后一种哲学路径的代言人，由此，在法国一股被称为"新尼采主义"的思潮应运而生。

面对尼采对形而上学的批判与拒斥，德勒兹着意于重述对辩证法和批判的哲学内涵，一方面，放弃蕴含着妥协性政治倾向的否定性哲学；另一方面，树立充满革命之激情的肯定性哲学。

辩证法，在德勒兹看来其构成了尼采哲学的一个批判对象。奴隶的道德正是借助辩证法才得以形成。尼采通过对康德哲学的批判阐发了其对辩证法的指责。在德勒兹看来，这种批判并非仅指向康德哲学本身，其最终的批判对象是整个康德的思想传统："从黑格尔到费尔巴哈，康德以后的批判究竟变成了什么模样？——它变成了一种技艺，被思维、自我意识和批评家自身用来适应事物和观念，或者被人们用来重拾一度丧

---

① ［法］亚历山大·科耶夫在《黑格尔导读》所构筑的哲学人类学中，否定性成为人的行动的内在动力，从而黑格尔的辩证法也就成为人的生成过程一种存在论的表达方式。（参见［法］亚历山大·科耶夫《黑格尔导读》，姜志辉译，译林出版社 2005 年版）。萨特在将 existence 界定为行动和虚无的时候，其人本主义的理论诉求及其理论归宿与科耶夫是一致的。

失的决心；简而言之，它就是辩证法。"① 辩证法在这一意义上成为整个后康德哲学传统的核心内涵。但辩证法却并没有能够带哲学走向未来，而是走向了终结。这是什么原因造成的？德勒兹借用尼采的批判强化了辩证法的"原罪"。对于德勒兹来说，辩证法的关键并不在于其固有的规定的否定性，而在于辩证法的否定性已经沦为批判家与事物和观念相适应的一个必经中介，那么，所谓的否定性所带来的结果最终只能是"精神的背后似乎隐藏着随时准备与任何权利，与教堂或国家妥协的力"②。正是这种妥协的力，使得"全面批判就这样变成了妥协的政治学"③。这个结局使得"卑贱者重新拥有卑贱的事物"，"反动的人重新拥有反动的决心"④，但这绝非意味着批判哲学的全面胜利。"在康德那里，批判未能发现使之得以实现的真正能动的例证。它在妥协中耗尽了精力：它从未令我们克服在人、自我意志、理性、道德和宗教那里表现出来的各种反动力。它甚至具有相反的效应——它使这些力变得更像'我们自己'的东西。"⑤ 在这里，将他物变成"我们自己"的东西是后康德传统所完成的一种和解之路。主体的能动性也表现在其中，它意味着辩证地扬弃对自身存在的否定性。尼采（抑或说德勒兹）对于康德及其后继者的批判是彻底的。因为它挖掘出了在康德批判哲学所弘扬的人的能动性背后的妥协性。

辩证法与批判哲学，进而与政治的妥协性成为一个问题的多个方面。这究竟是如何做到的？为了回应这一问题，我们需要从尼采与德勒兹眼中的批判哲学之批判的内涵来看。

---

① ［法］吉尔·德勒兹：《尼采与哲学》，周颖、刘玉宇译，社科文献出版社 2011 年版，第 129 页。

② ［法］吉尔·德勒兹：《尼采与哲学》，周颖、刘玉宇译，社科文献出版社 2011 年版，第 129 页。

③ ［法］吉尔·德勒兹：《尼采与哲学》，周颖、刘玉宇译，社科文献出版社 2011 年版，第 131 页。

④ ［法］吉尔·德勒兹：《尼采与哲学》，周颖、刘玉宇译，社科文献出版社 2011 年版，第 129 页。

⑤ ［法］吉尔·德勒兹：《尼采与哲学》，周颖、刘玉宇译，社科文献出版社 2011 年版，第 129—130 页。

德勒兹在连续两年内分别在两部著作（《尼采与哲学》以及《康德的批判哲学》）中谈到康德的思想：德勒兹对于康德的发现正如其对于尼采的理解一样是极为独特的。在德勒兹看来，康德的批判哲学之批判的核心观念不仅包含着"划界"，它更意味着"立法"。

将批判视为划界，已经蕴含着某种妥协的政治："战争还没有开始，势力范围就已经被瓜分得一干二净。以下三种理想被区分开来：我能知道什么？我应该做什么？我可以期待什么？每一种理想各有限制，误用或越界是绝对不允许的，而每一种理想不批判的特性就像蛀虫一样深居于康德思想的核心。……康德批判中唯一的目标就是辩护，它始于对批判对象的信念。"① 划界让批判成为无批判的辩护。因为它让批判仅仅关注防止越界，却失去了对真正意义上的知识、道德和信仰的关注。康德的批判哲学在这一意义上带有某种防御式的姿态："没有任何一个全面批判像康德也这样具有安抚作用，这样具有谦恭的态度。"② 但这只是批判的一方面，批判还有另外一个方面，即在理性界限内为自身立法的一面。

康德的批判是内在的。"批判不能诉诸情感、体验或任何外部因素的理性批判。"③ 这种批判"以命令取代显现"④。由此，"哲学作为哲学立法的观念使批判成为批判的观点获得了内在的完整性：他们一起构成了康德哲学的主要成就，即它的革命性成就"⑤。换言之，理性成为自身的法官，它来裁决理性自身的界限。这种看似富有能动性的设定本身却因为批判始终是理性内在的批判而出现矛盾："理性既是法官又是被告，既

---

① ［法］吉尔·德勒兹：《尼采与哲学》，周颖、刘玉宇译，社科文献出版社 2011 年版，第 129—130 页。

② ［法］吉尔·德勒兹：《尼采与哲学》，周颖、刘玉宇译，社科文献出版社 2011 年版，第 130 页。

③ ［法］吉尔·德勒兹：《尼采与哲学》，周颖、刘玉宇译，社科文献出版社 2011 年版，第 133 页。

④ ［法］吉尔·德勒兹：《尼采与哲学》，周颖、刘玉宇译，社科文献出版社 2011 年版，第 134 页。

⑤ ［法］吉尔·德勒兹：《尼采与哲学》，周颖、刘玉宇译，社科文献出版社 2011 年版，第 134 页。

是审判者又是起诉人，既是裁决者又是被裁决者。"① 理性立法的困境由此而来，一方面，立法给予理性以能动性；另一方面，理性作为被立法规定者又彰显了理性的被动性，康德在其体系自身内部无法解决这一问题。在笔者看来，康德理性之立法原则的矛盾早在黑格尔那里就被洞察到了："当一个人只消意识到或感觉到他的限制或缺陷，同时他便已经超出他的限制或缺陷了。"② 换言之，划界当中包含着被动与谨慎，同时包含着立法的主动和僭越。康德的批判思想之内在张力彰显为理性的二律背反中，辩证法才得以延伸出自身。黑格尔明确指认了这一点："康德理性矛盾说在破除知性形而上学的僵硬独断，指引到思维的辩证运动的方向而论，必须看成是哲学知识上一个很重要的推进。……理性矛盾的真正积极的意义，在于认识一切现实之物都包含有相反的规定于自身。因此，认识甚或把握一个对象，正在于意识到这个对象作为相反的规定之具体的统一。"③ 这是辩证法的表达方式，即：包含着规定性的否定于自身的存在，它在理性内部解决了康德留下的矛盾，即将对自身的划界转变为对自身的规定（即否定），但由于囿于理性自身之内，辩证法的最终归宿仍然是理性的自我和解，正是这种自我和解才使得批判与辩证法最终变成了自我意识向事物的妥协。这一点在康德那里似乎还没有真正地显现出来，因为他不推崇辩证法，而对于黑格尔来说，问题似乎已经是不证自明的事实了。

德勒兹通过尼采对康德的批判凸显了其批判性及可能导致的辩证向度的妥协性。他的这一工作有其特有的理论指向。黑格尔主义于 20 世纪 30 年代入侵法国以来，辩证法思想就成为法国思想界津津乐道的一种理论路径。对于辩证法的推崇源于"二战"以后法国人面对失败所急需的某种精神慰藉。因此，从法国思想界对其关注之初就带有某种消极的意

---

① ［法］吉尔·德勒兹：《尼采与哲学》，周颖、刘玉宇译，社科文献出版社 2011 年版，第 133 页。
② ［德］弗里德里希·黑格尔：《小逻辑》，贺麟译，商务印书馆 1980 年版，第 148 页。
③ ［法］吉尔·德勒兹：《尼采与哲学》，周颖、刘玉宇译，社科文献出版社 2011 年版，第 133 页。

义，辩证法如同尼采眼中奴隶的道德，总是带有一些复仇和怨怼的心态。随着法国经济政治在战后的复苏及其迅猛发展，辩证法的否定性以及随之而来的妥协政治开始遭到质疑。20世纪60年代，某种激进的革命性在思想界暗流涌动。德勒兹是这一潮流的弄潮儿。他以尼采哲学为切入点试图推崇一种真正意义上的能动性哲学，这种哲学的创造性并不来源于否定性，而是源于其正向的肯定性。因此，德勒兹选择尼采，因为"尼采的'是'与辩证法的'否'相对，肯定与'否定'相对，差异与'矛盾'相对，快乐、享受与辩证法的艰苦工作相对，轻歌、曼舞与辩证的责任相对。注重差异的经验主义情感，简言之等级，那是概念的原动力，它比一切关于矛盾的思想都要深刻得多"①。于是借尼采之口对于"批判"的内涵给出了另外一个内涵："批判不是怨恨的反映，而是一种积极生存模式的主动表达，它是进攻但不是复仇，是某种生存方式天然具有的侵略性，是神圣的邪恶，没有它，完美则无法想象。"②

　　显然，这种批判不会导致妥协政治的产生。它包含一种内在的"力"，这种力量如同一种冲动，富有积极性和主动性。它们不需要苦难（否定性）的推动，其自身就是自己力量的说明。而这一肯定性哲学的诞生源于"68革命"对德勒兹的触动。德勒兹作为这一革命的积极参与者看到了支撑行动背后的积极力量并非源于压迫与苦难，相反，它或者是一种革命的激情。面对这一激情，否定性的哲学会失语，革命需要新的哲学话语的构建。德勒兹借用尼采所表达的肯定性革命是能够表达这一革命激情的新的哲学话语，如果说否定性哲学支撑下的现实革命或许需要对生产力的讨论，那么，肯定性哲学推动的现实革命需要的却是激情，激情在哲学上表达就是"欲望"。德勒兹的欲望哲学的构建与其对现实革命的观照是无法分开的。

---

① ［法］吉尔·德勒兹：《尼采与哲学》，周颖、刘玉宇译，社科文献出版社2011年版，第13页。
② ［法］吉尔·德勒兹：《尼采与哲学》，周颖、刘玉宇译，社科文献出版社2011年版，第4页。

二　生成性哲学与主体

德勒兹在革命的激情中看到了欲望，它作为一种推动革命得以产生的内在的"力"固然是保持激进性的必要条件，但欲望的激情需要某种特定主体的支撑才能真正地完成革命。68年之后的德勒兹与伽里塔相遇，其思想从对哲学史的分析转向了激进政治的构建，这是其发现欲望的肯定性意义之后理论的新走向。在其中，德勒兹提出了与精神分析对抗的精神分裂分析，以及对抗固有国家观念而产生的游牧政治，在这两种反抗形式当中，德勒兹为我们呈现了两类反资本主义的新型主体：精神分裂者以及游牧民。

革命激情激发了德勒兹关于欲望机制的研究，而对欲望机制的研究同时将德勒兹引向了精神分析。但精神分析将欲望视为一种匮乏，即欲望客体的匮乏，并以此阐发欲望产生的机制。这对于德勒兹来说是一种否定性哲学的变种，是辩证法的结果。基于与之对立的肯定性哲学的路径，德勒兹认为："欲望并不缺乏任何东西，欲望并不缺乏它的客体，相反，只是在欲望中缺乏主体，或者欲望缺乏固定的主体。"① 作为一种肯定性的力量，欲望是一种生产，"欲望生产是生产的生产（productionde-production），正如整体的机器，是机器的机器"②。而"社会生产不过是在特定历史阶段中的欲望生产"③。欲望生产所表达的是一种肯定性的欲望，它拥有正向的能量，同时欲望生产作为生产的生产意味着欲望是生产本身。这种永恒的生产性意指欲望永远处于不断的"解域化"（deterri-torialization）过程当中。欲望的这种内在的"力"在精神分析当中不是被释放出来，而是被压抑和篡改。精神分析所完成的俄狄浦斯式的分析模

---

① Gilles Deleuze, Felix Guattari, *Capitalisme et Schizophrenie*：*L'a nti-Oedipe*，Minui，1972，p. 34.
② Gilles Deleuze, Felix Guattari, *Capitalisme et Schizophrenie*：*L'a nti-Oedipe*，Minui，1972，p. 12.
③ Gilles Deleuze, Felix Guattari, *Capitalisme et Schizophrenie*：*L'a nti-Oedipe*，Minui，1972，p. 36.

式是一种新的形而上学。它将欲望进行重新编码，或者用德勒兹的话来说即进行了再辖域化（re-territorialization）。俄狄浦斯式的分析模式包含两个方面的问题：其一，俄狄浦斯将分析仅仅局限在妈妈、爸爸与孩子之间的三角关系当中，将复杂的无意识进行了本质主义的还原，从而使得精神分析最终不过就是一种"树形"哲学的衍生物。其二，俄狄浦斯式的分析回避了这一分析所固有的历史境遇。无意识的存在，以及对无意识的压抑等并非人不可磨灭的本性（对于德勒兹来说，人是否有本性，这本身也是一个值得探讨的问题），它是资本主义社会特有的一种社会现象。

　　基于此，反—俄狄浦斯成为德勒兹构建批判理论的切入点。它试图释放无意识的多样性，从根本上拒绝对其进行的意义和主体化的阐释。例如，将某种现象归结为某种幻象，并在赋予这一类幻象以意义的过程中使得现象获得了阐释。这是一种本质主义还原。与之对立的精神分裂分析则试图保持现象阐释的多义性，甚至激发生成新的意义。正如德勒兹的无器官的身体所意指的意象。无器官身体并非没有器官的身体，而是器官在身体当中没有被"辖域化"，也即没有获得固定的功能界定："一具无器官的身体不是一个空洞的、缺乏器官的体，而是这样一个身体，在其上所有那些充当器官者……根据集群的现象被分布，并以分子多元体的形式进行着布朗运动。"[1] 无器官身体于是成为一个"平滑的、不透明的以及延伸的平面"[2]。欲望的肯定性的"力"需要从这种无器官的身体当中获得释放。而在德勒兹看来，"资本是资本主义的无器官身体"[3]。因为资本自身包含着流动性和不断增值的进步欲求。这个提法值得我们注意的是，反—俄狄浦斯与欲望以及无器官身体之间的内在关联。如果资本成为资本主义无器官的身体，同时德勒兹认为资本主义与俄狄

---

　　① ［法］吉尔·德勒兹、［法］菲利克斯·加塔利：《资本主义与精神分裂（卷二）：千高原》，姜宇辉译，上海书店出版社2010年版，第41页。

　　② Gilles Deleuze, Felix Guattari, *Capitalisme et Schizophrenie*：*L'a nti-Oedipe*, Minuit, 1972, p. 15.

　　③ Gilles Deleuze, Felix Guattari, *Capitalisme et Schizophrenie*：*L'a nti-Oedipe*, Minui, 1972, p. 16.

浦斯之间有密切关联，那么资本就成为批判资本主义，展开反—俄狄浦斯批判的内在的关键要素。换言之，资本主义是一个自我扬弃的过程。这一点，在笔者看来，德勒兹是马克思思想的嫡传弟子。马克思对资本的批判同样是一种内在的批判，马克思从未在资本主义之外来探寻革命道路以及革命主体。当德勒兹将资本与无器官身体关联起来的时候，他对资本主义的批判同样是内在的。资本自身的流动性构造了一个无器官身体，而资本主义社会当中的精神分裂者们则领会到了资本之流动性的革命主体。

精神分裂者从根本上拒斥精神分析对它的俄狄浦斯化的解读，他们同时具有清醒的自我意识："我们被俄狄浦斯化，我们被阉割了。……欲望生产足以冲破这种死寂：我们都是精神分裂症患者！我们都是反常者！我们都是黏性的和流动的力比多——无须选择，我们就被解域化之流带动着。"① 精神分裂者的激进性表现在它的流动性当中，它用这种流动性冲破资本主义的辖域化的任何倾向，它的存在与资本的流动性具有同构性。因此，它可以为革命之主体。需要强调的一点是，德勒兹明确地指认："我们并不是说革命者是精神分裂症者。我们认为，有一个精神分裂的过程，一个破译的过程，一个消除恐惧的过程，唯有革命的行动才能阻止这个过程转化为精神分裂症的产生。"② 这里是否存在矛盾？笔者并不这样看。因为对于德勒兹来说，革命者并不等于革命主体。革命者在某种意义上是一个固定的主体，它成为反抗资本主义的先定选民，这一规定性与精神分裂症者的本性是矛盾的。精神分裂症者是革命主体，因为德勒兹对于主体性同样做了某种流动性的解读，因此，所谓革命的主体并非指向特定的某类人，它或可意指某个过程敞开的契机，革命只有在这种契机下才是可能的。精神分裂症者之于革命，正是在于它的流动性成就了欲望的生产，而欲望正是革命得到产生的内在动能。在这一意

① Gilles Deleuze, Felix Guattari, *Capitalisme et Schizophrenie: L'a nti-Oedipe*, Minuit, 1972, p. 80.
② ［法］吉尔·德勒兹：《哲学与权力的谈判：德勒兹访谈录》，刘汉全译，商务印书馆2005年版，第27页。

义上来说，资本、精神分裂者，以及推动精神分裂者的欲望在其流动性的共同本质上构成了颠覆资本主义的同构关系。而流动性，对于德勒兹来说是其生成哲学的基本特质。

生成性是德勒兹哲学创造性的源头。早在对尼采的阐释当中，生成已经成为德勒兹反思"存在"的一个核心内涵，因此，赫拉克利特关于存在的界定才进入德勒兹的视域当中①，所谓"生成不是已然形成的事物"，"是说它无法最终定型"。② 德勒兹对于这种生成性内涵有两个不同的界定维度。

第一，生成性意味一种永不停止的"解域化"。它与那种将事物归类的"辖域化"倾向相对立。正如欲望作为一种肯定性的力不能有固定的主体与客体，它以自身的未定型来否弃任何形式的约束与规定。德勒兹对于生成性这一内涵的强调一方面或可追溯至其经验主义立场，另一方面又需读懂他的政治诉求。对于前者，我们需要理解德勒兹对于经验主义的独特阐释："我总觉得我是一个经验主义者。来自怀特海所规定的经验主义的两个特征：其一，抽象的东西不能解释什么，其本身需要被解释；其二，目的不在于重新发现什么外在的或普遍的东西，而是探究任何新的东西可以据此产生的条件。"③ 因此，经验主义对于德勒兹而言意味着某种探求具体性、创造性和生成性的有效路径。于是德勒兹以休谟为研究对象完成了他的第一部研究著作。在其中，经验主义的本质在于它的建构逻辑（une logique constructive），它源于休谟的"所有观念都来源于一种印象（impression）"，对于德勒兹而言，这种印象就是一种感性之流（1efluxdusensible）。它使得经验的形成成为"相互区分的观念的一个序列抑或一个运动，这些观念因为相互差别而相互区分，同时也因为相互区分而彼此存在差异"④。正是在这种经验主义的语境当中，主体性

① ［法］吉尔·德勒兹：《尼采与哲学》，周颖、刘玉宇译，社科文献出版社2011年版，第35页。

② ［法］吉尔·德勒兹：《尼采与哲学》，周颖、刘玉宇译，社科文献出版社2011年版，第70页。

③ Gille Deleuze and Parnet Claire, *Dialogues Ⅱ*, Columbia University Press, 2002, vii.

④ Gille Deleuze, *Empirisme et Subjectivité*, puf, 1953, p. 93.

的问题才可能获得说明。因为对于德勒兹而言，"主体需要通过一种运动，或者作为一种运动来加以界定，主体是一个展开自身的运动"①。主体观念所内含的这个运动包含两个方面：自我超越（sedépasse）和自我反思（seréfléchit），与之相关的，主体观念中包含推理与创造两个维度。这两个维度阐释了主体的生成性。德勒兹关于生成性哲学的构造始终围绕着某类主体性观念的重构。而这种主体性观念的重构最终指向的却是德勒兹的政治诉求。生成性主体需要一种特定的政治理论。由此，生成性获得了它的第二个内涵。

第二，"所有的生成都是一种生成—弱势"②。"生成—弱势是一种政治运动，它必需一整套权力的运作，必需一种能动的微观—政治。"③ 微观政治是宏观政治的对立面，对于后者来说，历史是去了解人们如何赢得强势地位的一个过程。与之对立，微观政治所关注的是弱势群体如何消解权力的过程。"生成—革命并不关心那些有关革命的'过去'和'未来'的问题；它在二者之间进行。每次生成都是一个共存的断块。"④ 换言之，权力的构建本身包含划界和立法。生成通过介于"之间"的特性解域任何固定的界限："一种生成既不是一也不是二，更不是二项之间的关系，而是'在一之间'，它是与二项皆相垂直的边界线或逃逸线、坠落线。"⑤ 弱势群体只有依靠这种生成性所形成的非此即彼的"逃逸"逃脱权力对他们的操控。权力的划界与立法面对生成如同将流沙置于掌中，越试图将其把握与规训，反而导致生成的流失。正因如此，生成性才能逃离权力。同时，生成只能与弱势相关联，它与界限分明的统治群体相对立。

---

① Gille Deleuze, *Empirisme et Subjectivité*, puf, 1953, p. 90.
② ［法］吉尔·德勒兹、［法］菲利克斯·加塔利：《资本主义与精神分裂（卷二）：千高原》，姜宇辉译，上海书店出版社 2010 年版，第 412 页。
③ ［法］吉尔·德勒兹、［法］菲利克斯·加塔利：《资本主义与精神分裂（卷二）：千高原》，姜宇辉译，上海书店出版社 2010 年版，第 413 页。
④ ［法］吉尔·德勒兹、［法］菲利克斯·加塔利：《资本主义与精神分裂（卷二）：千高原》，姜宇辉译，上海书店出版社 2010 年版，第 414 页。
⑤ ［法］吉尔·德勒兹、［法］菲利克斯·加塔利：《资本主义与精神分裂（卷二）：千高原》，姜宇辉译，上海书店出版社 2010 年版，第 416 页。

德勒兹在微观政治的语境中提出的游牧民的观念，在笔者看来，游牧民是精神分裂者在微观政治语境中的一个别名。因此，游牧民与精神分裂者具有完全相似性，它具有流动性，并依赖流动性来诠释生成性的内涵。如果说精神分裂者依赖不断破除理性的界限来生成革命的契机，释放作为某种生成性的欲望，那么，对于游牧民而言，它在空间—地理学的意义上表达了相同的内涵。首先，游牧民是始终处于流动中的族群，它不同于移民，移是从一点移动到另一点，而游牧民则总是处于流动过程当中，因此，移民的空间及其路线仍然是确定的，但游牧民却是开放的。① 其次，游牧民通过流动实现的解域化同时附有一种创生性，即"游牧民栖居在、停留于这些地方，他们自身令这些地方得以增长"②。换言之，游牧民创造了空间，正如精神分裂者创造了欲望释放的契机一样。他们都在解域既有的界限，游牧民是较之精神分裂者更为直接的思想意象。它所实现的疆域的拓展就是精神分裂突破理性界限的直接表现。由此可见，德勒兹的生成性哲学将精神分裂分析与微观政治理论的构建勾连起来，它们形成了两座不同的"高原"，共同诠释着对于包括资本主义在内的权力操控的批判，以及革命的可能性条件的构建，其中关键在于如何构筑一个有效的革命主体。无论是精神分裂者还是游牧民，他们都以自身的解域化来生成革命的契机，并在这一契机当中拓展革命的可能性空间。

结语　何为激进左派的激进性维度？

思想因为符合时代的精神才会富有感染力和影响力。德勒兹的思想并非仅仅出自理论家个人的理论偏好所进行的自娱自乐，相反，它是对时代精神的一种回应。阿兰—巴迪欧在其关于德勒兹思想研究的小册子

---

① ［法］吉尔·德勒兹、［法］菲利克斯·加塔利：《资本主义与精神分裂（卷二）：千高原》，姜宇辉译，上海书店出版社 2010 年版，第 547 页。
② ［法］吉尔·德勒兹、［法］菲利克斯·加塔利：《资本主义与精神分裂（卷二）：千高原》，姜宇辉译，上海书店出版社 2010 年版，第 549 页。

中用"如此遥远！如此切近"（Desiloin！Desiprés）来命名开篇的引言。[①]
在其《小万神殿》当中，又不无感慨地说："出于何种原因，他仍然是我
们的同代人？同时，又是出于何种原因他是为数很少的与当下不合时宜，
却是未来的同代人？"[②] 这些矛盾的界定与德勒兹哲学的生成性原则是契
合的。当我们无法将其归入任何一种思潮的界限之内的时候，德勒兹的
哲学或许才真正为我们所理解。

　　然而，这种不可归类恰恰构成了今天激进左派思想家面对资本主义
的批判和革命时不得不采取的一种理论态度。晚期资本主义的成熟使其
成为一个"完美的罪行"，尽管仍然充满异化，但其统治体系却日臻完
善。其完善性的标志在于它甚至可以通过辩证法的否定性原则将所有对
它的批判都纳入其理论内在的发展环节当中。因此，从这一意义上来说，
德勒兹反辩证法的肯定性哲学作为一种革命理论的构建，其理论内涵突
破了这一体系的自我完善的运演机制。欲望生产产生的"力"可能冲破
体系自身的规定。这种解域化的倾向在其生成哲学当中被彻底化，从而
被激进化。解域不是一次性完成的状态，它是一个不断解域化的过程本
身，其中包含辖域化、解域化、再辖域化、再解域化的生成过程。这是
欲望生产的基本状态。严格来说，并没有任何既定的主体能够诠释这种
生成性哲学的基本内涵。德勒兹在此所提出精神分裂者与游牧民都是流
动的主体性，他们以其非确定性的特征与这种生成性哲学同构，因此成
为主体性原则的一种诠释方式。两者在不同语境当中的并存更说明了对
于德勒兹而言主体性的非确定性。概言之，对于德勒兹来说，政治的激
进性维度正在这种流动性、生成性以及非确定性当中才可能被凸显出来。

　　德勒兹谈论激进性的独特方式影响深远。这种激进性的诠释方式是
对抗晚期资本主义社会可能采取的一种态度。时至今日，活跃于理论舞
台上的诸位激进左派思想家，诸如拉克劳与墨菲、齐泽克、阿兰·巴迪
欧等都以不同方式继承了德勒兹对激进性的诠释方式。例如，拉克劳与

---

①　Alain Badiou, *Deleuze：La Clameur de L'être*, Hachette Littérature, 1997, p. 7.

②　Alian Badiou, *Petit Pathéon Portatif*, La Fabfrique Éditions, 2008, p. 106.

墨菲的领导权概念，作为一个空位的预设，通过话语的链接将各色弱势群体的力量整合起来，但对社会对抗的不消除（所谓的"非缝合性"）的强调避免了任何一种话语链接向统治性话语的转变。阿兰·巴迪欧，在笔者看来，他关于事件主体的凸显一方面固然带有阿尔都塞思想的影子，但另一方面就其直接的思想来源而言，他更倾向于德勒兹在《感性的逻辑》当中对事件的阐发。事件，作为历史一种断裂性的存在，敞开了革命的可能性空间，但在这一空间中，究竟由谁来成为承担事件的主体同样是生成性的。因此被称为"事件主体"。正是由于事件主体的存在，事件才得以成为事件，事件、主体与真理之间有一种内在的关联性。

　　如何看待激进左派的激进性维度？这不仅是一个理论问题，更是一个实践问题。但如今激进左派将其仅仅看成了一个理论问题。巴迪欧在评价阿尔都塞的时候已经指出，"哲学就是一个行动，而不是解释"，但何为哲学的行动呢？"所有的哲学都是一种宣言，哲学实践的职责在于宣布客体的范畴性空洞的边界。"① 换言之，哲学的任务就是发现范畴的空洞性，为突破这一范畴的空洞性提供前提的活动。哲学由此富有一种政治性。但显而易见，这种发现范畴之空洞性的哲学实践仍然仅仅是理论的。因此，整个激进左派在将对历史叙事的断裂性以及主体的空洞性的强调中总是难以摆脱思辨哲学的帮助。无论是凸显尼采对于形而上学的批判，还是放大黑格尔辩证法的否定性，其理论构筑的资源都是理论性的。虽然他们把握了当代资本主义的基本精神：一种理性的规划与进步的强制性，并以不断的生成性作为突破这一完美理性的方式，但这种突破总是难免沦为一种理论的精巧构思，在其现实性上，总给人以概念游戏的感觉。因此，当今的激进左派的命运，在笔者看来，大致有两个：其一，将各色既有的边缘群体的偶然性革命进行理论整理，将其纳入激进政治理论当中作为案例，从而最终完成的也仅仅是解释世界的任务；其二，生成性的激进性内涵使其在意识形态和文化批判上颇具锋芒，由此获得了一种阿Q式的精神胜利法。在对权力、统治的批判当中实现对

----

① Alian Badiou, *Petit Pathéon Poratif*, La Fabfrique Éditions, 2008, p. 67.

权力与统治的颠覆。因此，这种颠覆在本质上最终也仅仅是一种对"武器的批判"而已。

（原载《世界哲学》2014 年第 5 期）

异教主义的正义

——评利奥塔的后现代政治哲学

姚大志[*]

自 20 世纪晚期以来，西方哲学中最重要的事件之一就是后现代主义的突然崛起和广泛传播。后现代主义对 18 世纪以来的启蒙传统提出了质疑，对本质主义、基础主义、表象主义、普遍主义、逻辑中心主义以及主体观念等现代思想进行了猛烈批判，对以"永恒真理"和"普遍解放"为代表的元叙事表达了不信任。虽然后现代主义思想家似乎大都讨论认识论问题，但实质上，他们的基本倾向是政治性的。他们所力图表达的是一种反抗精神，既反对主流的意识形态，也反对现存的社会秩序。在这种意义上，后现代主义是一种政治哲学。

以罗尔斯为代表的正统政治哲学家试图提出某种政治主张或政治理想，并且力图为它们提出使人信服的证明。在这种意义上，正统的政治哲学是建构性的。与此不同，后现代主义是一种反抗的政治哲学。对于后现代主义的哲学家，重要的东西不是支持什么，而是反对什么；不是为某种政治观点给予辩护，而是对某种政治观点进行批判；不是建构某种伟大的理论，而是解构所有伟大的理论。

法国哲学家利奥塔（Jean-François Lyotard）是当代最重要的后现代主义者之一，他将自己的政治哲学称为"异教主义"。如果说当代政治哲学的主题是正义，而罗尔斯所主张的是一种自由主义的正义，那么利奥塔

---

* 姚大志：吉林大学哲学社会学院教授。

所提出的则是一种异教主义的正义。异教主义是一种没有标准的多元论，在正义问题上主张正义没有本质，不能抽象地谈论，只能个案地判定，即坚持"正义的多样性"。但是，这种没有标准的多元论最终将导向相对主义，而相对主义则会侵蚀政治哲学的合理性。因此，利奥塔又不得不提出一种"多样性的正义"，用其所含有的普遍价值来限制相对主义。

一　利奥塔的政治哲学与异教主义

政治哲学的一个重要问题是合法性，而政治哲学通常要对国家的合法性给予合理的证明。所谓"合法"，是指国家以及它对权力的使用应该被证明为正当的，并且这种正当性应该是道德层面的。所谓"合理"，意味着这种证明的理由应该能为所有理性的人们所接受，起码没人有理由加以反对。在当代西方社会，大多数政治哲学家主张，国家的合法性应该建立在同意或共识的基础之上。罗尔斯的自由主义是这种共识理论的一个典范，哈贝马斯的共和主义是另一个典范。但从后现代主义的观点看，共识理论是错误的。首先，共识是无法达到的，因此，它不具有可行性，关于正义、价值和政治制度，人们总是拥有不同的观点，人们之间也总是存在争论。政治领域始终充满分歧，达成一致是不可能的。其次，共识意味着压制不同意见，因此，它不具有可欲性。人们对于事物的看法不一致是自然的、正常的和正当的，因为他们不仅有表达自己想法的自由，也有权利按照自己的想法行事。如果坚持要求达成共识，要求意见一致，那么这就意味着那些持有不同看法的人们被压制了。

从后现代主义的观点看，现代主义的政治哲学（罗尔斯和哈贝马斯是其著名代表）以两个错误假定为前提。首先，现代主义者假定，所有政治对话的参与者都会同意接受某种普遍有效的语言游戏规则。后现代主义者则认为，由于语言游戏本身是异质的和多元的，因此，语言游戏的规则也应该是异质的和多元的。其次，现代主义者假定，对话的结局是在政治对话的参与者之间达成共识。后现代主义者则认为，对话的结局不应该是共识，而应该是意见不一。因为只有意见不一，人们的思想才会保持活力，才会拥有创造力。只有人们之间的观点是不一致的，才会存在自由、平等和民主。因此，对于后现代主义者来说，无论是批判现代性还是走向后现代，存在两个关键点：一是，人们应该承认语言游戏的异质性和多元性，并且抛弃强求一致的恐怖主义；二是，人们应该接受这样的原则：即使存在关于规则的某种共识，它也一定是局部的（local）。①

利奥塔用"异教主义"（paganism）这个词来指称后现代主义的政治学，来表达其反正统、反权威、反特权的思想。所谓异教主义，是指后现代主义政治学承认异端的合法性，并且主张持有异议的人们应该拥有与其他人相同的平等地位。异教主义针对的是以主体和理性为基础的人类中心主义，以及以西方观点看待一切的西方中心主义。按照异教主义，人们可以在任何问题上做出自由的判断，而且没有一个统一的标准来衡量这些判断是否正确。利奥塔这样来界定异教主义："人们不仅在关于真理的问题上，而且在关于美（关于审美效果）的问题上，在关于正义即政治学和伦理学的问题上做出判断，并且不存在用以评判这些判断的标准，这就是我所谓异教主义的意思。"②

异教主义的正义有两个基本观点：

第一，正义没有标准。利奥塔承认，当人们面对正义问题的时候，需要做出判断，什么是正义的，什么是不正义的。与传统政治哲学家不同的地方在于，利奥塔主张，人们是在没有任何标准的情况下做出有关正义或不正义的判断。人们在这时所处的位置，利奥塔有时将其比作亚里士多德的审慎个人，有时又将其比作康德的审美判断。对于前者，判断是依据具体情况做出的，所唯一能够依据的东西是审慎的理性。对于后者，判断依赖判断力，而判断力是一种具有建设性的想象力，它本身不服从任何标准，标准则是它所创造出来的东西。没有共同的标准，你

① Jean-François Lyotard, *The Postmodern Condition*: *A Report on Knowledge*, Trans. Geoff Bennington, Brian Massumi, Minneapolis, Minn: University of Minnesoda Press, 1984, p. 66.

② Jean-François Lyotard, Jean-Loup Thé baud, *Just Gaming*, Trans, Wlad Godzich, Manchester, UK: Manchester University Press, 1985, p. 16.

可以有你自己的正义，我可以有我自己的正义，从而异教主义才能有容身之地。

利奥塔为什么拒绝标准呢？如果正义有标准，那么标准必有其根据，它或者基于某种形而上学的本体论（如柏拉图的理念论），或者基于后形而上学的共识（如哈贝马斯的商谈论）。对于柏拉图，存在某种事物的本性，与这种事物之本性保持一致就是正义的。对于哈贝马斯，人们之间就某事的讨论能够达成共识，而所达成的共识就是正义的。利奥塔无法接受柏拉图，因为本体论在其关于正义的语言游戏中没有任何位置。利奥塔也不能接受哈贝马斯，因为在异教主义的政治哲学看来，共识意味着恐怖主义。对于利奥塔，正义是一种语言游戏，本体论和认识论是另外的语言游戏。不同的语言游戏有不同的玩法，而不同的玩法意味着使用不同的规则。异教主义的本质是多元论，主张没有标准，一方面意味着存在各种各样的游戏，而每种游戏都有其不同的玩法；另一方面则意味着异教主义不赋予任何游戏以特权地位，各种游戏的地位是平等的。因此，对于后现代主义，正义话语不应该有限制，任何人都可以说他想说的，做他想做的。

在标准的问题上，不同时代思想方式不同，并因此产生不同的判断。在前现代社会，一切事情都有标准，这种标准或者基于某种神学，或者基于某种形而上学。到了现代社会，虽然标准依然存在，但是标准的根据却发生了变化，它们由客观的变为主观的。我们可以用尼采的话来描述这种变化：因为上帝死了，所以人成为标准。而到了后现代社会，不仅客观的标准没有了，主观的标准也没有了。我们可以用福柯的说法来描述这种变化：因为作为主体的人死了，从此便没有了任何标准。

第二，反对自律（autonomy）。①"自律"是关于人的一种学说，这种学说的代表是康德的道德哲学。人是自律的，意味着人是自我决定的。

---

① Autonomy 有三层意思，首先是"自主"，其次是"自由"，最后是"自律"。尽管利奥塔在这里使用 autonomy 更倾向于"自主"的含义，但出于两个原因而将其译为"自律"：第一，"自律"与"他律"是对应的，下面将要谈到"他律"；第二，"自律"与康德哲学是联系在一起的，在这里利奥塔所针对的就是康德。

自律与自我决定之间存在紧密的联系：人为自己立法。就我们关心的政治哲学问题而言，自律意味着正义存在于人民的自我决定之中。利奥塔认为，任何人都是被决定的，而不是自我决定的，从而也不是自律的。对于康德，人要成为命令的接受者，首先应该成为命令的发布者。对于利奥塔，人要成为命令的发布者，首先必须是命令的接受者。作为语言游戏的参与者，人首先是一位听者，然后才是说者。你要讲一个故事，但你的故事一定是先从别人那里听到的。所以，利奥塔提出，要想确定什么是异教主义，人们不仅需要将它同模式理论对立起来，而且需要将它同自律学说对立起来。① 模式理论的范例是柏拉图的理念论，自律学说的典型则是康德的道德形而上学。

异教主义反对自律，主张他律（heteronomy）。利奥塔承认他律对于异教主义具有根本意义。利奥塔以卡申那霍人（Cashinahua）为例来解释他的思想。卡申那霍人在讲故事的时候有一套模式，这种模式包含固定的开头与结尾，它们被用来说明这个故事是谁讲的，讲者过去是从谁那里听来的，以及现在讲给谁。在利奥塔看来，这套固定的模式表明，讲故事者之所以具有讲这个故事的资格，在于过去他曾经听到过它，同样，现在的听故事者也会通过听这个故事来获得这种资格。利奥塔以此证明，人要成为故事的说者，首先必须成为故事的听者，而听者有义务重新讲述他听到的故事。我们可以由此概括利奥塔的他律思想。首先，人们是最先通过"听"而非"说"进入语言游戏的。人们在孩提时代就听故事，然后才能作为成人讲故事。这意味着人首先是命令的接受者，然后才能是命令的发布者。其次，人不是自我决定的，无法自己为自己立法，法律一定来自别的地方。法律同故事一样，前人把它们传给我们，我们也要将它们传给后人。最后，故事包含三种角色，即说者（作者）、听者和所指者，尽管传统的现代主义哲学一直关注作者，但作者在三者中并非最重要。

---

① Jean-François Lyotard, Jean-Loup Thébaud, *Just Gaming*, Trans, Wlad Godzich, Manchester, UK：Manchester University Press, 1985, p. 31.

如前所述，现代主义政治哲学与后现代主义政治哲学的根本分歧是共识。对于现代主义政治哲学家，如罗尔斯和哈贝马斯，共识是政治合法性的终极基础，只有共识能为正义原则提供其所需的合法性，而正义原则本身则代表了人们的一致选择。对于后现代主义政治哲学家，如利奥塔，共识则成为恐怖的标志，坚持共识意味着实行恐怖主义。但是，正如一些评论者所说的那样，共识并非必定是恐怖的标志，并非必定意味着对不同意见的压制，因为"它也可能是真正一致的标志"①。

标准与共识是紧密联系在一起的。有共识，就有标准；没有共识，则没有标准。在罗尔斯看来，人们在正义原则问题上达成共识，就意味着确立了一个标准。按照这个标准，人们能够判断什么是正义的和不正义的。利奥塔的异教主义坚持多元论，只承认差异，不承认存在共识，从而也就没有标准。在没有标准的情况下判断什么是正义的和不正义的，就必然带有个人的性质，即：你有你的正义，我有我的正义，你的正义对我而言不必是正义的，我的正义对你来说同样不必是正义的。

基于这种异教主义，利奥塔提出了两个关于正义的主张。第一，因为既没有标准也没有共识，所以没有正义社会的模式。模式基于真理的观念，如果正义与真理无关，那么我们不仅不能抽象出关于正义社会的模式，而且我们根本就不能提出正义社会的模式这个问题。第二，不仅没有正义社会的模式，而且根本就没有正义社会。利奥塔的理由是这样的：如果有正义的社会，首先我们必须知道正义是什么，但是正义本质上不是"是什么"的问题，而是"做什么"的问题；正义不是关于"是什么"的描述，而是关于"做什么"的命令；因为我们不知道正义"是什么"，所以没有正义的社会。②

综上所述，我们可以把利奥塔的正义观念归纳如下：正义在一般的意义上是形式的，即人们不能抽象地说正义是什么，而只能就某个特殊事件来说什么是正义的。在这种意义上，利奥塔有时也把正义称为康德

---

① Honi Fern Haber, *Beyond Postmodern Politics*, New York：Routledge, 1994, p. 38.

② Jean-François Lyotard, Jean-Loup Thé baud, *Just Gaming*, Trans. Wlad Godzich, Manchester, UK：Manchester University Press, 1985, p. 25.

意义上的理念；在正义的问题上不存在超越的权威，这意味着没有标准，意味着人们拥有自由来自己判断什么是正义的；虽然人们可以自己判断什么是正义的，但是这种判断没有哲学的根据，更准确地说，正义没有本体论的根据，因为它与实在无关；正义也没有认识论的根据，因为它与真理无关。尽管我们能够逐例判定什么是正义，然而其根据是超越理性的。

从后现代主义的观点看，在正义的问题上，人们只能两者择一，或者选择共识原则，或者选择多元论。问题不在于选择仅仅存在于多元论与共识原则之间，而在于对于利奥塔，多元论必然是相对主义的，共识则必然是恐怖主义的，即选择存在于相对主义的多元论和恐怖主义的共识之间。利奥塔没有看到存在另两种可能：多元论并非一定是相对主义的，共识并非一定是恐怖主义的。

二　利奥塔异教主义的内在矛盾

利奥塔的异教主义的政治哲学是一种差异政治学，反对共识，强调异质性，反对同一性。利奥塔在正义问题上坚持一种开放的态度：就积极的方面来说，这种态度强调了所有群体（其中包括少数族裔或底层群体）拥有平等的政治地位，任何一个群体都不能享有特权；就消极的方面来说，这种态度为相对主义和无政府主义提供了藏身之地。

利奥塔通过差异和异质性来强调政治话语的多样性和政治游戏的多元性。因为政治话语是多种多样的，从而任何一种话语都不能成为支配其他话语的元话语。因为政治游戏是多元的，从而任何一种游戏都不能拥有特权地位。对于异教主义，正义问题实质上是一种政治的语言游戏，而在政治的语言游戏中，不仅不同的派别（如现代主义的政治哲学与后现代主义的政治哲学）之间存在不可公度性，且在每一派别的各玩家之间也存在不可公度性。现象上的多样性同原则上的多元性是一致的。利奥塔反对罗尔斯式的自由主义，认为正义问题没有始终如一的标准答案，即："我确实相信我们现在面对的问题是一种多元性的问题，一种正义观念同时就是一种多元性的观念，并且也是一种语言游戏的多元性观念"①。

如果利奥塔始终坚持后现代主义的立场，那么其政治哲学也能自成一说，尽管未必正确。但利奥塔一直在现代主义与后现代主义之间摇摆，这使他在正义问题上持有一种双重立场。一般而言，利奥塔无疑是一位激进的后现代主义者，他明确反对现代主义的政治哲学，反对在西方处于支配地位的自由主义。同时，利奥塔又深受康德的影响，从而在反对现代主义的问题上表现出犹豫不决，如利奥塔有时认为后现代是现代的一部分，从而人们现在需要做的事情不是否定现代性，而是重写现代性。因此，在利奥塔的异教主义正义中存在一种内在的矛盾，下面笔者来具体分析。

异教主义主张，既不存在普遍的正义原则，也不存在评判正义的普遍标准。虽然利奥塔并不否认正义的存在，但是他认为所有正义都是特殊的、具体的或局部的，存在于与其相对应的语用学环境之中。他反对任何一种正义占据特权地位，这就对在西方处于霸权地位的自由主义提出了挑战。当代自由主义的代表罗尔斯主张，正义是社会制度的首要价值，它为评价其他价值提供了一种衡量标准，一种"阿基米德点"。一个社会只有建立在自由主义正义原则的基础之上，它才能是正义的。而利奥塔主张正义的多元性，否认任何一种正义观（包括罗尔斯的正义观）能成为评价的标准，否认在政治问题上存在"阿基米德点"。对于利奥塔，并非只有一种正义，而是"存在着正义的多样性，其中每一种正义都按照一种特殊的游戏规则来定义"②。在实践层面，这种正义的多元论体现为"正义的多样性"。

但是，这种"正义的多样性"观念暗含着异教主义的一个基本矛盾：如果坚持异教主义的立场，就必须主张"正义的多样性"；如果坚持"正义的多样性"，就使各种各样的正义处于一种相对主义的境地，而这种相

---

① Jean-François Lyotard, Jean-Loup Thébaud, *Just Gaming*, Trans. Wlad Godzich, Manchester, UK: Manchester University Press, 1985, p. 95.

② Jean-François Lyotard, Jean-Loup Thébaud, *Just Gaming*, Trans. Wlad Godzich, Manchester, UK: Manchester University Press, 1985, p. 100.

对主义的境地不能证明任何一种正义值得实现。也就是说，虽然利奥塔在政治价值问题上反对任何普遍性、总体性和原则，但是他一旦深入地讨论正义问题，则无法避免普遍性、总体性和原则。如果利奥塔想使他的"正义的多样性"得到尊重，那么就需要某种普遍的原则。因此，利奥塔不仅主张存在"正义的多样性"，而且主张存在"多样性的正义"，而后者是由价值的普遍原则来保证的。利奥塔把康德的自由当作这样的普遍原则，用来规范各种各样的正义，用来维持各种正义之间的相安无事，用来确保每一种正义都会得到尊重。这样，利奥塔的正义观便由"正义的多样性"变成了"多样性的正义"。

从积极的方面说，这种"多样性的正义"观念扩展了政治领域，把过去被湮没的思想包容进来，使它们能够以不同于主流思想的声音讲话。这种正义观念向所有潜在的参与者发出了政治对话的邀请，并允许他们按照自己的观点来讲述自己的故事。这种正义观念高举异教主义大旗，在政治对话中主张一种绝对的平等主义和民主主义，反对特权和权威，反对恐怖主义，从而对处于社会底层和社会边缘的人们是极富吸引力的。

从消极的方面说，这种"多样性的正义"观念存在相对主义的问题。如果利奥塔始终坚持后现代主义立场，那么相对主义并不是一个值得担心的重要问题。许多后现代主义者（如福柯和罗蒂）对相对主义安之若素。问题在于利奥塔一直徘徊于后现代主义与现代主义之间，这样就使他对相对主义感到非常不安。从现代主义的观点看，相对主义会消解正义问题的重要性。如果存在各种各样的正义，而且一个人坚持什么样的正义只是他选择什么的问题，那么正义与非正义的差别就变成了谁的声音大或小的问题。于是，正义成为强者的声音，而弱者自然沦为非正义。更进一步，在现实社会中，一方面，作为语言游戏的各种政治观点之间并不是平等的，不同的正义并不具有同等的地位；另一方面，各种政治观点之间的关系通常是相互冲突的，决非相安无事。这样，利奥塔的异教主义仅仅主张"多样性的正义"是远远不够的，这种正义的结果只能是任何一种正义都无法保证得以实现。另外，虽然利奥塔标榜自己的异教主义是一种反抗的政治哲学，但由于他的正义观没有任何标准，所以，他的政治哲学既不能反抗政治现实，也不能挑战政治现实。也就是说，仅仅强调"多样性的正义"既不能削弱强者的压制力量，也不能助长弱者的反抗力量。

但利奥塔的"正义的多样性"必须依赖某种超越多样性的普遍的、有约束性的法则，即作为"多样性的正义"之原则的自由。但是，利奥塔一旦将"正义的多样性"变为"多样性的正义"，选择了某种普遍的原则来规范各种正义，这种普遍的原则又会同其异教主义基本信念发生矛盾：一方面，他从语言游戏的观点坚持政治话语的多样性和多元性，主张它们不能被综合成为一个统一的元话语；另一方面，利奥塔又将异教主义和"多样性的正义"奉为普遍性原则，尽管它们不能导源于本体论。

政治哲学不仅是一种理论，而且与实践相关。政治哲学包含某种改造社会的思想。利奥塔认为，没有对现存政治机构和政治制度的提问，没有对这些机构和制度的改造与完善，使它们变得更为正义，也就没有政治哲学。这意味着所有政治哲学都包含做某些事情的命令，而不是关于某物是什么的描述。政治哲学的基本任务不是描述事实是什么，而是指示人们应该怎样做。在这种意义上，"政治的"就是"命令的"。利奥塔承认："我从事写作的理由总是政治的……我完全接受这种观点，即异教主义观念具有命令的功能。"①

那么，异教主义政治学有什么理由来命令人们做什么或不做什么呢？按照利奥塔的观点，异教主义是一种没有标准的判断。如果没有任何标准可以应用于政治判断，那么政治判断就变成了"公说公有理，婆说婆有理"。因此，利奥塔不得不坚持，不存在理性的政治学，只有意见的政治学，即所有的政治主张本质上都是意见。但如果一切政治主张（无论是民主主义还是无政府主义）都仅仅是意见，而所有的意见在原则上都是可以接受的，那么不仅这些相对主义的政治判断不具有说服别人的力量，而且主张这种观点的政治哲学本身也失去了重要性。相对主义的理

---

① Jean-François Lyotard, Jean-Loup Thébaud, *Just Gaming*, Trans. Wlad Godzich, Manchester, UK: Manchester University Press, 1985, pp. 16 – 17.

论是自我瓦解的。

从思想资源来说，后现代主义是从尼采哲学汲取动力的。从柏拉图到叔本华，西方哲学一直坚持这样的观点，即哲学或形而上学能够为真理、善和正义提供安身立命的基础。尼采在西方历史上第一个试图推翻这种观点，从而使人们的思想从形而上学的束缚中解放出来。为此，尼采否认存在任何基础、根据或基本原则，把所有的真理、善和正义都仅仅当作个人观点的表达。在尼采做了这些反形而上学的事情之后，他又主张，所有这些个人的观点最终都源于"权力意志"。这样，当尼采颠覆了西方传统的形而上学之后，他最终却重蹈了形而上学的覆辙。尼采哲学的根本问题在于这种形而上学与反形而上学之间的张力。

尼采哲学构成了后现代主义（包括利奥塔的异教主义政治哲学）的一面镜子。如果说尼采哲学的根本问题在于形而上学与反形而上学之间的张力，那么利奥塔异教主义的根本问题在于现代主义与后现代主义之间的张力。按照现代主义，正义为社会制度提供了普遍的原则，而这种正义原则本身则成为我们评价社会现实的标准。在这种意义上，利奥塔的"多样性的正义"是现代主义的。按照后现代主义，存在的不是一种正义，而是各种各样的正义，而且这些不同的正义没有高下优劣之分，也没有评判这些正义的标准。在这种意义上，"正义的多样性"是后现代主义的。"正义的多样性"与"多样性的正义"之间的张力表现了利奥塔异教主义正义的基本矛盾，即他摇摆于现代主义与后现代主义之间。一方面，利奥塔是一位激进的后现代主义者，他对差异、异质性和多元论具有一种明确的承诺；另一方面，他又始终受到现代主义特别是康德哲学的影响，而他在讨论正义问题时使用理念、超验性和普遍价值等概念典型地体现了这种影响。我们可以说，正是这种基本矛盾使利奥塔区别于其他后现代主义者，以至于他既不能像罗蒂那样对现存政治秩序进行坚定的辩护，也不能像福柯那样进行坚决的批判。

（原载《社会科学战线》2017 年第 9 期）

齐泽克的"坏消息"

——政治主体、视差之见和辩证法

吴冠军*

一 "双重终结"的时代：后结构主义的政治后果

自 20 世纪 90 年代开始，欧陆思想呈现出一派"终结"的气象：在政治上，福山于 90 年代初提出的"历史终结论"宣告了全球资本主义秩序的到来；而在哲学上，肇始于 60 年代的"后结构主义"标识了"哲学的终结"。这两种"终结"形态以吊诡的方式结合在一起，宣告了自由主义—多元主义—全球资本主义秩序的"终结时代"。而齐泽克在 20 世纪 90 年代作为一个思想家的崛起，恰恰正是发生在这种"双重终结"的状况下。

这里尤其需要厘清的是齐泽克与上一代欧陆左翼批判思想家（他们中的多数被归入"后结构主义"的标签之下）之间的关系。20 世纪 60 年代以来，一股后来被称为"后结构主义"的思想运动将西方欧陆思想的发展推向了它自身发展的一个逻辑极致：古典形而上学、神学以及康德主义的先验哲学所提供的稳定根基（自然、上帝、理性），在经过了历史主义、存在主义—阐释学的激进视角主义以及语言学—精神分析的"主体"被构建论（结构主义）之后，最终抵达了后结构主义思想家的

---

* 吴冠军：华东师范大学政治与国际关系学院教授。

"解构主义""无基础主义""新实用主义"（"历史化"与"结构化"相结合）。欧陆思想似乎走到了它的逻辑终点。政治哲学史家列奥·施特劳斯在20世纪50年代已经预言性地宣布，除了"回归"——回归古典形而上学或神学（雅典或耶路撒冷）外，别无新的思想突破口。[1] 然而，我们却在晚近20年的欧陆政治哲学家如齐泽克、巴迪欧、朗西埃等人的著作中捕捉到一股新的思想脉动，他们围绕"the Political"（政治）形成了一个充满活力的欧陆思想之前沿地带——一个新兴的"激进左翼"思想阵营。我们需要追问：是什么使得这股"激进左翼"政治哲学在过去十几年内迅猛崛起？这些学者同前代左翼学者（后结构主义者）的根本学理分歧在哪里？他们是否真正打开了全新的思想格局？

在笔者看来：这一代欧陆思想家的崛起始于他们不满后结构主义者在"政治主体"问题上的立场，即在"消解主体"后拥抱微观政治、私密的反抗（intimaterevolt）、拟像游戏、小叙事和歧见的繁荣、多元主义的族群认同，等。在齐泽克等当代激进思想家看来，尽管后结构主义者表面上多为全球资本主义秩序的批判者，但其政治方案在今天彻底丧失了反抗性，因为它们已经被平滑地整合到全球资本主义秩序之中：微观政治、私密的反抗、拟像游戏、小叙事的繁荣、对小共同体的认同、开放的多元主义宽容等，都能在被齐泽克称作"后现代数字资本主义"的全球秩序中得到实现。齐泽克最为担心的正是当前批判左翼（critical Left）群体中的这一趋势——他称其为"资本主义的自然化"[2]。而后结构主义的当代传人，如西蒙·克里切利、朱迪丝·巴特勒等人，皆发出如下论调：现状永远会持续下去，我们无法击败整个资本主义体系，只能在日常生活中进行"私密的反抗"，进而努力让各种被排斥、被边缘化的声音被听到。在齐泽克等当代激进左翼学者眼中，正是这种左翼姿态

---

① Leo Strauss, "Progress or Return?", in Thomas L. Pangel ed., The Rebirth of Classical Political Rationalism, Chicago: The University of Chicago Press, 1989, pp. 227 – 270. 对施特劳斯政治哲学与当代激进左翼路向之内在勾连的学理梳理，请参见吴冠军《施特劳斯与政治哲学的两个路向》，《华东师范大学学报》2014年第5期。

② Slavoj Žižek, First As Tragedy, Then As Farce, London: Verso, 2009, pp. 90 – 91.

会把左翼事业引向一条绝路，因为从哈贝马斯到克里斯蒂娃，顶级左翼思想家们纷纷或明或暗地放弃了社会变革的目标，也放弃了激进解放的理想。①

因此，将理论进路并不一致的这批当代学者联合起来并形成一个"激进左翼"思想阵营的，正是他们所分享的这样一种立场：对全球资本主义秩序的激进反抗。而在学理上，无论这批左翼学者的正面主张为何，他们旨在解决的一个核心问题是政治的主体问题：在传统的工人阶级（workingclass）之后，什么才能成为变革既有秩序的新的主体？

正是在这个问题上，后结构主义的"后形而上学"分析导致政治性的后果，即政治行动者（politicalagency）的缺失。对于后结构主义者而言，成为一个主体（subject）就是完全臣服于（subjectedto）权力网络、意识形态机器，或作为"巨狱"（以全景监狱甚至集中营为典范）的社会。换言之，在某种总体化机制的"生产性"操作下，人变成了一个主体。然而，对于此种后结构主义分析而言，一个关键性的问题便是：如果主体是被"生产"的，那么他/她如何对那个生产自身的机制进行彻底反抗？譬如说，福柯一方面将社会理解为一个没有外部的权力网络，另一方面则强调没有目的地的此时此地的抵抗。② 既然所有的抵抗皆内在于权力网络之中，那么唯一的结论是后者不可能被彻底推翻，甚至前者本身就是后者所预先设置并允许的，就像《黑客帝国》（Matrix）电影中的英雄尼奥及其同志们对"Matrix"（借喻符号性的日常世界）的抵抗本身就是后者预先设置的，旨在帮助后者不断自我升级。

这里的根本问题是，抵抗的本体论基础是什么？基于后结构主义者（福柯、德勒兹、德里达、奈格里等人）所一贯秉持的内在性本体论（ontologyofimmanence），如果抵抗者本身是其所抵抗的机制生产的，那么他/她必定无法激进地革除该机制。也就是说，如果你是在同一个你无法

---

① 参见吴冠军《第十一论纲：介入日常生活的学术》，商务印书馆 2015 年版，第 3—27 页。

② 对福柯政治思想更进一步的分析，参见吴冠军《绝望之后走向哪里？——体验"绝境"中的现代性态度》，《开放时代》2001 年第 9 期。

根本性地冲破、注定只能生活在其中的东西进行战斗，甚至无法鉴别敌人，除非你承认自己已经——并且永久地——成为那个群体的一部分，那么这场战斗你注定是失败者。在后结构主义的世界里，解放是不可能的。在这个意义上，后结构主义思想实际上滑向了一种非政治主义（apoliticism）。这便是它的政治后果。

齐泽克正是在这个意义上同后结构主义做一个清晰的割裂：（1）必须衡量/清算后结构主义的政治后果，不能放弃"对符号秩序之总体性的再构筑"这个解放性目标；（2）为达成这个目标，必须重新确立政治主体，并为它锻铸本体论根基。齐泽克的政治主体论同他的政治本体论内在地勾连在一起：政治主体之所以可能，乃是因为人置身其中的"世界"本身的本体论结构所致。而齐泽克的本体论既不是内在性的，也不是超越性的，而是内在的否定性（immanent negativity）。

二　对抗"哲学终结"：内在否定性的政治本体论

将齐泽克的政治主体论与政治本体论勾连起来的一个核心观念就是"视差之见"（parallax view）。① 究竟什么是"视差之见"？质而言之，"视差之见"就是当你转换位置观察同一事物时所遭遇到的差异或裂口。此处的关键是：并非哪个观察更"正确"，更接近事物的"真相"，而是这个差异本身不可避免，本身就镶嵌在该事物之中。用齐泽克本人的话来说："主体与对象内在地'缠绕'，使得主体之视点中的'认识论'的转换始终反映出对象自身的'本体论'转换。"② 这实际上意味着"视差之见"不是主体性的（问题不出在认识论层面），而是一种本体论的状况。因此，齐泽克又将"视差之见"表述为"视差性的裂口"。

对于这一"裂口"，齐泽克用古典神学与当代"虚拟现实"技术来打比方：之所以造成这种本体论状况，是因为上帝就如同开发电脑游戏的

---

① 这个概念，齐泽克取自柄谷行人，然后以他自己的方式进行了理论化。
② Slavoj Žižek, *The Parallax View*, Cambridge, Mass. : MIT Press, 2006, p. 17.

程序员,"创世"的工作始终没能做到完满——游戏里的"虫洞"（bugs）就是世界中的"裂口",而上帝像偷懒的程序员一样,以为这些裂洞不会被人发现,所以无须把创世这项工作做到彻底。结果,"游戏玩家"的细心程度超出了"上帝"的预估,于是出现"视差之见"。[1]

"视差之见"昭示出,我们身居其中的"世界"——一个符号性的秩序——本身是不完整和不连贯的。"视察之见"的肇因并不在于观察者个体（如其视野或知识的局限）,而是"世界"本身（"上帝"的局限）。构建一个和谐完整的符号性世界——拉康称之为"符号化"——的工作永远无法彻底完成;在"视差性的裂口"中,我们看到了"真实"（the Real）的鬼脸。

我们知道,哲学自其发端以来的最根本问题就是什么是事物的真实?在齐泽克看来,任何观察都无法看到事物之真实,而通过"视差之见"所遭遇到的事物的"自我对抗"（本体论层面上的裂口）恰恰是真正的真实。从这个意义上讲,在齐泽克看来,高保真镜头的数码相机捕捉不到事物的真实,而恰恰是现代主义绘画才让我们每每遭遇真实:我们所看到的画布上的种种"污迹""败笔"或莫名其妙的"涂抹",恰恰"比现实更真实"——它阻碍了对"现实"的直接描绘,从内部打破了本体论层面上虚假的连贯性与完整性。[2] 从那些现代主义画作中,我们看到的不是我们所熟悉的那个符号化了的现实世界,而是创伤性的真实。换言之,那些作品使得我们无须转换观察位置,就直接遭遇到"视差性的裂口"。

从表面上看,曾经票房大红大紫的电影《狼图腾》便是一个无比荒谬的悖论:制片方把一群狼驯化到了能拍电影的程度,然后又通过电影告诉观众狼是不能被驯化的,它们情愿自杀也不接受驯化。然而,通过齐泽克笔下的"视差之见",我们可以说:该电影如同现代主义绘画,恰恰呈现出了关于狼的"视差性的裂口"。该片的两个逻辑（狼能被驯化;

---

① Slavoj Žižek, *Less Than Nothing*: *Hegel and the Shadow of Dialectical Materialism*, London; New York: Verso, 2012, pp. 743 – 744.

② Slavoj Žižek, *Less Than Nothing*: *Hegel and the Shadow of Dialectical Materialism*, London; New York: Verso, 2012, p. 744.

狼死也不能被驯服），顺着任何一个走，都能得出一个连贯性画面，偏偏却在一部电影中彼此"有机"地扭结在一起，从而让人直接遭遇到那种荒谬的不连贯：并不是其中任何一个关于狼的描述更符合"现实"，更接近"真相"，恰恰是两个逻辑撕拉出的那个裂缝才"比现实更真实"。

"视差之见"并不一定就是通过转换视角而形成的两种互不兼容的观察。在齐泽克看来，所谓对立的"两性"（女性与男性），抑或对抗中的两个阶级（无产阶级与资产阶级），都指向本体论层面上那个"视差性的裂口"。换言之，"性态"或"阶级"不能从科学（如生物学、解剖学）或社会科学（如社会学、政治学）的意义上做确定性的理解；相反，它们都是真实的不同"面孔"。性化（sexuation）或阶级化意味着这个世界不能被符号化为一个和谐的系统。

两性冲突与阶级斗争都被齐泽克称为"视差性的真实"（parallax Real）。他强调，并不存在一个我们无法触及的"硬核"性的真实（拉康笔下的真实通常被如是理解）。在电影《黑客帝国》中，墨菲斯曾向刚跳出"Matrix"的尼奥说了一句被广为引用的话："欢迎来到真实的荒漠！"然而，那个被称为"Zion"的真实世界，自身恰恰也是被构建出来的。真实并不是实体性的、硬核性的，它只能以裂缝、创伤、污迹、自我对抗等形态刺入我们的日常世界。换言之，我们只能遭遇"视差性的真实"。齐泽克进一步写道："视差并不是对称的，并不是由针对同一事物的两种互不兼容的视角构成：在两种视角之间，存在着一个不可缩减的不对称性。我们面对的是一个视角与该视角的溢出；换句话说，另一个视角所填入的，就是我们从第一个视角出发无法看见的内容所产生出的空无。"①换言之，造成视差的两种"视角"并非呈对称或互补关系。女性是对男性的溢出，无产阶级是对资产阶级的溢出。

这就是为什么拉康说"两性关系并不存在"，男性与女性并不构成互补性的整体。"男性逻辑"（masculinelogic）是支配当下现实世界的主导

---

① Slavoj Žižek, *Less Than Nothing*: *Hegel and the Shadow of Dialectical Materialism*, London; New York: Verso, 2012, p. 29.

性逻辑,它由普遍性及其例外构成(规则是普遍的,但总有少数特权性的例外"淫荡地"越出规则的普遍性范围),而在"女性逻辑"(femininelogic)的世界中,每个人都对规则构成了一个例外(不是普遍性及其例外,而是普遍的例外)。无产阶级与资产阶级构成了同样的视差性状况:无产阶级是普遍的例外,用朗西埃的术语来说,就是"不属于任何部分的那个部分"(the part of no part),即"无分之分"。系统永远不可能自我整全化、封闭化,之所以如此,并不是因为存在一个特权性的例外,而是存在无数例外:"无产阶级"或"女性"所指向的,就是本体论层面上不可缩减的裂口,它标示着系统内的一个个断裂点、裂缝、创伤。

马克思所说的"阶级斗争"与拉康所说的"两性关系并不存在",从政治经济学与精神分析的不同面向上皆触及了"视差性的裂口"。而任何和谐的整体、统一的体系都是幻想的产物:不仅"两性和谐"是纯粹的幻想,当今全球资本主义的高歌猛进依靠的亦是幻想的支撑。故此,真正的革命(政治革命或日常生活中的革命)首先就是去穿透幻想,让自己创痛性地遭遇"视差性的真实"。①

尽管马克思与拉康实质性地触及了"视差性的裂口",但康德才是第一个涉及"视差之见"的思想家:康德所辨析的纯粹理性的"二律背反"已经揭示出当人们试图用理性来理解世界时所必然遭遇的诸种"视差性裂口"。换言之,当我们想用诸种范畴——或者说被迫使用诸种范畴(因为范畴是"先天的")——来完整地描述现实时,必然会陷入僵局。② 这种获知"整全"的不可能性,就十分接近拉康后来所说的"绝非全部"(non-All)之状况,而"绝非全部"便是"女性逻辑"的标识。

然而,齐泽克认为康德并未"直面和坚持其突破的激进性"③。问题

---

① 关于幻想的运作机制以及如何穿透幻想,请参见 Guanjun Wu, *The Great Dragon Fantasy*: *A Lacanian Analysis of Contemporary Chinese Thought*, London; Singapore: World Scientific, 2014。

② 齐泽克写道:"当我们把我们的范畴应用于那永远无法成为我们体验之对象的那一刻时,便陷入无可解决的矛盾与背反之中。"Slavoj Žižek, *Less Than Nothing*: *Hegel and the Shadow of Dialectical Materialism*, London; New York: Verso, 2012, p. 740.

③ Slavoj Žižek, *Less Than Nothing*: *Hegel and the Shadow of Dialectical Materialism*, London; New York: Verso, 2012, p. 740.

在于，康德仅仅将"二律背反"视为一个认识论问题，认为人只要为知识划界，而不进入"本体界"，就能避免二律背反。换言之，他仍然预设外在的"客观现实"本身是自在、完整、连贯的，纯粹是因为我们的范畴所限，才无法完全把握它（只能把握"现象界"）。而恰恰是被视为康德哲学之叛将的黑格尔，将康德的哥白尼式革命推进到底，把认识论层面的"视差之见"转置到了本体论层面：对于黑格尔而言，"二律背反"恰恰标识出"物自体"自身的裂口。现实（那个被认为具体的、确定性的、实体性的现实）本身是空白的、不连贯的、自我扬弃的。根据齐泽克的阐释，黑格尔的辩证法并非"正题"——"反题"——"合题"（新的"正题"）三部曲，这三部曲实则就是一部曲："反题"本身就结构性地镶嵌（或者说统合）在"正题"之中。换言之，辩证法不是"螺旋上升"的过程，而是结构性的自我对抗（视差性的裂口）。

所以，对于齐泽克而言，所谓"辩证性的展开"，并非先是"好消息"，再是"坏消息"，然后经过扬弃与统合而成为新的"好消息"，而"好消息"本身就内嵌着"坏消息"。换言之，创口本身是内嵌性的，它始终存在。齐泽克同意黑格尔的说法，认为"绝对精神"能治愈创口，但却不是如科耶夫及其弟子福山等"历史终结论"者所描绘的那样，通过"Z"字式上升，最终使"绝对精神"抵达最完满的整全状态。在此种时下流行的对黑格尔的阐释中，"绝对精神"不啻是在和自己玩一个变态游戏（先把自身异化，然后再克服异化，再异化自身……）。齐泽克强调：从真正的黑格尔主义辩证法出发，治疗创口的方式便是自反性地承认创口本身就是治愈它的唯一解决方案，承认创口本身具有解放性的力量。

于是，辩证性思维实质上就是去切换"视差之见"：否定本身就蕴含着肯定，创口本身就是自身的解决方案。换言之，任何坏消息本身，若转换视角，本身就是好消息，一如我们中国人所说的"危中之机"——"危机"本身亦蕴含着新的"契机"。这就是黑格尔所说的"绝对反弹"（absolute recoil）。譬如，"上帝死了"（黑格尔强调"耶稣受难"就意味着上帝之死）是个坏消息，但它同时结构性地意味着神给了人彻底的自由，这才是真正的神圣馈赐。所以，好消息就在坏消息自身之中。正如同荷尔德林在《帕特默斯》这首诗中所云："危险之所在/亦是拯救力量之所兴。"① 最危险的并不是危险本身，而是对危险的遮蔽。故此，真正左翼的思想者所肩负的任务就是在表面的好消息中去发现坏消息（意识形态批判），在坏消息中去开辟出好消息（真正的思想革命和社会革命）。

三　对抗"历史终结"：政治主体何以可能

政治主体正是因为"绝非全部"的政治本体论状况而成为可能：主体之可能，恰恰是因为符号性秩序的自我总体化之不可能，后者内在包含着无穷尽的"视差性的裂口"。当一个人站到了这样的本体论裂口（内在否定的地点）上时，他/她就成为政治主体——同时在秩序之内与秩序之外（用拉康的术语表述就是"exsist"），以否定性的形态存在于确定的秩序之内。

然而，成为政治主体却是一个艰难之事，必须穿越幻想，并自杀性地使自己符号性地死亡。② 齐泽克式的"行动"便在既有的"世界"内呈现为一种自杀性的激进行动。换言之，人并不直接就是政治主体，他/她必须通过其激进的行动——一个"不可能"的行动——而成为政治主体。③ 因此，这个世界上仅有极少数人才能最终成为政治主体。

不过，在齐泽克看来，今天恰恰是一个政治主体凸显的时代，因为我们正面对着的一个最大的"坏消息"，即我们正在进入"末世"（end times）。新世纪头 15 年——从"9·11"事件到全球金融海啸再到巴黎恐怖袭击——已经血淋淋地呈现出一幅新的"泰坦尼克"沉船画面。④ 齐泽

---

① Friedrich Hölderlin, "Patmos", in Jeremy Adlered, *Friedrich Hölderlin: Selected Poems and Fragments*, Michael Hamburgertrans, London: Penguin, 1998, p. 243. 这句诗深深影响了从海德格尔到阿甘本的欧陆思想。

② 参见吴冠军《爱与死的幽灵学：意识形态批判六论》，吉林出版集团 2008 年版，第 44—121 页。

③ 齐泽克与巴迪欧在以下这点上很一致：主体不是被生产，而是去成为。

④ 对于 2008 年以降的全球金融大衰退与 2014 年"建国"的"伊斯兰国"的进一步学理分析，请参见吴冠军《"历史终结"时代的"伊斯兰国"：一个政治哲学分析》，载《探索与争鸣》2016 年第 2 期。

克的著作《首度是悲剧，再度是闹剧》以坠落中的机舱为封面，他的另一部著作《生于末世》又以冰海巨礁为封面，其用意鲜明而直接：这个"end times"并非福山所谓的"历史的终结"之处的黄金时代，而是"末世"——"末日之灾就在门口"。① 这种全球资本主义格局并没有能力永久有效地运行下去：尽管它也努力想让人们统统变成"尽情拥抱一切快乐"的享乐主义—功利主义的主体，即尼采所说的"末人"，以及齐泽克所说的"植物人"，但它显然是竭尽全力却仍未竟其功，只能徒然面对一个"无调的世界"（atonal world）。现在看来，福山笔下的"历史的终结"是一个纯粹的乌托邦（精神分析意义上的幻想）："9·11"与"伊斯兰国"击碎了这个乌托邦的政治面向（自由民主的大同图景），而全球金融崩溃则粉碎了它的经济面向（全球范围的自由市场）。

　　最近 20 年来，刺入我们生活的并不仅仅是那几次血淋淋的大事件。在齐泽克看来，至少还有四个新的问题将我们推向"末世"的边缘。第一个问题是不断迫近的生态灾难。通过传统的"市场机制"和"国家干预"等方式（如改变征税模式等）或可解决一些局部的小问题，但无法应对大型的生态灾难。第二个问题是生物遗传工程。我们身体和生命最核心的部分已经向资本与权力开放，供其操纵、调用和改写。第三个问题同样是值得密切关注，那就是新一轮的私有化。公共世界的各种面向（自然、历史文化乃至语言等沟通媒介）被不断地私人产权化，其范例就是不断扩大、到处确立使用租金的"知识产权"。最后一个问题是被包容者（the Included）与被排斥者（the Excluded）之间的沟壑。从各种难民营、贫民窟、种族隔离带、边境电网，直到城市"拆迁"带来的无形的新疆界（只有富人和权贵才能住在某某"环线"之内），填满我们视线的是各种社会性"区隔"的不断深化，充塞我们双耳的则是排外行径的爆炸性增长。

　　在上述四个问题中，齐泽克认为最后一个问题最为根本，因为只有以最后这个问题作为根本性的视野，才能将前三个问题激进化，否则"生态将变成一个可持续发展的问题，知识产权将变成一项复杂的法律挑

---

① Slavoj Žižek, *Living in the End Times*, London: Verso, 2010, p. 315.

战，生物遗传则将变成一个伦理问题"。确如齐泽克所言，倘若我们不考虑全球资本主义秩序中谁被排斥在外、谁被包容其中的问题，那么比尔·盖茨就会是我们这个时代最大的人道主义者，鲁伯特·默多克则将是这个时代最大的环境主义者。① 此中关键乃在于：前三个问题都可以被偷偷转化为"人类"的危机（人与人之间的"主体间性"向度则被抹去），但第四个问题则是决然无法被这样转化，除非把"被排除者"直接排斥出"人类"。

相对于大卫·哈维等人还在试图重新恢复 20 世纪的抗争主体，即工人阶级主导的斗争②，齐泽克则毫不讳言工人阶级作为一个政治主体早已失败（早在布尔什维克革命时就已失败，这就是为什么列宁已经注意到并重视农民的"潜力"）。③ 在齐泽克看来，这 20 年来，"新左翼"面对的最根本问题就是：工人阶级之后，革命性的政治主体（或者说行动者）落在谁的身上？齐泽克本人给出的答案是：能作为普遍性的真正担纲者的只有"被排斥者"，也就是朗西埃笔下的"不属任何部分的那个部分"、阿甘本笔下的"神圣人"（homo sacer）——他们正是以被排斥的方式被纳入系统中，他们在现实世界中的位置就是没有位置，他们是全球资本主义秩序的"活死人"。④

尽管"工人阶级"早已失去革命主体的位置，但齐泽克认为"无产阶级"这个古老的概念却值得保留。今天，外在自然（从石油到森林和自然之土本身）正在受到污染和开采的威胁，内在自然（人之为人的生物遗传性）则伴随新的生物遗传技术赤裸地暴露在资本与权力的支配面前，而文化（"认知性"资本的诸种直接社会化形式，包括语言、沟通和教育的各种工具）则在被大幅私有化……换言之，今天人们正普遍经历

---

① Slavoj Žižek, *First As Tragedy*, Then As Farce, London：Verso, 2009, p. 98.

② 参见［美］大卫·哈维《新自由主义简史》，王钦译，上海译文出版社 2010 年版，第 232 页。

③ Slavoj Žižek, *First As Tragedy*, Then As Farce, London：Verso, 2009, pp. 88 – 89.

④ 阿甘本与齐泽克、朗西埃的区别就在于，前者并没有将"homo sacer"作为革命主体，而仅仅是将其视为消极、被动意义上的生命政治的受害者。参见［意］吉奥乔·阿甘本《神圣人：至高权力与赤裸生命》，吴冠军译，中央编译出版社 2016 年版。

着新一轮激进的"无产阶级化"——激进化到一个远远超出当年马克思之想象的"存在性的层面"①。只有以"被排斥者"为根本性视野,我们才能观察到上述前三个问题对人们所进行的"无产阶级化"的操作:人的"共通之物"(the commons)——外在自然(生态灾难)、内在自然(遗传工程)、文化(新一轮私有化)——皆面临着被彻底剥除的威胁,主体将真正被压缩成马克思《政治经济学批判大纲》中所说的"无实质的主体性"(substance less subjectivity),最后,除了笛卡尔意义上的"我思"(cogito)之外,我们将一无所有。

正是在这个意义上,我们需要回应那些对人类的威胁,对形构"主体间"关系的那些根本原则和坐标予以激进的改变。因为,如果允许对这些"共通之物"进行围猎的资本主义逻辑自由横行下去的话,不久之后每个人都将是无产阶级,每个人都将成为"神圣人"(今天所谓的"中产阶级"只是还没有意识到自己正在快速被剥夺成无产阶级而已)。而在齐泽克眼中,每个人在那个"末日点"上都将直接具身化为普遍性的政治主体。于是,齐泽克指出:

> 新的解放性的政治将不再是一个特殊的社会行动者的行动,而是不同行动者的一个爆炸性组合。同无产阶级的经典肖像("除了枷锁没有任何东西可以失去")相反,将我们联合在一起的是,我们正处于失去一切的危险境况:这个威胁就是我们将被缩减成抽象、空白的笛卡尔式的主体,伴随着我们的遗传基础被操纵,我们将被剥除所有的实质性内容,被夺去我们的符号性实质,在一个无法生活的环境里过活。②

我们看到,在这个"历史的终点"的时代上演的恰恰是"历史的起

---

① Slavoj Žižek, *First As Tragedy*, Then As Farce, London:Verso, 2009, pp. 91 – 92.

② Slavoj Žižek, *First As Tragedy*, Then As Farce, London:Verso, 2009, p. 92.

点"——没有任何符号性"实质"的赤裸裸的人。① 换言之,历史的终结实质上意味着历史归零,"一切都在迈向一个零点"。而20多年前福山在勾画那幅历史终结的图景②时,唯一没有意识到的是,在历史的画布上,"终点"正是"起点"——当下世界所倚赖的主要资源石油就毫无隐晦地指向一场毁灭性的末日之灾,指向历史的一个终结点。齐泽克的政治方案就是从零开始,重新开始,从开始之处开始。每一个"生于末世"的无产阶级(作为政治主体的被排斥者),便是肇始未来普遍文明的真正担纲者。

从"视差性真实"这个政治本体论概念出发,齐泽克确信整体性地冲破全球资本主义秩序在结构上是可能的。最近七八年来,齐泽克追随巴迪欧重提"共产主义"理念,然而不同于巴迪欧的是,齐泽克将共产主义看作"真实"的另一个名字:它标志着资本主义之"总体性"和"永固性"的内在不可能。③ 如果说20世纪那些"现实存在的共产主义"的溃败让福山作出了"历史已经终结"的论断,那么作为"视差性真实"的共产主义则如马克思当年所说,仍然是游荡在欧洲大陆——今天的整个"地球村"——的一个挥之不去的幽灵;而被当下全球资本主义系统所不断生产出来的"赤裸"的(新)无产阶级,则是共产主义幽灵之无以计数的具身("活死人"),在该系统各个地点上构成其"内在的裂缝"(内在否定性)。

---

① 阿甘本对此更是发展出了一系列术语,如"赤裸的生命"(naked life/bare life)、"裸体"(nudity),等等。

② 福山今天实际上并未实质性地改变其当年的观点,即自由民主与资本主义构成了历史的"终点"。在其最近的两卷本著作《政治秩序的起源》和《政治秩序与政治衰败》中,福山认为自由民主的普遍性不是无条件的,它需要领导能力、组织能力,乃至纯粹的好运;换言之,如果没有这些条件,它仍然会衰败。但它构成一种"普遍适用的政府形式",建立在"政治的普遍进化"之上,是"现代成功政治的普遍条件"。即便在全球处于政治衰败的今天,自由民主仍"具有普遍的吸引力"。参见 Francis Fukuyama, *Political Order and Political Decay: From the Industrial Revolution to the Globalization of Democracy*, London: Profile, 2014, pp. 541 – 542, p. 548。

③ 在这个意义上,共产主义对于齐泽克而言是一个否定性的(而非确定性的)理念,尽管这一界定使齐泽克面对一系列的学理质疑。对于齐泽克来说,共产主义的实质内容"必须在每一个新的历史情境下被重新创造"。Slavoj Žižek, *First As Tragedy*, Then As Farce, London: Verso, 2009, p. 6。

这就是政治哲学给当代世界现实秩序送上的齐泽克式的"坏消息";当然,它同时又是一个"好消息"——你可以变得更好!

(原载《国外理论动态》2016 年第 3 期)

激进平等与后民主时代的政治

——朗西埃的政治哲学思想解读

宋建丽　孔明安*

列奥·施特劳斯曾提及，现代性政治有两个最突出的问题：一方面是"政治的哲学化"，即现代政治似乎必须从"哲学"学说和主义出发才能奠定其正当性；另一方面是"哲学的政治化"，即哲学从以往主要作为一种私人性的纯粹知性追求变成一种公共政治的武器和工具。① 朗西埃认为，20世纪80年代以降，一方面是冷战的结束与"第三条道路"解决方案的凸显，共识民主的出现以及新自由主义的兴起，所有这些看起来都使政治摆脱了社会解放的种种承诺，回归到对共同体内部种种利益的精明治理，无数人曾追求并为其捐躯的平等让位给能带来经济利益并能为社会所接受的平衡秩序的算计②；另一方面是政治哲学的复返。然而这种复返的政治哲学却仅从既定社会秩序的前提出发，注重如何确认古典教条与自由民主国家合法形式之间的联系，而审议与决定共同利益的场所被局限在议会和最高司法机构中，"进而表现了过于谨慎的模式以及匮乏的场所"，不能充分反映从街头、工厂到学校等多样性的政治抗争形式。也就是说，由于各种权威代表的介入，政治哲学的复返同时也宣告了去

---

* 宋建丽：天津大学马克思主义学院教授；孔明安：南开大学马克思主义学院教授。

① ［德］列奥·施特劳斯：《自然权利与历史》，彭刚译，生活·读书·新知三联书店2003年版，第60页。

② ［法］雅克·朗西埃：《政治的边缘：当代学术思潮丛书》，姜宇辉译，上海译文出版社2007年版，前言第1页。

政治化的事实。① 朗西埃反对这两种倾向，在他看来，政治的发生关乎平等，然而一旦这种平等被定位为既定社会秩序中"各安其位"的平等，被以分配的逻辑来呈现，就无异于已经预设了等级制和不平等，就无异于政治的"终结"。同样，满足于从既定社会秩序的前提出发所进行的纯粹理论研究和所谓的政治哲学"回归"，实际上是以哲学之名压抑、驯化和置换现实的政治争议，进而导致政治的消亡。

自 20 世纪 90 年代以来，朗西埃致力于与主流政治作斗争，借由与"政治哲学"对话，对 20 世纪 80 年代已降的政治和知识情境进行反思；通过揭示后民主时代"共识性民主"背后的支配逻辑和不平等逻辑，朗西埃试图以其激进平等的政治原则为后民主时代的政治解放开辟一条道路。而朗西埃对后现代境遇中政治生活复杂性的揭示也使得当今世界人类是否能够共存、如何共存的问题再次凸显，成为当代人不得不正视和面对的问题。

一　后民主时代的"共识性民主"及其批判

政治与哲学的最早交汇，体现在亚里士多德《政治学》中的相关论述。在亚里士多德看来，政治学上的善就是"正义"，正义即某些事物的"平等"（均等），这种平等具体包含两个因素：事物和应该接受事物的人。因此，正义即意味着相等的人就该配给相等的事物。但问题在于：所谓"相等"和"不相等"，它们的所等和所不等者究竟是什么？亚里士多德认为这是个不容忽视的问题，因为这正是难题之所在，也是政治哲学之所在。正如他所言：这个问题中所包含的疑难应在政治学上从事明智（哲学）的考察。② 政治是以平等为原则所进行的活动，然而政治的难题也恰恰在于，在关于什么事情的平等、什么人之间的平等、何种分配是公平分配等问题上充满歧义。因而，当哲学拥抱这个属于政治的难题

---

① ［法］雅克·朗西埃：《歧义：政治与哲学》，刘纪蕙译，西北大学出版社 2015 年版，序言第 3—4 页。
② ［古希腊］亚里士多德：《政治学》，吴寿彭译，商务印书馆 1997 年版，第 148—149 页。

时，哲学便成为"政治性"的。然而，在朗西埃看来，不同历史时期的政治哲学一方面借助话语理性来处理政治难题，另一方面却同时以其不同的合理性论证中止了政治，原因在于：以往政治哲学对平等与公平分配的考量，无一例外地受制于共属与分享的感受性体制以及理性计算逻辑。

所谓共享的感受性体制，是指我们对事物的感受、认知、情感、好恶、公正与否的判断，都已经在一整套相互关联运作的范畴与层级中被分配与安置，都受到这个感受性体制的牵动而自发地运作。这里的体制，既可以理解为制度性体现的"体制"，也可以理解为动态运作的"机制"。① 这种感受性机制以及其中的话语逻辑，以民主之名塑造了同一性的身份认同，并由此取消了政治争议的可能。这种以民主之名消除民主活动的共识实践，就是朗西埃所谓的"后民主"。作为"后民主"治理手段的"共识"，具体表现为将"人民"② 转换为多元性的诸多身份，由此，所谓公众舆论、权力单位以及某种自身的义务，不管它们如何多样、如何多元决定，都没能跳出位置与功能的组织化建构，每一个人作为其自身被认可的身份都将成为共同体的缩影。也就是说，共识性的治理使共同体成为一种内在性的体制，每一个共同体成员的身份都映照着共同体本身。如此一来，后民主时代的民主政治只是意味着选择、参与、分配—共享，以及管理：根据司法程序以及各种服务于经济的要求，政治机构便生产出各式各样给定的形式，让所谓"民主公民"不乏选择，不得不选择，乃至于事实上"人民"的力量已无法选择任何"政治性"表象的形式。此治理的手段就是所谓的"共识"。③

简言之，共识民主旨在寻求平稳的统治，在平稳的统治处所见的是个人与社会团体之间合理的一致性，即各方充分了解什么是各方之间可

---

① 参见刘纪蕙《感受性体制、理解与歧义、理性与计算、间距与"空"》，载雅克·朗西埃《歧义：政治与哲学》，西北大学出版社 2015 年版，第 201—202 页。

② 朗西埃所说的"人民"，是在政治主体化的意义上说的，而非指既定国家或族群分类意义上的人民（参见 [法] 雅克·朗西埃《歧义：政治与哲学》，西北大学出版社 2015 年版，第 38 页）。

③ 参见陈克伦《民主/后—民主、共识》，载雅克·朗西埃《歧义：政治与哲学》，西北大学出版社 2015 年版，第 236 页。

能的知识以及可以商议的内容，等等。为了使这些组成分子选择商议而非冲突，就必须使每一个人先作为组成分子而存在。在这种预设"共识"的感受性体制之下，社会的组成分子被预设为先行给定的，共同体被预设为既成的，共识即意味着政治争议分子与社会组成分子之间所有间距的消失。① 对朗西埃来说，这种"共识性民主"以"民主"之名，取消了"民主"与"政治"，剥夺了争议性"政治"行动的可能。

在"共识性民主"体制中，任何"政治"行动者都被取消发起争议的可能，不管如何努力都仅能获得某种单一身份的增补更迭，无法展开"多于一"而"超额"的主体化建构。看似多元的"共识性民主"，事实上却是每一个人都同"共识"的法律图式捆绑在一起。对朗西埃来说，"共识性民主"既非"民主"亦非"政治"，其本质就是"治安性的单一化治理"②，这种治理模式一方面巧妙地继承了集权体制的威权性，另一方面则看似汲取了马克思主义者所憧憬的解放理想。③ 然而，正如在现今自由主义分配式民主中所见，这种共识性民主正以一种精英主义形态预设和固化了等级制。

朗西埃认为，在自由主义体制中，民主的平等是其核心，它要回答的是何种平等将被分配以及如何分配的问题。在此分配逻辑下思考平等，就隐含了一种共识的预设以及一种含蓄的精英主义。首先，关于平等是一种人们所应得的东西这一点，存在总体认同。其次，分配暗含了一个分配者。一旦何种类型的平等被分配确定下来，分配者既要确保分配，也要确保维持适当的分配。与此同时，分配也就暗含了

---

① ［法］雅克·朗西埃：《歧义：政治与哲学》，刘纪蕙译，西北大学出版社2015年版，序言第133—134页。

② "治安"一词对应的英文单词是"police"，意指稳定而同质的共同体所依循的共识结构，包括共享语言、感知结构、伦理习性、社会组织、司法结构以及美学规范，这些稳定的共识结构事先决定了人们参与社会与表达自己的方式。关于"police"的译法，目前较为统一的意见是译为"治安"（朗西埃：《歧义：政治与哲学》，西北大学出版社2015年版，第9页）。所谓治安性的单一化治理，指以共识的治理消除了任何政治争议的可能，如此，共识的民主实践就沦为对等级制、不平等以及现存支配的辩护。

③ 参见陈克伦《民主/后—民主、共识》，载雅克·朗西埃《歧义：政治与哲学》，西北大学出版社2015年版，第236—237页。

作为分配者的主动性和接受分配的人的被动性，而被动接受分配的人，就只能是民主的客体。然而，一旦人们被设想为分配的客体、民主的客体，而不是创造的主体，那么等级制就不可避免。人们因此被分成两类，一类是政治上积极的，另一类是政治上消极的。政治上的消极者在创造自己生活方面和那些政治上的积极者是不平等的。简言之，只要有分配平等的人、有接受平等的人，只要一开始就存在这种假定，等级制就已经产生了，也就不可能回到平等了。① 朗西埃认为，自由主义的这种共识性民主，是以一种形式上的民主平等预设了不平等，从而阻碍了任何平等的可能和政治主体性的形成。这样的政治哲学旨在为建立在社会秩序基础之上的政治秩序寻找理性的辩护，而这种理性的辩护其实就是对社会等级制的辩护。换句话说，就等于是一种对支配的辩护。通过定义与社会等级相关的对象，政治哲学以定义一种非政治的对象而告终。

政治哲学之所以造成"非政治"的后果，原因在于政治领域被归于社会领域，从而导致政治的消亡。朗西埃反对将社会领域和政治领域混为一谈，反对将政治领域归结为社会领域，他坚持认为政治领域有其不同于社会领域的初始逻辑。社会领域总是等级制的领域和支配的领域，缺乏并最终否认政治的独立逻辑或政治的本体论地位，其基本逻辑是不平等的逻辑。调节社会领域并使之良好运作的结构，朗西埃称之为"治安"。作为一种治理模式，朗西埃将治安作为一种与政治逻辑相对立的社会逻辑，这种社会逻辑依赖功能、地位的分配，依赖建立在一种等级制秩序基础之上的个体的聚集及其在共同体中的同意。在朗西埃看来，治安的社会治理是将社会不平等作为其出发点，并取消了任何平等的可能。与以秩序、共识、同意为特征的社会逻辑不同，政治逻辑始终在对立原则的基础上发挥作用，即激进的平等与任何人和每个人的平等，政治因

---

① Todd May，"Thinking Politics with Jacques Rancière"，*Contemporary Political Movements and the Thought of Jacques Rancière：Equality in Action*，Edinburgh：Edinburgh University Press，2010，pp. 4 – 5.

而在本质上是民主的。①

在朗西埃的论述中，"民主"是"政治性"的主体化模式，而"政治"之所以发生，则与"平等"相关，但"平等"不是算式统计或几何分配意义上的"平等"，它不能化约为社会组成分子之间的"平等"关系，如公民身份的平等。朗西埃指出，这种公民身份实际上是在平等的表面宣言下取消了贫富或种族之间的差异，这种平等计算正是后民主时代虚无的治理模式。朗西埃区分出两种与这种平等宣言以及虚无的治理模式不同的关系，即现实的不平等经济关系与法律政治条文中所规定的潜在平等关系，在此基础上，他提出，平等恰恰是需要被证明的。朗西埃注意到，罢工请愿呈现出工人和雇主之间的双重关系：一方面，在工人和雇主之间存在经济上的依附关系，它反映在角色的分配、工作条件和人际关系的日常秩序之中的方方面面，是一种不平等的"社会关系"；另一方面，从《人权宣言》到宪法，法律政治条文都明文规定了平等，这种法律和政治之间的关联为工人要求与雇主之间的"平等关系"提供了一种潜在的可能。因此，一个权利主体的生存就要求：法律的词句要在一个共同意义的空间之中得到确证。而要想实现这种确证，需要个体不断地和共同意义的空间发生相互作用，通过对话与交谈，每个个体都成为共同意义得以传播的承载者和解放的主体本身。因此，在朗西埃看来，作为个体存在和作为共同体成员之间的结合点，作为不平等的存在和潜在的平等者之间的结合点，首先就是作为话语的存在：从根本上说，是作为和所有其他人平等的言说的存在。正因如此，解放获得了超越其法律内涵的新含义，而这种新的解放观念之核心，就在于把理智的平等性作为知性和共同体的共同条件。②

---

① Todd May, "Thinking Politics with Jacques Rancière", *Contemporary Political Movements and the Thought of Jacques Rancière: Equality in Action*, Edinburgh: Edinburgh University Press, 2010, pp. 4 – 5.

② ［法］雅克·朗西埃：《政治的边缘：当代学术思潮丛书》，姜宇辉译，上海译文出版社2007年版，第40—43页。

二　激进平等与后民主时代的政治解放

　　1968 年的五月风暴对朗西埃的思想产生了重要影响。朗西埃是阿尔都塞的学生，但在 1968 年五月风暴之后与阿尔都塞断绝了关系。朗西埃之所以拒斥阿尔都塞，是因为阿尔都塞对五月风暴事件的态度反映出他对激进思想和实践的不信任，而这种不信任隐含了一种理论上和政治上的精英主义。在最近一次访谈中①，朗西埃坦言，真正将他与阿尔都塞分开的，是阿尔都塞的意识形态概念。在朗西埃看来，阿尔都塞将科学与意识形态绝对地对立起来，从而预设了沉浸在意识形态中不能自知的被统治者以及睿智、前卫思想家之间的区别，认为无知的被统治者只能经由睿智、前卫的思想家向他们揭示统治规律，才能培养他们的反抗意识。朗西埃反对这种对智力不平等的预设，他认为这种预设潜在地破坏了平等，不自觉地强化了社会分工和等级制，起到固化社会分工的作用。尽管阿尔都塞后来弱化了其早期观点，不再把哲学看作一种与意识形态对立的科学，而是看作一种阶级斗争的理论要素。然而，朗西埃仍然认为阿尔都塞从未否认基于劳动分工的知识分子和工人之间的区分。在 1968 年五月风暴中，所有事件都是从下层展开，由学生和工人领导，而不是由那些被选择的精英来领导。当法国共产党否定这场运动时，朗西埃却看到了其中反阿尔都塞假定——假定一类人的工作是去思想并形成理论和计划，工人的工作就是执行思想家的计划——的隐喻并与阿尔都塞决裂，于是投身于 19 世纪工人著作档案的研究，最终形成其关于政治行动的观点，这种观点聚焦于智力平等（equally intelligence）的假定。②

　　对于朗西埃而言，卑微的鞋匠和大学教授具有同样的智力。他反对

---

　　①　参见《汪民安访朗西埃：我们正处在大国政治的混乱之中》，http://culture. ifeng. com/a/20160430/48646192_ 0. shtml，2016 年 4 月 30 日。

　　②　Todd May，"Thinking Politics with Jacques Rancière"，*Contemporary Political Movements and the Thought of Jacques Rancière：Equality in Action*，Edinburgh：Edinburgh University Press，2010，p. 6.

按照固有的身份、地位来固化每个人在社会中的位置，也反对将穷人排除在智识能力体系之外。他坚持所有人都能够思考，所有人进行思考的合法性都必须得到捍卫。任何指定的或已分配的地位都要受到平等主张的挑战，这种平等主张通过特别的"主体化"的政治行动而产生，从而引起支撑这个机制的不平等关系和社会实践之间的断裂。这种特别的政治过程因而一直是"确证平等"的一种方式。在这里，朗西埃对"解放"进行了重新定义：与那种首先预设不平等的存在、再号召一种从表面上的不平等到未来能达到平等的解放路径相比，朗西埃主张的是一种激进平等的解放路径。因为前者预设了社会科学和批判哲学在促成从不平等到平等转换进程中的主体性角色，预设了传递、教授、灌输解放知识之社会精英的存在，预设了理论教导和政治实践的分离。在朗西埃看来，平等不是作为政治过程的结果，而是必须被那些行使它的人作为前提来设想。由智力平等的假定出发，朗西埃指出：平等不是一个要达成的目的，而是一个出发点，是在每一个环节里必须保持的预设，真理无法为它代言。① 与此相应，解放也被定义为"由任何人同任何人平等之假定以及对此进行确证的意愿所指引的一系列实践"②。朗西埃同时也明确指出：与创造一种能够为未来社会立法的反抗力量相比，更重要的是要证明一种力量，它同时也是对共同体的证明。解放并不是造成分裂，而是对一个共同世界的分享。许多工人解放运动和女性解放运动的文献都试图证明：那些要求平等的人都有权享有平等，他们参与一个共同的世界，在其中他们能够证明其理由并让他人承认这种理由的必然性。③ 由此可见，在朗西埃这里，平等不是一种规范，而是一种方法。然而，作为方法论的平等在被朗西埃赋予本体论意义的同时，也就沦为了话语政治。

朗西埃认为，自己既不是某种"好"哲学思想的认同者，也不是马克

---

① Jacques Rancière, *The Ignorant Schoolmaster*, Stanford：Stanford University Press, 1991, p. 38.

② Katia Genel and Jean-Philippe Deranty, *Recognition or Disagreement：A Critical Encounter on The Politics of Freedom, Equality, and Identity*, New York：Columbia University Press, 2016, p. 21.

③ ［法］雅克·朗西埃：《政治的边缘：当代学术思潮丛书》，姜宇辉译，上海译文出版社2007年版，第41页。

思主义历史观的推崇者，而只是一名致力于工人解放运动尤其是 19 世纪法国工人解放运动的研究者。在研究解放运动中，最令他感兴趣的是：那些生来就处于被剥削、受支配地位的人们，是如何通过他们自身的努力，宣布自己的平等地位，让自己成为这个共同世界的主体的。他认为这就是一种后民主时代的政治解放路径，这种解放运动既是个人的，也是集体的。在解放运动中，人们所做的努力不仅有反抗，还有对一个感性世界的创建。由此，朗西埃提出，后民主时代的解放逻辑不要代言，而要赋权，这便是朗西埃所说的民主解放政治的根本内涵。赋权的过程就是政治主体性的重建过程，如此才能纠正共识性民主体制下以治安逻辑取代政治逻辑、以共识取代平等的病症。因为正如女权主义批判所揭示的，诉诸共同体"共享的目的"或"共同的利益"并非中立的，它们常常错误地将强者的观点普遍化，忽略对弱者的关心。在这种情况下，达成共识的定位反而破坏了民主参与的目的，因为当有些声音无法被听到时，那种通过在一起思考问题而带来的好处将大大减少；对于以这种方式被排除在外的参与者来说，这种参与只能带来更深刻的疏离，而不是授权。①

与智力平等的预设相关，赋权首先体现为知识的赋权。因此，朗西埃对"知识分子"与社会解放之间的关系进行了重新阐释，对废除一切智识不平等的教学方法论表示支持。对朗西埃来说，平等是出发点，是人类解放的本质，他的目标在于把思考能力、发出声音的能力还给那些被排除在知识等级制度之外的人，这可被理解为一种知识的赋权。其次，赋权经由政治主体化的行动来完成。在朗西埃看来，严格意义上的政治绝不会预设某种物化（具体化）的主体或像无产者、穷人、少数族裔那样事先定义的，由个体组成的群体。相反，政治唯一可能的主体是人民（people）或民众（dēmos）。这里的人民是指作为额外参与者的人民，这样的人民只不过是一种集体生存形式，这一生存形式是建立在每一个人的能力基础之上的。那些无名的、不可见且不可听的人，只有通过主体

---

① Susan Bickford, *Listening, Conflict, and Citizenship: Dissonance Democracy*, New York: Cornell University Press, 1996, pp. 15 – 16.

化（subjectivization）的模式，才能穿透治安的管制次序，重新设定共同体对可感物的分配。然而，正如平等不是有待实现的目标而是需要被不断验证的预设，民主既不是一种政府形式，也不是一种社会生活方式。民主首先是一种人民的权利，即那些既没有特殊权利，也没有特殊能力，更没有特殊头衔的人的权利。①

最后，赋权意味着承认无分者之分，反对代言。朗西埃指出，共识性民主体制下的共同体所面临的悖论就在于：参与具有共识的共同体，对于理解此话语的共同体内的主体而言，便是共同居住于一处，共享同样的话语，拥有同样结构的感受模式与意义感。然而，共同享有话语、具有共识，已经否定了持有不同观点的参与者或是无法拥有可能的不同位置或话语，或是只能拥有不占据位置的位置，无法被理解的声音。政治理性往往是以共同体的共识为基础来建立有用与无用、正义与非正义的区分。然而，对于共同体而言，更为重要的问题是：什么人可以被视为属于此共同体的成员？什么人是这个共同体的组成部分？什么人不拥有参与共同体的资格与权利？在诸如此类的问题中，以什么观念或属性来定义部分以及此计算背后的理性原则是什么，就成为问题的核心。这个观念如血缘、信仰、语言、阶级、传统等，既是整体中个体自我认知与建立同一性的范畴，也是共同体排他的依据。当特定属性被政治理性与权力结构定义为建立整体认同的基础与构成共同体的原则时，那些没被纳入计算理性范畴的东西，如不同的语言、血缘或出身，便成为无法参与的部分，成为朗西埃所说的"无分者之分"。② 因此，朗西埃强调政治解放的起点就在于"无分者"挑战与扰乱原本已经稳定的计算理性，借由"无分者之分"所暴露的话语内的差异与距离，来打破既有的稳定秩序，重组配置逻辑，进而带来不被计算者的解放。③

---

① ［美］加布里埃尔·洛克希尔：《雅克·朗西埃的知觉政治》，https://m. douban. com/note/63122632/? session = f1268610，2010 年 3 月 11 日。

② 参见刘纪蕙《感受性体制、理解与歧义、理性与计算、间距与"空"》，载雅克·朗西埃《歧义：政治与哲学》，西北大学出版社 2015 年版，第 206—207 页。

③ ［法］雅克·朗西埃：《歧义：政治与哲学》，刘纪蕙译，西北大学出版社 2015 年版，序言第 38—40 页。

三 歧义与共在——后民主时代的人类生存逻辑

在朗西埃看来，政治就是那些"无分者"的参与，是"无分者之分"的出现，当展现了支配逻辑与平等逻辑之间对抗的时候，一切都可以变成政治的。因此，从根本上说，政治就是歧义。朗西埃所定义的歧义指的是两大逻辑之间的对立：一个是分级的、不平等的、统治的逻辑，另一个是革新的、可以赋予任何个人能力的逻辑。也可以将之理解为两种"人民"之间的歧义：一个是由国家机器培养的人民，另一个是作为一个集体、被平等思想沐浴的人民。朗西埃所说的歧义是一种永远无法被消解，但可以寻求一些调节方式的对立。也就是说，这两种"人民"之间的关系是可以被调节的。朗西埃强调，政治并非通过共识而建立共同的生活形态，也非通过共识而团结人群，或是仅在形式上达到平等；相反，共识恰恰是政治的结束。政治的本质是非共识，非共识或歧义，就是指话语中被安置的感受性分配与其自身之间的差距。对于朗西埃而言，政治便是干预既定话语的感受性分配体制的活动，借此活动，原有的法则与计算框架被中断，"不可共量性"被引入，原本在感知坐标中没有参与之分的人得以介入，原来的不可见者得以出现，原来无法被理解的无意义噪声成为有意义的话语。正因如此，思考一个共处空间中不被计算在内、无法被理解的声音如何得以出现，如何能够使主体性行动脱离共识与同一的逻辑，便是朗西埃持续关注的政治性问题。①

既然政治不是为了达到某种和解与共识，而是必然产生歧义，那么人们如何过一种政治生活？或者说，人们如何共存于歧义之中？对此，朗西埃的观点是，政治在某种程度上是一种冲突形式，但同时也是一种具备调和功能的冲突形式：它能够管理对立，是一种能使人们共同生活

---

① 参见刘纪蕙《感受性体制、理解与歧义、理性与计算、间距与"空"》，载雅克·朗西埃《歧义：政治与哲学》，西北大学出版社 2015 年版，第 210—212 页。

在一起的方式。① 一方面，朗西埃这种对政治的独特理解，充分揭示出歧义作为人类存在本质的后现代境况，它正视冲突和对抗的存在，并旨在通过预设平等而产生出有助于解放的政治后果。这种对政治的理解以及对解放的重新定位，有利于我们理解如何共存于冲突及多元对抗的当今世界。另一方面，政治如何能够成为同时具备调和功能的冲突形式，朗西埃却未给出明确的回答。

当今世界，人类如何共在？这是20世纪70年代以来政治哲学思考的主题，以罗尔斯为代表的政治哲学家旨在通过为自由社会的民主寻求共识，以维持多元社会的秩序和稳定。然而，在朗西埃看来，共识的民主依赖罗尔斯式的无知之幕，一旦无知之幕被掀起，政治分歧必然呈现。这也是朗西埃思考的核心问题：我们从何立场以何者（什么或谁）的名义来说话？因为在其背后，往往与支配相关，往往隐藏着深刻的不平等。朗西埃的哲学试图以分歧的政治、冲突的政治代替认同政治、共识的政治，是对后民主时代共识性民主之缺陷一定程度的纠偏，然而同样可质疑的是：朗西埃是否过分强调分歧而没有关注共识？放弃了对共识的寻求，政治必将只剩下冲突，何谈其调和功能？在此，尽管以罗尔斯为代表的当代自由主义政治哲学家关注共识回避冲突值得质疑，但仅仅强调分歧，却没有给出有效建设性方案的激进政治，其解放潜能同样十分有限。

尽管如此，朗西埃对后现代境遇中政治生活复杂性的揭示是富有洞见的，我们究竟如何理解政治的本质？当今世界人类究竟是否能够共存？如何共存？朗西埃让这一问题再次凸显在当代人面前，成为当代人不得不正视和面对的问题。汉娜·阿伦特曾指出，人类多样性的事实意味着公民的未来不能基于他们物理上或物质上的境况来预言，人类是唯一固执己见的、积极的生物，典型特征是具有"重新开始"的能力，因此，既然我们是在具有和我们同等行动能力的他人中间行动，那么政治演讲

① 参见《汪民安访朗西埃：我们正处在大国政治的混乱之中》，http://culture.ifeng.com/a/20160430/48646192_0.shtml，2016年4月30日。

和行动就其意义和后果来说是不可预测的。与阿伦特相似，朗西埃指出，我们无法掩盖由差异性和相关性之间不可避免的联结所带来的困难，这种困难或是由于忽视政治沟通而引起，或是由于认为政治根本不需要沟通而引起。当代理论家继承了这两条路线，或者倾向于冲突而不重视交互作用，或者倾向于强调交互作用而低估、轻视冲突的在场和持续。① 在朗西埃看来，这两种理论都忽视了政治生活的复杂性。

政治不仅是关乎共享的利益或共享的观念，而是当我们面对关乎这些事情的冲突时，我们如何去决定做什么。在此意义上，政治既非由共识建构，也非由共同体建构，而是由实践建构。通过这种实践，公民们就利益和目的进行辩论。换言之，政治由沟通建构。正是通过这种沟通的实践，我们才逐渐理解我们的利益和我们的身份。强调作为一种实践和行动的政治，就是要勇敢地面对政治的主体间性。实践和行动内在地预设了不同的存在以及不同存在之间的多种可能性；它既指出了分离性，也指出了相关性。如果我们自动地不一致，我们就不必去演讲、聆听或辩论；如果我们注定无法沟通，我们就完全避开各种顽固的差异。然而沟通是这样一种努力：在承认多元、分离、差异这些可能构成冲突之源的特性的前提下，同时通过设计一种相互关联的手段，来弥补差异之间的裂隙。

朗西埃认为，政治既是冲突的，又是可调节的，而他的激进平等思想——每一个人和任何一个人的平等——无疑是具有解放意义的，它有助于我们视彼此为同伴公民。阿伦特的话也许可以为朗西埃所言的政治作一个恰当的注解："只有当我们感觉到我们自己是这个世界的一部分，在这个世界当中，我们同所有其他的人一样，从事于一种反对巨大的有时是压倒性的不平等的斗争中，我们有胜利的机会，虽然这种机会可能很小，我们和同盟者在一起，虽然同盟者可能会不多，只有这样，我们才能够摆脱具有令人不愉快品质的世界。"②

---

① Susan Bickford, *Listening, Conflict, and Citizenship: Dissonance Democracy*, New York: Cornell University Press, 1996, pp. 19–20, 5, 11.

② Susan Bickford, *Listening, Conflict, and Citizenship: Dissonance Democracy*, New York: Cornell University Press, 1996, pp. 4–5, 11, 187.

当今世界，虽然和平仍是主流，但不可回避的是，地区冲突持续不断，宗教原教旨主义抬头，极端势力、恐怖主义不断制造反人类的暴行和流血伤亡，而西方世界以人道主义援助以及推行民主之名演变而成的非人道和强权已造成恶果，这背后的逻辑就是代言，而非赋权，受此逻辑支配的人类，最终必然走向自身的毁灭。人类共同生活在同一个物质世界中，这种境况要求我们对政治的交互作用作出承诺——即使是和那些我们不喜欢的人或和我们有巨大差异的人。许多人或群体被排斥在共同体的大门之外，没有真实的公民资格；人为地设置障碍的做法，将严重地危及民主政治的可能性。如此，我们失去的将不只是民主，而是完整的人类现实。这种完整的人类现实依赖多样化的知觉的在场以及对他人知觉的在场。正如《政治的边缘》一书内容简介中所言，朗西埃讨论的主题是如何使当代政治更加开放，如何将更多缺席的他者引入我们的开放政治中，他把当代政治当作一种不断自我开放的域，把各种原来缺席的他者的到来当作激活现存政治域的一种契机。①

四 身份、平等与反跨国资本运动中政治主体的建构

在后现代语境中，正义与否不再与认知的、伦理的以及政治的安排相连，而是被理解为与压制他者、忽视他者、对他者进行边缘化和对他者进行规训的权力现象相连。20世纪五六十年代以来，随着西方发达国家相继进入后工业社会，各种新的社会阶层不断产生，新型群体纷纷涌现，各种利益群体的不同要求急剧增长。对这些群体来说，政治首先并不是"福利国家所能提供的补偿之物，而是防范和重建濒临危险的生活方式之物。简而言之，新的冲突不是由分配的难题所导致的，而是由那些与生活的形式有关的语法所激发"②，他们的核心工作是通过斗争，获

① ［法］雅克·朗西埃：《政治的边缘：当代学术思潮丛书》，姜宇辉译，上海译文出版社2007年版，扉页。
② ［美］斯蒂芬·K.怀特：《政治理论与后现代主义》，孙曙光译，辽宁教育出版社2004年版，第11—12页。

得在整个社会中构造他们自己集体性身份认同和特性的能力。正因如此，身份政治成为20世纪60年代到90年代在许多西方国家占支配地位的斗争形式。尽管身份政治的本意并非要造成隔离，但其内在逻辑——预设"我者"群体与"他者"群体之间的对立——必然造成实践中政治抵抗区隔化，进而破坏团结。到20世纪80年代，不同群体之间的分裂日益明显，"身份"和每个群体的"群体特征"成为聚焦点，"我是谁"或"我们是谁"的问题，逐渐取代了左翼议程中的"我们为什么而斗争"，斗争以牺牲不同群体之间的团结为代价。在这一点上，左翼斗争的作用日益弱化。朗西埃敏锐地看到身份政治的缺陷，他不赞同身份政治，在他看来，身份政治声称最终给那些被剥夺基本权利的人以某种特定的"认同/同一性/身份标识"，而这无异于是一种统治者通过认可他者之独特性而使原有社会秩序保持不变，从而维持自身原有支配地位的权力诡计。

　　身份政治并非没有反对者，从实践上看，20世纪90年代兴起的反跨国资本运动直接构成对身份政治的反对。在反跨国资本的全球联合运动中，出现了不同民族、不同种族、不同阶层、不同群体联合起来的诉求，与身份政治关注每种特殊斗争不同，反跨国资本运动寻求的是反对共同对象的各种不同斗争之间的团结。正如朗西埃所揭示的，既然资产阶级压迫已变成"治安"，那么解放政治的首要前提就在于，认识到使第三世界工人屈服于压迫和异化工作条件的是同样的资本主义秩序、同样的企业和国家的结盟。或者说，跨国资本以及由其建构的全球资本主义秩序，就是反跨国资本运动的共同反抗对象。就反跨国资本运动本身的范围而言，它无疑是全球的，而且在某种程度上将继续是全球范围的，它包括工人、劳工组织者、环境保护主义者、女性主义者、左翼政治的积极分子，等等。在反跨国资本运动中，与其说是不同身份的整合，不如说是平等前提的创造，用朗西埃的话说：任何言说者和任何言说者的平等①。在这个意义上，也可以将反跨国资本的全球联合运动视为对身份政治的

　　① Todd May，"Thinking Politics with Jacques Rancière"，*Contemporary Political Movements and the Thought of Jacques Rancière：Equality in Action*，Edinburgh：Edinburgh University Press，2010，p. 75.

一种解构。然而，在反跨国资本的全球联合运动中，反抗主体及其主体意识如何建构？这依然是一个悬而未决的问题。

按照朗西埃的思路，这种新的主体性不同于文化身份主体，而是政治主体，这种政治主体形成的关键在于原本散见于社会的"消音人群"的再发声、在一系列反抗事件中呈现。这种政治主体必然是一种流动的主体，不同的事件会有不同人群的聚集，政治主体处于不断的排列组合、重新建构中。朗西埃要求承认发言者作为有效的断言者，即发言者的观点能够算数，"能够断言什么是正义的和合理的"，这样他们才能够在社会中有其位置，并因此而得到在其中的一个"部分"。然而可疑的是：首先，这种单纯话语的抗争，脱离对全球不公正经济秩序的批判，能否成为反跨国资本运动的反抗主体之主体性形成的根据？其次，在朗西埃的理论中，主体概念仅仅是为了说明在政治行动中发挥作用的主体，假定对他而言的政治是一种对治安秩序的激进决裂，主体概念就必须仅仅和政治时刻相连。因此，它并不与其他维度的主体性相通，如社会学或心理学的主体。① 正因如此，作为朗西埃社会运动之立足点的"主体"必然难以成为现实的主体，难以经受得住现实生活的检验。所谓激进的普遍性的平等，仅仅囿于话语的权利和单维度政治主体的建构，并不足以弥合由全球不公正的经济秩序、巨大的社会经济差异所产生出来的等级和不平等。

说到底，朗西埃所说的反抗主体局限于话语的斗争，局限于一种思想上的革命，而非对现状做出实际的改变。由此可见，尽管朗西埃试图通过工人阶级话语的档案来重建政治话语和实践，但这种重建的政治话语和实践只是在一个含义上是政治的，即它们破坏由"可感物的分配"（distribution of the sensible）所确立的共识。朗西埃拒斥马克思主义的一些概念，如他对群众（mass）及其实践并不感兴趣，而是聚焦于"非典型性"个体的话语和幻想。其《无产阶级之夜：十九世纪法国工人的梦

---

① Katia Genel and Jean-Philippe Deranty, *Recognition or Disagreement: A Critical Encounter on The Politics of Freedom, Equality, and Identity*, New York: Columbia University Press, 2016, pp. 39, 48.

想》一书中的素材是一些人物的"话语、理性、梦想","几十个、几百个1830年代左右二十几岁的工人,他们每个人都决定不再容忍不可容忍的东西",在黑夜里"已经不可能的东西被准备、被梦想并被看到"①。这里的"黑夜"象征着工作和睡觉的"正态序列"正在发生微小的、不易觉察的断裂。对朗西埃来说,这种恢复工人声音的阐释,无疑是对将人们各安其位的社会分工进行批判的最有效方式,然而,这种阐释并不等同于对阶级意识的诉求。

总之,朗西埃不是从逻辑范畴、从整体进程出发来思考解放,他并不关心如何在共同体内部形成某种思想,进而通过某种宏观社会思想方面的变化来促成这个世界的转变;相反,他感兴趣于歧义和断裂的价值,关注这个世界通过"裂口"和"歧义"进行转变的方式。这体现了他与阿尔都塞的继承关系。然而,正是由于对解放路径的不同理解,也决定了他与阿尔都塞的根本决裂。在他看来,阿尔都塞的反人道主义、反民主以及反主体性的立场,是将马克思主义的遗产从其有效的解放潜能中隔离。与阿尔都塞不同,朗西埃坚持马克思主义的人道主义遗产,他认为这对于一种有效的解放哲学而言是根本性的。一种革命的哲学如果宣称普通男女没有改变他们在其中受剥削的世界的能力,那么这种革命哲学实际上是一种保守的哲学;同样,一种拒斥民主概念的哲学,即拒斥所有个体的激进平等哲学,也必然无法代表那些没有得到社会和政治承认者的利益。在此,阿尔都塞的"认识论的断裂",即知识进程的自主与实践进程的自主之间的断裂,被朗西埃理解为是对象征性的"主人思考"权力的一种理论上的合法化,以及一种获得和捍卫这一位置的方式。正是这种割裂,造成了对理论之实践后果的轻视。朗西埃的批判和积极贡献在于,他对现实中的行动和话语之实践后果的思考,在他那里,话语接近于一种实践上的相互作用。正因如此,朗西埃的哲学被视为一种方

---

① Jacques Rancière, *Proletarian Nights: The Workers' Dream in Nineteenth Century France*, London: Verso, 2012, pp. Ⅶ, Ⅷ.

法论的唯物主义。①

朗西埃的激进平等和后民主时代的政治解放直指后民主时代的种种病症：政治哲学沦为一种以哲学之名对政治的代言；共识性民主沦为一种以共识为名对他者、对社会中"无分者"的代言；身份政治沦为一种以身份之名对解放目标的代言。所有这些都被视为后民主时代的病症，在其中，政治主体化不再可能，为解放而战被缩减到为身份而战，所有这些都是朗西埃着力予以批判的。在朗西埃看来，政治不能建立在社会等级的基础之上，政治是有关绝对平等的理论断言和实践要求，它必须激进地与社会秩序决裂。朗西埃的思想毫无疑问是"反社会"的，然而在这种"反社会"的表象背后，是他对晚期资本主义在西方世界中所创造出来的民主体制的深刻批判，是对冲突和斗争在民主政治中所占地位的充分正视。

[原载《南京大学学报》（哲学·人文科学·社会科学）
2016 年第 6 期]

---

① Jean-Philippe Deranty, "Jacques Rancière's Contribution to the Ethics of Recognition", *Political Theory*, Vol. 31, No. 1, 2001.

共同体的生产与创造的两种路径

——哈特、奈格里和朗西埃的政治共同体理论之比较

莫　雷　吴友军[*]

　　当代西方激进左翼的代表人物朗西埃、哈特和奈格里的理论虽然有诸多差异，但是当他们批判资本统治以及资本主义的等级和权力结构时，他们的理论最终都指向了对政治共同体的建构。他们认为随着社会生活复杂化和价值观念多元化的不断增强，政治作为对共同生活的表征必须回应多元性和异质性，直面对抗和冲突，重新塑造共同性和共同体的内涵。他们从不同角度展开了对政治共同体的思考，主张不断生产和创造共同性。哈特和奈格里主要从生命政治学的角度来重新思考奇异性与共同体的关系；朗西埃侧重从共同和区隔的角度来论述平等的政治共同体。国内外学界已经对朗西埃和哈特、奈格里的相关思想进行了深入研究，但较少将他们放在一起进行总体性把握。本文力图将他们有关共同性的观点进行对比研究，从而进一步挖掘他们的政治共同体的内涵，深入思考他们的理论旨趣与实践指向。

一　何谓共同性?

　　共同性是朗西埃和哈特、奈格里共同体理论的核心概念。他们对共同性的理解有其特定内涵，都是从一般智能或智力平等出发进行思考。

---

　*　莫雷：南开大学哲学院副教授；吴友军：空军航空大学人文与社会科学系教授。

在他们看来，共同性不等同于同一性，也不能被简单地划归为共识，而是要从共同性与奇异性、共同性与杂多性的关联中来理解，破除虚假的普遍性，实现真实的共同性。

哈特和奈格里区分了两种共同性：自然的共同性和人造的共同性。自然的共同性一般指的是人们可以共享的土地、空气等自然资源，它服从于稀缺性的逻辑；而人造的共同性"是动态的、涉及劳动产品以及未来生产的工具。这种共同性不只涉及我们所共享的大地，也包括我们所创造的语言，我们所确立的社会实践，以及规定我们关系的社交模式等"①。哈特和奈格里更看重第二种共同性。在他们看来，这种共同性和人的一般智能相关，是人们在后福特制下通过共享语言、协作、交往、感受等确立起来的，并且可以通过分享和生产不断被创造出来。因此，这种共同性是动态的，意味着人们平等地参与和创造，它需要充分承认人与人之间的差异性和杂多性，避免将共同性简化为同一性。哈特和奈格里把这一点称为"共同性中的杂多的奇异性机制"，并这样来理解一和多的关系："虽然一与多处于对立的位置，但共同性与杂多性却并行不悖，前者甚至由后者内在地构成。在政治行动领域，我们很容易理解共同性与杂多性之间的这种关系：如果我们并非共享共同的世界，我们彼此就无法进行交流，或者满足彼此的要求或欲望；如果我们并非杂多的奇异性，那么我们就没有交流和交往的必要。就这个方面来说，我们同意阿伦特关于政治的概念，即奇异性在共同世界所进行的交往和组成。"②因此，他们往往把共同性理解为奇异性的相遇。这种相遇就形成了他们所理解的主体——诸众。诸众也是共同性原则的体现，诸众既不是多也不是一，而是在看似杂多中重新思考"一"的可能。维尔诺指出，"诸众对'一'做了重新定义。实际上这个'许多'需要一个统一的形式，需要作为'一'存在。但这里的关键是：这种统一不再是国家；而是语言、

---

① ［美］迈克尔·哈特、［意］安东尼奥·奈格里：《大同世界》，王行坤译，中国人民大学出版社 2015 年版，第 111 页。

② ［美］迈克尔·哈特、［意］安东尼奥·奈格里：《大同世界》，王行坤译，中国人民大学出版社 2015 年版，第 145 页。

智力、人类共有的才能……必须把这个'多数'看成是共享经验的、泛型的、普遍的个性化"①。

哈特和奈格里主要是从一般智能这个角度来理解共同性，朗西埃则基于智力平等这一假设来思考共同性，更强调人都有平等的言说能力："我们在思考、言说和行动时必须假定所有人共有同一种能力。"② 朗西埃并非无视智力的差异这一事实，但他把"各智力皆平等"看作一个假设，这种平等的假设需要在平等的实践中得到验证。他所感兴趣的"是去探索任何人在认为自己与其他所有人同等时、其他所有人与自己同等时所具有的诸多力量"③。从这种智力平等的假设出发，朗西埃反对智力的高下之别和外在的教导，尤其反对穷人在智力不平等的偏见下所遭受的欺压。他认为每个人都可以运用他自己的理智和语言来表达自己，自然地运用自己的知性去学习和探索并意识到自己的力量，而且可以去教自己所不知道的内容。朗西埃将这种继承自雅科托的方法称为"普遍教育法"，并力图借此达到智力解放。朗西埃认为不平等不局限于教育领域，"智力不平等的社会机构绝不限于学校范围内。它呈现在各种社会关系的表层，它无论在哪里，都会让言说交流在形式上划分角色，将人分为下令者和服从者，并且也分为指导者和跟随者、劝诱者和共识者、告知者和获知者、世界状况的讲解者和这套讲解的接受者"④。基于这一理解，他把对共同的智力的强调以及对旧有等级的颠覆从教育领域逐渐扩展到美学和政治领域，借由社会领域感性的共享来实现更彻底的平等。

---

① ［意］保罗·维尔诺：《诸众的语法：当代生活方式的分析》，董必成译，商务印书馆2017年版，第29页。

② ［法］雅克·朗西埃：《无知的教师：智力解放五讲》，赵子龙译，西北大学出版社2020年版，中文版序第4页。

③ ［法］雅克·朗西埃：《无知的教师：智力解放五讲》，赵子龙译，西北大学出版社2020年版，第75页。

④ ［法］雅克·朗西埃：《无知的教师：智力解放五讲》，赵子龙译，西北大学出版社2020年版，中文版序第5页。

二　共同性受到的挑战

哈特、奈格里和朗西埃对共同性的理解从一般智能或平等的智力出发，探讨人们在当代资本主义条件下共在和共享的可能性。这种共同性在当代资本主义社会受到了阻碍和挑战，资本的统治、等级制和固有的结构配置使共同性面临各种威胁。哈特和奈格里主要针对财产共和国的统治，而朗西埃则将矛头指向资本主义共识民主。

哈特和奈格里认为共同性遇到的困境是共同性被掠夺和占有，因而被腐化和私有化。共同性的腐化主要是指共同性被扭曲和破坏，本来可以提供协作、情感交流和分享的机构如家庭、企业和国家反而破坏了共同性。例如，家庭"建基于共同性之上，但这一共同性同时又因为一系列强加的等级制、规约、排斥和扭曲行为而受到腐化"①。他们认为企业等机构也是如此，通过资本施加的等级制和排斥机制破坏了交往、协作中的共同性。共同性遇到的更大的困境是共同性的私有化。资本主义社会法律、权力和资本之间存在复杂的共谋关系，使得资本主义的财产共和国的统治日益被自然化，更加难以辨别和反抗。他们认为"必须说明互相勾连的资本和法律——我们所谓的财产共和国——如何在所有层面和阶段决定和统治社会生活的可能前提"②。哈特和奈格里重新继承了马克思考察劳动与资本的关系时所采取的内在性批判的方法，考察当代资本主义社会劳动形式和剥削形式的变化。他们认为，当代资本主义的生产方式发生了转型，生产的主要形式变成了以认识和情感性劳动为主的非物质生产。"生产者和产品都是主体：人既生产，也被生产。"③ 因此，他们也把这种生产称为生命政治生产。工人在这种生产中虽然仍受到资

---

① ［美］迈克尔·哈特、［意］安东尼奥·奈格里：《大同世界》，王行坤译，中国人民大学出版社2015年版，第127页。

② ［美］迈克尔·哈特、［意］安东尼奥·奈格里：《大同世界》，王行坤译，中国人民大学出版社2015年版，第5页。

③ ［美］迈克尔·哈特、［意］安东尼奥·奈格里：《大同世界》，王行坤译，中国人民大学出版社2015年版，第109页。

本家的压迫，其生产的产品仍被资本家剥夺，但"这种剥夺不是发生在个体工人身上，而是发生在社会劳动身上，以信息流动、交往网络、社会符码、语言创新以及感受和激情的形式表现出来。生命政治剥削涉及对共同性的占有，在这里，以社会生产和社会实践的形式表现出来"①。工人在生命政治生产中被资本剥夺的更多的是共同性和创造性以及对生命和爱的感受能力，从而源自生产实践的共同性被私有化。

朗西埃则集中研究了智力平等与感性分配机制之间的矛盾。他先探讨了处于政治核心的话语动物与声音动物之间的对立："政治的存在，乃是由于话语不仅只是单纯的话语。话语向来便是构成此一话语的稳固理据，依循着这个理据，某个声音的发出会被当成话语，而能阐述正义的意义；其他的声音则仅被当成传达愉悦与痛苦、同意或反对的声音。"②基于这种对立，朗西埃认为这就构成了两种不同的政治逻辑或两种不同的共在原则，即治安和政治的对立。治安，涉及对人们所说、所行和所是的感性分配，从而"定义组成部分的有分或无分"③。这就使得有的部分被计算在内，有的部分则完全不被计入。相应地，这种通过聚合而形成的共同体是治安秩序的组织化建构的结果。而通过区隔和排除机制将某些人排斥在外，不能实现真正的平等和共同性。因此，朗西埃认为治安不是真正的政治，政治应该基于平等逻辑揭示治安所定义的感性分配秩序的偶然性和不平等。"政治活动是将一个身体从原先被给定的场所中移动或改变该场所目的的任何活动。它使原本没有场所、不可见的变成可见；使那些曾经徒具嘈杂噪声的场所，能够具有可被理解的论述；它让原本被视为噪声的，成为能够被理解的论述。"④ 通过平等的逻辑和治

---

① ［美］迈克尔·哈特、［意］安东尼奥·奈格里：《大同世界》，王行坤译，中国人民大学出版社2015年版，第112页。

② ［法］雅克·朗西埃：《歧义：政治与哲学》，刘纪蕙译，西北大学出版社2015年版，序言第39—40页。

③ ［法］雅克·朗西埃：《歧义：政治与哲学》，刘纪蕙译，西北大学出版社2015年版，第47页。

④ ［法］雅克·朗西埃：《歧义：政治与哲学》，刘纪蕙译，西北大学出版社2015年版，第48页。

安逻辑的对比，我们可以看出，朗西埃认为智识平等受到的最大阻碍其实是感性分配机制带来的错误，将共同性看成对同一性的简单肯定，忽视了他者、异质性和各种纷争，丢弃了有分者和无分者之间的冲突，看不到歧义、争议对共同体的重要意义。例如，资本主义民主的问题就在于它把民主等同为抽象的计算，以被纳入的成员的单一的理性共识为目标，忽视了被排斥在外的部分的意见和意愿，这使得它的民主只能是一种形式民主。

三　共同体的生产与创造

面对共同性的腐化、私有化和感性分配机制所带来的区隔，哈特、奈格里和朗西埃都力图打破各种阻碍，生产和创造共同性，并形成新型的共在和共享的模式。他们的共同体理论不仅有批判的维度，而且有建构的维度，力图实现批判与建构的统一。

哈特和奈格里特别强调非物质劳动与身体的关联以及身体具有的解放维度，他们认为必须实现"从财产批判到身体批判"的过渡，即"要把对财产以及资本主义社会的先验结构的批判带回到身体现象学之中"①。这种身体现象学的考察不仅要揭示身体在反抗财产统治中的能动作用和生产性作用，而且要揭示作为身体的主体与他者的关联，并以此指向对共同性的建构。那么，身体究竟如何来反抗财产的统治？哈特、奈格里吸收了福柯的生命权力理论，重塑了生命政治学。在他们看来，反抗的可能性就孕育在生命政治生产自身中，这是一种内在的批判和反抗。因为生命政治生产作为符码、信息等的生产在相互协作中就具有某种程度的自主性，它可以自发地形成某种组织形式，自下而上地反对财产共和国的统治，生产和制造共同性。因此，"生命政治过程不仅限于作为社会关系的资本的再生产中，同时也为自主的过程提供了潜能，这个过程可

---

① ［美］迈克尔·哈特、［意］安东尼奥·奈格里：《大同世界》，王行坤译，中国人民大学出版社2015年版，第24页。

以摧毁资本，并且创造出全新的未来"①。这主要是通过诸众的甄别、出走、逾越等策略实现的。"甄别"针对的是有害的共同性和共同性的腐化形式，"诸众必须去其糟粕，取其精华，对共同性进行甄别，……通过甄别和出走，诸众必须利用共同性再度启动其生产过程"②。"出走"也被称作退出，是从资本主义生产关系对共同性的私有化中退出，"我们所谓的出走，是通过实现劳动力潜在自主性的方式从与资本的关系中退出的过程"③。他们通过出走逾越资本对活劳动的控制，反对资本对共同性和创造性的剥夺，在此基础上，通过民主的方式将自己组合起来，共同参与到协作、创造之中，从而形成工人自己的组织形式和生产关系。

如果说哈特和奈格里更强调共同体的生产，朗西埃则更强调共同体的再创造。朗西埃的共同体理论虽然是从共同的人性出发，检测治安对共同的人性和共在的阻碍，最后也好像回到了共同人性的自我彰显，但他并没有简单认为共同体就是对原初的共同人性的复归。他明确指出，"我们并不打算以'复兴者'的形象声称，政治'只要'找回其本身的起源/原则以重新找回其活力"④。朗西埃认为必须用平等的逻辑对抗不平等的共同体，即不断地以平等逻辑去发现和检测治安逻辑的不平等，重新批判感性分配机制，探讨原先并不属于共同体的部分如何获得平等的承认，使无分之分者由不可见变为可见，不断扩大共在和共享的内涵。这特别体现为打破等级和智力等方面的束缚，使人们可以自主地参与社会和政治生活以及美学的创造。因此，朗西埃主张真正的共同体是平等的共享。那么，这种共同体究竟如何实现？朗西埃主张"借由在单一世界中两个世界的对抗———一个他们存在的世界与一个他们不存在的世界

---

① ［美］迈克尔·哈特、［意］安东尼奥·奈格里：《大同世界》，王行坤译，中国人民大学出版社 2015 年版，第 109 页。

② ［美］迈克尔·哈特、［意］安东尼奥·奈格里：《大同世界》，王行坤译，中国人民大学出版社 2015 年版，第 140 页。

③ ［美］迈克尔·哈特、［意］安东尼奥·奈格里：《大同世界》，王行坤译，中国人民大学出版社 2015 年版，第 121 页。

④ ［法］雅克·朗西埃：《歧义：政治与哲学》，刘纪蕙译，西北大学出版社 2015 年版，第 181 页。

之间的对抗，一个在他们与那些不承认他们可被当成言说者、那些能算数的人们‘之间’有着共通之处的世界，与一个在彼此之间毫无共通之处的世界之间的对抗——而建立起了共同体”①。具体来说，即通过中断、争议等重新思考治安配置的结构性矛盾，发现治安逻辑的断裂之处。这主要通过“无分之分者”对自身的位置、场所和身份等进行再次审视和展开争议，从而发现政治的间隔。“政治的间隔乃是经由将一个条件从其自身分裂而创造出来的。它透过在这三者之间牵线来创造自己：在一个既存世界的确定位置上被定义的身份和场所、在其他位置上被定义的身份和场所，以及没有位置的身份和场所。”② 无分之分者正是在这几个维度中将自己主体化，打破人为的间隔，使自己从不可见变为可见，参与公共事务，重塑公共领域，并重新确立基于平等原则的共在和共享的共同体。在朗西埃看来，这种共同体应该以多样性为原则，重视差异和争议的意义，“在明理的社会合作者使问题得到解决之前，作为共同体的特定结构，共识必须将争议安置在其原则当中”③。因此，朗西埃的共同体理论可以概括为基于平等原则和争议原则而展开的共同体，通过争议将作为公理的平等创造和实现出来。

四　两种共同体之比较

通过对哈特、奈格里和朗西埃的共同体理论的梳理，我们可以发现，两者的共同体模式有角度的差别和侧重点的差异。哈特和奈格里主要从非物质生产的视角理解共同性和共有，把共同体理解为大同世界；而朗西埃力图通过对政治本性的反思和拯救的视角来阐释共同性和共同体。但是，他们的共同体理论主要是从一般智能或平等智力的理解出发，共

---

① ［法］雅克·朗西埃：《歧义：政治与哲学》，刘纪蕙译，西北大学出版社2015年版，第45页。
② ［法］雅克·朗西埃：《歧义：政治与哲学》，刘纪蕙译，西北大学出版社2015年版，第179页。
③ ［法］雅克·朗西埃：《歧义：政治与哲学》，刘纪蕙译，西北大学出版社2015年版，第139页。

同体受到的阻碍都是源自资本、等级制和各种排斥机制，他们也都将共同体理解为不断生产和创造的过程，因而，他们的共同体理论也呈现了许多方面的相同点。

首先，哈特、奈格里和朗西埃的共同体理论都是对共在的结构的重新安排和配置。共同体不是既定的，也不是现成的，而是需要对当前资本主义社会的生产方式、分配方式和剥削方式进行重新探索，从中发现这种结构性设置的内在矛盾和困境。从其针对性上看，哈特和奈格里的共同性理论主要反对的是资本的生命权力和金融控制，朗西埃针对的则是治安对感性分配领域的区分和控制。例如，哈特和奈格里针对共同性的私有化，明确指出"抵抗是不同于资本主义对生命的殖民化的另一种激进的选择。但是这只在以下意义上成立；它是对共同性（或我们所生活的状况）的重新分配，换句话说，是以一种激进但是原创的、原始的、自发的、自主的并能自我实现的方式与权力的决裂"①。朗西埃则着重强调了如何打破感性分配原则，使得原有秩序下的不可见者变得可见。"政治就在于对界定共同体之公共事务的可感物进行重新布局和分配，引入新的主体和客体，让未被看到的东西变得可见，让那些被视为说废话的动物的人作为言说者被人们所听到。"② 很明显，他们都强调共同体的生产和创造需要打破原有的共在秩序和安排，反复不断地与财产共和国或治安秩序进行斗争。

其次，他们的共同体都是通过主体自身的不断生产和创造实现的。他们都认为，政治共同体的建构同时也是主体化的过程。哈特和奈格里称之为"制造诸众"，朗西埃称之为"无分之分者"的主体化。在这个过程中，诸众或无分之分者不断转变成生产自身并打破财富共和国的统治的主体，从而促使社会向共在和共享的共同体转变。哈特和奈格里指出，"诸众就是自己不断生成他者的制造者，也是集体性自我改造从未间断的

---

① ［意］安东尼奥·奈格里：《超越帝国》，李琨、陆汉臻译，北京大学出版社 2016 年版，第 180 页。
② ［法］雅克·朗西埃：《美学中的不满》，蓝江、李三达译，南京大学出版社 2019 年版，第 25—26 页。

过程"①。诸众联合起来集体反抗对共同性的掠夺、剥削和私有化，其实质是要求对共同性进行自下而上的重新分配。在他们看来，这种集体行动作为内在的批判和转化能够颠覆主导权力，反抗财富共和国，对共同性进行再占有，并在此基础上不断生产和创造共同性。朗西埃也认为政治共同体的形成过程就是打破治安对人之所是、所说和所行的感性分配，使那些无分之分者能够实现主体化。这种主体化不是简单地对既有秩序的模仿，而是对自我的重新界定和对平等的验证。总之，在他们看来，共同体和主体自身的生产是相伴而生、相互促进的，主体需要勘破虚假共同体的迷雾，使自己成为真正的主体，而共同体需要从内部不断创新主体联合的新形式和新动力。随着共同性的不断扩大和创造，可以实现主体的自主协作和共同体的生成之间的相互促进。

再次，他们的共同体理论特别强调感性和身体对于共同体的重要性，并以此重新理解共在和共享的意义。朗西埃正是通过强调所是、所说、所行的感性分配重建共同体，哈特和奈格里也十分看重身体的视角，在他们看来，"身体，就是感受和存在方式的集合体，也就是说，是生命形式——所有这些都立足于制造共同性的过程之中"②。"只有身体的视角及其力量才能够去挑战财产共和国所编织的规训和管控。"③ 为什么他们如此强调生命和感性的重要性？一方面，他们都受到福柯的生命政治学的影响；另一方面，他们认为当代资本主义的剥削和权力的压制最直接地和人的身体、生命、感性等相关，生命和身体也是自发能感受到剥削并进而展开反抗的源头，生命代表构建共同体的潜力和新的可能性。所以，生命和身体与共同性密切相关，可以通过反抗活动建立联结和联合，形成对共在和共享的新理解。

最后，他们的共同体理论重思了共同性与差异性、一元与多元的关

① ［美］迈克尔·哈特、［意］安东尼奥·奈格里：《大同世界》，王行坤译，中国人民大学出版社2015年版，第137页。
② ［美］迈克尔·哈特、［意］安东尼奥·奈格里：《大同世界》，王行坤译，中国人民大学出版社2015年版，第100页。
③ ［美］迈克尔·哈特、［意］安东尼奥·奈格里：《大同世界》，王行坤译，中国人民大学出版社2015年版，第21页。

系。他们看重平等和参与的意义，珍视差异和多元的价值。他们认为共同性不是对差异性的单纯否定，平等也不意味着绝对的同一性，共同体应包括交往和协作的不断生产和创造，并在与奇异性的交往中不断生产出富有生命力和创造力的共同性。"在生命政治领域，人们参与的自由度越大，并且在生产性网络中发挥不同的天赋和能力，共同性的生产就越高效。进而言之，参与就是某种形式的教育，这种教育扩大了生产力，因为那些参与进来的人都因此而变得更有能力。"① 他们也充分意识到共同性如果趋向完全的同一性可能会带来的危害，哈特和奈格里将其称为共同性的腐化，朗西埃将其称为资本主义的共识民主。他们都反对同一化和等级制所带来的区隔、分化和限制，力图肯定奇异性和歧义性，将多元性与共同性统一起来，实现共同言说、共同交往和共同创造。

从以上几点我们可以看出，他们的共同体理论确实有其同属于当代西方激进左翼群体的"家族相似性"。哈特、奈格里在提及朗西埃的理论时也注意到了他们的相似性："对朗西埃来说，'政治的全部基础就在于穷人与富人的斗争'，或者更准确地说，在于对共同性有权统治与无权管理的人群的斗争中。正如朗西埃所言，当那些无关紧要的无权者让自己发言时，政治就应运而生。只要我们补充说，当穷人一方与富人毫无可比之处时，毫无分量的那部分人——穷人——就是对诸众的精彩定义。"② 他们对政治和共同体的思考的相似性源自他们对马克思主义的共同体思想的继承，如朗西埃对治安和政治的区分、哈特和奈格里对财富共和国和大同世界的划分都体现了他们对"虚幻共同体"的持续的批判以及对"真正共同体"的追求和建构；他们关于共同体不断生成和创造的观点也吸取了马克思主义共同体思想中有关实践、行动的观点；他们对交往、协作、共享和解放的强调也基本符合马克思关于真正共同体的判断。但由于他们所处的时代背景和马克思不同，他们更多地将矛头指向资本和

---

① ［美］迈克尔·哈特、［意］安东尼奥·奈格里：《大同世界》，王行坤译，中国人民大学出版社 2015 年版，第 234 页。

② ［美］迈克尔·哈特、［意］安东尼奥·奈格里：《大同世界》，王行坤译，中国人民大学出版社 2015 年版，第 36 页。

等级化的统治带来的不平等，特别是指向这种统治对身体、感性造成的新的控制和支配。虽然哈特、奈格里继续从生产方式和剥削方式变化的角度来研究这些问题的根源，但他们和朗西埃一样，无法为真实的共同体的建构提供现实的道路。哈特、奈格里的逾越、出走的策略只能是对共同性分配份额的争夺，而朗西埃对争议、中断等作用的理解也往往仅限于感性分配领域。这使得他们对共在、共享、自主等价值的强调最终只停留在民主领域。马克思明确批判了资产阶级国家的虚假的普遍性，提出了自己对于共同体的设想："代替那存在着阶级和阶级对立的资产阶级旧社会的，将是这样一个联合体，在那里，每个人的自由发展是一切人的自由发展的条件。"① 这种"自由人联合体"的实现不能仅仅依靠诸众对共同性的争夺，也不能仅仅依靠感性分配领域主体身份的变换，而是需要切实地通过批判私有制和对社会关系的合理构建来实现。真正的共同体的建构必须通过对市民社会的深入批判重建共同性，重思共通性，从而实现对共同体的全新的生产和创造。

（原载《江汉论坛》2022 年第 7 期）

---

① 《马克思恩格斯选集》第 1 卷，人民出版社 1995 年版，第 294 页。

书文的共同体主义

——论布朗肖和南希对共同体的文学化想象

谢超逸*

人们如何共同生存是个古老的议题，西方自古希腊时代始便将有关共同体的思考纳入问题域，譬如柏拉图对理想国的构建、亚里士多德对作为政治共同体的城邦的讨论等。不过，直到 1887 年德国社会学家滕尼斯出版了《共同体与社会》（*Gemeinschaft und Gesellschaft*）一书，"共同体"才在严格意义上成为一个学术范畴。此后，对共同体的讨论逐渐溢出社会学领域，共同体的含义与历史进程中的各种思潮产生了复杂互动，最终沉淀出一些具有共识性的要点，包括：人与人之间紧密的关系和交往、相似的生活方式及历史经验、对共同团体的认同感和归属感、成员资格的获得和相对界限的产生以及遵循相同价值观或规范的行动。

1982 年，法国学者让－吕克·南希发表了论文《非功效的共同体》（*la communauté désoeuvrée*）。受到此文的启发，法国另一位重要思想家布朗肖写出了《不可言明的共同体》（*la communauté inavouable*）这本小书。① 在此后的数十年间，二人的思想相互影响、彼此推进，为共同体问题开辟出全新的论域。在布朗肖和南希看来，每个现代人都是共同体之动荡与分裂的历史见证者；共同体的现代命运还未被清晰揭示，因为主

---

* 谢超逸：同济大学人文学院博士研究生。

① 中文译者在翻译这两个文本时，为凸显二人对 communauté 这个术语的传统意义的颠覆，多用"共通体"一词替代常用的"共同体"。因论述主题之故，本文仍采用"共同体"概念，仅在必要时使用"共通体"的译法。

体形而上学从未摆脱对绝对内在性的渴望。大部分关于主体的思想都会阻碍对共同体的思考，无论这个主体是以个人的形象示人，还是以总体的形式出现。因此，本文的前两个部分将首先厘清布朗肖和南希对主体形而上学的两种形态——个体主义和总体主义——的批判，第三个部分则关注二人围绕"书文"（littérature）、"共同体"等关键概念所阐发的重要思想，即共同体不是人为筹划或制作的成品，而是人在每个瞬间中共同存在的一切经验。本文肯定布朗肖和南希为共同体主题补充了一个富有价值的维度，揭示了书写和阅读的分享作为共同经验的基础性意义。但需要警惕的是，此思路具有强烈的文人化色彩，它对瞬间化、非实体和未完成性的过分强调，容易导向一种无政府主义的风险。

一　个体主义：独一性的缺失

现代文明是个体的文明，原子式个体既是现代性的成果，也是它的助推器。自西方唯我论思想被开启以来，个体主义在成为形而上学传统的强势分支时，也将共同体的经验一并埋葬。然而，个体主义所承诺的自由和解放却仍不见踪影，现代世界散落着惶然的难以稳定聚合的"存在者们"。这一切表明，即使共同体是由个体所构成的，但是个体并不必然会构成共同体。

对布朗肖和南希来说，有关个体（individu）的讨论缺乏对独一性（singularité）的考虑。独一性就是专注每个作为唯一存在的人的特性，它不同于个体性，因为个体性总是在寻找某个根据，而独一性则不需要任何外在的评价和认同。个人之所以拥有独一性，正是因为其自我拥有不可评价的异质价值，因此，独一性也就是他异性（altérité）的别名。至关重要的是，对异质价值的整合不仅发生在个体的自我之内，也同样出现在个体与个体之间的关系中，共同体的存在就是诸多独一性的展露和会聚。因此，独一性是个体在共同体轨道上的偏离，但偏离不等于脱离，它毋宁说是一种无限展开的向外倾斜。因此，共通的是关系本身，它为个体之间的相互切入提供了一个场域。"独一的存在，因为是独一的，所以就在这种分享着它的独一性的激情当中——被动性、受难以及过度。他者的在场并不构成为了限制‘我的’的边界：相反，唯有——向他者展露，才释放我的激情。"①

因此，个人不是共同体的对立面，共同体是在个体通过他人并且为了他人时才会发生的汇聚。经历了一战的乔治·巴塔耶，从未停止对上述问题的探索。然而，直到在"二战"期间的手记中，他才终于写下了"否定的共同体"这个深刻影响了布朗肖和南希的命题。事实上，早在"二战"初期，巴塔耶就与布朗肖相识并成为好友。在战后巴塔耶所创办的《批评》（*Critique*）杂志上，布朗肖还发表过重要文章。如此密切的交往，也就解释了为何巴塔耶的思想印记频频出现在布朗肖的文本中，尤其是当"共同体"这个主题出现时。对巴塔耶来说，人之所以需要共同体，是因为每个存在的根基都有不充分性。布朗肖接过此思路并进行拓展，他指出，正是存在对它自身的质疑，使它意识到自己存在的根基是不充分的，因而只有他者的到来才能实现存在的完满。换句话说，当某种根本他异之物出现时，个体才会产生严格意义上的经验。召唤他者就是召唤共同体，"目的不是要在他者身上获得某种客观的现实（这会使其立刻失去本质），而是通过在他者身上分享自身，使得自身被质疑，从而反思自身"②。

南希对共同体的思考也是从对巴塔耶思想的评论开始的，他承认巴塔耶的思想已经探入共同体的现代经验的深处，但认为巴塔耶对共同体的论述仍未能摆脱关于主体的思想。巴塔耶期许的共同体是一种"情人间的共同体"，它用爱来表现对国家和社会的持续抵抗。南希肯定这种爱所展露的潜力，因为恋人永远不会成为具有主观政治性的同胞公民，他们只在爱的内部才相互联结。然而，布朗肖已经注意到，"情人共同体"是两个仅仅向对方展露的存在，它虽然让存在脱离日常社会的婚恋契约，但其边缘性和私密性决定了它不能建构起一种足以撼动社会的力量。因

---

① ［法］让－吕克·南希：《解构的共通体》，郭建玲、张建华等译，上海人民出版社 2007年版，第 57 页。

② Blanchot, *La Communauté Inavouable*, Editionsde Minuit, 1983, p. 34.

此，"情人共同体"的不幸就在于，当真正直面其对手时，它不得不凝聚为某个主体的形象，否则就无法从私人领域迈入公共领域。此时，爱就不再是无所传达的纯粹行动，而是被迫具有了某种意义的暴力。

正如南希所言，如今所有关于爱的哲学研究都不可能避开伊曼纽尔·列维纳斯的影响。当巴塔耶关于爱和共同体的讨论陷入困境时，重新回到列维纳斯也许是最好的选择。就在巴塔耶开始集中关注共同体问题的20世纪20年代，布朗肖在法国的斯特拉斯堡大学结识了列维纳斯，并在其影响下对现象学和海德格尔产生了浓厚兴趣。在布朗肖后来逐渐成熟的友爱论中，列维纳斯思想中最强大的一面浮现了：在承认分离的必然性后思考他人并走向他人。友爱就是一种"没有关系的关系"，它不包含任何防备和算计，不接受任何利用和操纵。在友爱存在的地方，自我总是感到他者在发问，于是它在回应的同时产生了一种责任感，这种对他者的责任将自我从其主体的封闭中抽离出来。南希关于爱的伦理思想也依赖列维纳斯的一个关键区分，即《总体与无限》中对多样性（pluralisme）和多数性（multipicité）的讨论。南希将爱阐释为多样性的激发，因为多样性正是独一性的亲缘概念，它们都指向由差异产生的聚合。① 爱是每个人都应得的最低限度的东西，它是超越一切得失计算和衡量的纯粹行动。由于爱不具有任何倾向性，故，它不会结成带有偏好的共同体。爱并不是个人的私有物，它恰恰是要穿过公与私的防线，将对方视为独一的人。

不过，布朗肖已经意识到，列维纳斯伦理学中有个让人不安的部分，它太过于强调他人这一端，甚至将他人抬高为比自我更接近上帝的存在，这就导致伦理关系陷入一种非相互性中，甚至连爱也可能成为伦理的阻碍。布朗肖和南希决定从列维纳斯那里回撤一步，为不对称关系加上"平等"这个限定词，现在，自我和他者的关系就是在平等中的不对称性，它引发了交流和分享的可能。除此之外，列维纳斯认识到了人是在

---

① ［法］让－吕克·南希：《解构的共通体》，郭建玲、张建华等译，上海人民出版社2007年版，第318页。

爱之中爱自己，但他怀疑这种对自我的返回是否带有一种自我中心主义的危险。南希则认为这种担忧是不必要的，因为即使人会在爱之中返回自身，这个经历过爱之后的自我，也不再是原来的自我。南希用爱的"碎片"（éclats）这个描述来表明，只要爱的时刻开始了，只要爱的行动发生了，自我和他人就被爱切开了一道裂口，原本自足的主体性由此被侵犯。在南希更为晚近的文本中，爱的激进性在"闯入者"这个概念中得到了充分体现。1991 年，备受癌症折磨的南希不得不接受心脏移植手术，这个经历使他对来自他者的爱的"闯入"有了更为深切的感受。缺口在人的躯体和意识中都被打开了，器官移植的成功意味着排异反应的消除，一个人接受并妥善安置了另一个人的"闯入"部分，他也因此不再是原来的那个封闭的主体。

在当代法国哲学家中，还有一位学者也对巴塔耶和列维纳斯的思想十分熟悉，他就是雅克·德里达。自布朗肖在 20 世纪 30 年代从政治时评转入文学评论开始，德里达就受其吸引，并在此后持续关注他的创作和思想。20 世纪 80 年代到 90 年代，德里达曾多次与南希共同出席会议，并在各自的著作中回应对方。当南希在 1987 年为获得国家博士学位而进行答辩时，德里达正是答辩主持人之一。在两年后的一个研讨班上，德里达以《友爱的政治学》为题发表了著名讲演，其主要动机正是批判性地回应布朗肖和南希。德里达指出，友爱被错认为博爱已经很久了，作为友爱之博爱的经典结构是以男性的兄弟情谊为中心的，而朋友关系几乎就是兄弟情谊的无血缘变体。无论是着重谈论友爱的布朗肖，还是更多强调爱的南希，都未能识破博爱共同体的本质，即一种对家系和世代的重新命名。①

布朗肖和南希并未直接回应德里达，不过在南希看来，德里达的文本恰恰缺乏对伦理的尊重，他所谓的解构也未能超越既有的伦理话语及其形而上学的尺度。虽然德里达正确地指出封闭和自足使伦理学陷入了危险，但他却错误地将未来的任务推定为对追问的保持。尤其是在《暴

---

① Jacques Derrida, *Politiques de l'amitié*, Galilée, 1994.

力与形而上学：论列维纳斯的思想》中，德里达对责任问题的回答是哲学的而非伦理的，他仍寄希望于哲学及其知识成果能够使一种道德法则自动现身。但是对于南希来说，爱的法则就是没有法则，由于不包含任何规定内容，爱成了一个超越所有伦理概念的绝对律令。在布朗肖那里，责任和义务也不是由某个道德法则来规定的，相反，恰恰是通过友爱产生的对他者的责任，才成为自我的伦理律令。

二　总体主义：同一性的误用

在总体主义（totalitarianism）的共同体中，同质性（homogénéité）取代了同一性（mêmeté），前者体现了集体主体对抹除所有他异性的要求，后者则与他异性直接相关，因为正是在对各自差异性的分享中，每个个体才共同拥有了某种同一性。当同质性成为共同体的目标后，总体性（totalité）就被视为一种更加高级的主体，它能够规定共同体内诸多独一性的各自界限。同时，总体性标志着一个完成了的整体，它将其各部分视为达到统一目的的工具性环节，因此，任何会危及整体稳定的杂质都必须被消灭。在布朗肖和南希看来，共同体是同一性的世界，但绝不是同质性的世界。共通的融合是一个错误命题，巴塔耶曾将这种融合式完成的典型指认为基督教的共契（communion），布朗肖对此深表认同，因为这种共契远远超出了满足存在之不充分性的需求，从而陷入了过度的迷狂，它会使共同体的成员彻底消失于高度统一中。或许正是因为独一性已被抹尽，于是当中世纪末期基督教价值体系崩溃后，西方文明的个体在纷乱的现代世界中再难自持。

还在青年时期的南希，就因为法国贝尔热拉克爆发的天主教运动而开始关注基督教的危机。在后来的学术研究中，他也在基督教和共同体的关系问题上投入了更多精力。南希在基督教的灵契中辨认出一种内在动机，为了凸显只有神圣事物的回归才能救治现世苦难，基督教虚构了神圣共契的失落，或者说某种神圣共同体的失落。神圣共契的寻回，被宣称发生在具有可渗透性的基督身体的深处，而神圣启示的每一次出现，都是共同体的再确认。基督教的问题就在于，它只承认神秘之体这个唯一的形式，并强行将它赋予其他所有身体。对南希来说，即使真的存在某种"身体的共同体"，它也仅仅表现为"toucher"（触及）的共通。[①]沟通是在界限上发生的，而触及就是对界限的试探，但这种试探保留了而非摧毁了边界，它是对相互渗透的根本否定：人总是需要一个身体，一个不可能与他人进行交换的肉体位置。除此之外，身体就是它自身，是一个没有附带象征体系的自我。正是在这一点上，基督教暴露出它的问题，它要借由身心二元论的经典结构，将身体做成神圣的心灵和意义的容器。南希强调，只有外展能够打碎身体的容器，在一次次的彼此触及中，身体的外展就为共同体的出现提供了可能。

南希承认，基督之爱的观念在西方世界中至今仍具有整合力，但是在共通中存在所需要的爱，绝不能被视为基督教之爱的变形。基督教之爱当然也强调分享，但这种分享是具有神圣功效的，它通过对某个超越性权力的崇敬和恐惧为基督教共同体的形成和持存提供保障。然而共契的爱要求的是完全融合，它也因此变得十分危险：爱世人的神一方面教导其信徒要爱邻如己，另一方面又保留了邻人与敌人相互转化的可能性。于是，神之博爱与神圣战争成为基督教普世共同体的双刃，人们必须审时度势，正确地择其一而从之。

在《唯一神的解构》和《基督教的解构》这两个文本中，南希展开基督教批判的原因彻底显露出来。现代世界正是由基督教所生成的，它最显著的那些特征，尤其是无神论的高涨，能够而且必须通过其唯一神论的起源来分析。对于现代欧洲人来说，基督教形式的唯一神论就是其最为古老和牢固的文化形式，也是新的思想能够重新生长的土壤。无论如何，为了理解现代世界的现在和未来，首先应该回到其西方式的同样也是基督教式的源头。因此，南希的根本意图不是完全否弃基督教，恰恰相反，他决定重新召唤基督教，借用在西方世界的开端处就存在的一

---

① ［法］让－吕克·南希：《解构的共通体》，郭建玲、张建华等译，上海人民出版社2007年版，第375页。

种古老的智慧：无须任何外来的解构力量，基督教本来就是悖论性的存在。基督之爱是不可能的爱，然而正是基督之爱的不可能性产生了基督教的概念和内涵。允诺既是已经实现了的，又是仍将到来的，于是"意义"的存在既被确保又被阻止。因此，基督教正是一种"自我解构"的经典呈现。在对整个西方文化传统的审视中，这种自我解构的力量将开启新的理论可能性。

"法西斯主义是共契顽念的怪诞或卑贱的复活；它把有关它的所谓丧失的动机以及对它融合的意象的怀念具体化了。从这方面来说，它是基督教的痉挛，而且全部现代基督徒终究都受到它的蛊惑。"① 南希的这番话揭示了所有经历过"二战"的思想家的共同噩梦。在那个战争年代，青年布朗肖从纳粹德军的枪口下死里逃生，并多次对身处险境的列维纳斯一家伸出援手。1980 年，布朗肖写下了《灾异的书写》并将它献给列维纳斯这位终身挚友，此文本以片段式的、格言式的文字展现了布朗肖对"二战"历史的重新思考。灾异就是与总体性的一切形式相分离，它模糊了存在与非存在的界分。无论是神圣的还是世俗的，总体性都是独一性个体的刽子手，它甚至会对存在本身构成威胁。在思考纳粹主义、集中营和死亡等问题时，布朗肖从未遗忘他在大学时期所热衷的海德格尔思想，他将出生和死亡视为每个存在者最初和最后的事件，正是对这些看似不可分享之物的分享，才奠定了一个共同体能够生发的场域。南希的表述与布朗肖十分接近，他将"有限性共显"视为共同体的本质。共显首先是个人独一性的向外展露，它先于一切身份认同的锚定。当所有人在外展中分享其自身时，个体存在就成为为了他者并经由他者的存在。因此，共同体就是在共通中的存在，也是在存在中的共通。显然，南希受到了海德格尔的"共在"（mitsein）等概念的深刻影响。不过在南希看来，海德格尔未能充分地阐明"共在"，因为"共通体并不是一个融合筹划，不是一般方式上的生产或操作筹划……

① ［法］让－吕克·南希：《解构的共通体》，郭建玲、张建华等译，上海人民出版社2007年版，第33页。

也根本不是筹划（这里又是它与'民族精神'的根本差异之处，从黑格尔到海德格尔，这种'民族精神'都把集体性作为筹划来设想，而且反过来把这个筹划设想成集体性的——但是这并不意味着我们可以不去思考某个'民族'的独一性)"①。海德格尔在 20 世纪 30 年代对德意志民族和欧洲命运的思考，不应被草率地归为纳粹主义的思想先声，但它的确指向了某种关于民族和历史的更高秩序，具有一种总体性神话的倾向。然而，南希的判断似乎忽略了海德格尔晚期思想的重要性，尤其是天地神人"四重体"（geviert）的提出，它意味着"在拯救大地、接受天空、期待诸神和护送终有一死者的过程中，栖居发生为对四重整体的四重保护"②。这相互归属的四重体，并不是一种总体主义的筹划，而是对存在的基本结构的揭示。

就渴求总体性这一点而言，布朗肖和南希认为西方现代民主国家的冲动并不逊色于极权主义国家，这种冲动被自然法的神圣光晕所掩盖，因而变得十分隐蔽。在西方民主政治所向披靡的现代世界中，合法的个体性并不是所谓自然的、自有的，恰恰相反，它是由共同体的认可所批准的。布朗肖和南希非常清楚，这种民主政治涉及的永远是可量化从而可计算的意见主体，只有那些能够被计入总数的个数，才被视为平等和自由的"大多数"。和其他所有属于主权民族国家的政治形式一样，西方现代民主政治必定会为了总体而指定每个存在的利益，同时消除任何不能融入其中的特异性。因此，当政治被视为共同体的本质时，西方民主主义所默认的牺牲程度丝毫不亚于法西斯主义。

布朗肖和南希所讨论的总体主义，被汉娜·阿伦特称为"极权主义"，"极权主义是一种现代形式的暴政，是一个毫无法纪的管理形式，权力只归属于一人"③。在阿伦特的论述中，极权主义意味着唯一的总体

---

① ［法］让－吕克·南希：《解构的共通体》，郭建玲、张建华等译，上海人民出版社 2007 年版，第 31 页。

② ［德］马丁·海德格尔：《海德格尔选集》，孙周兴选编，上海三联书店 1996 年版，第 1194 页。

③ ［美］汉娜·阿伦特：《极权主义的起源》，林骧华译，生活·读书·新知三联书店 2014 年版，第 575 页。

统治，它蔑视一切法律，采用极权措施以排除其他所有类型的统治，显示出重建大型政治实体的恐怖狂热。布朗肖和南希承认，阿伦特的理论是非常重要的参考，但鉴于阿伦特武断而偏狭地将1930年后的布尔什维克专政与法西斯主义相提并论，并将二者视为没有本质差别的极权主义形式，所以，他们选择对阿伦特的整体思想持保留态度。更为重要的是，由于总体主义如今已渗透到经典极权主义批判之外的其他生活领域，因此，相较于阿伦特几乎纯粹政治性的理解，布朗肖和南希更倾向于将总体化现象阐释为主体哲学在其现代形式中的完成。

三　书文的共同体主义

对于20世纪中后期的知识界来说，共同体主义（communisme）这个概念并不陌生，它涉及一群自20世纪80年代起就对新自由主义者发难的知识分子。在他们看来，无论是约翰·罗尔斯所提出的平等主义的自由主义，还是罗伯特·诺齐克所主张的自由至上的极端自由主义，都不能在人与人之间建立起团结的纽带，无法提供一种具有现实意义的共同体构想。对他们来说，20世纪70年代末到80年代中期英国撒切尔夫人和美国里根总统执掌政权，印证了新自由主义方案在政治实践上的霸权地位，然而当自由主义思想主导公共哲学领域后，原本就激烈的社会论争却愈演愈烈、解决无望。为此，以桑德尔、麦金太尔和沃尔泽等人为代表的共同体主义者，呼吁重新回到亚里士多德的思想传统。他们强调共同的善就内在于共同体的目标，它与个人的善相一致而非相冲突，因为正是通过既有理性又有德行的共同体成员的讨论和协商，共同善的内容才得到确定。

在大西洋另一端的欧洲国家没有直接参与这场大论战，但也显示出不小的思想震动。以英国的安东尼·吉登斯和德国的乌尔里希·贝克为代表的欧洲思想家，喊出了"超越左与右"的口号，准备走社会民主主义这条道路。事实上，他们与共同体主义的亲缘性是非常明确的，正如吉登斯所说，共同体主义对欧洲社会民主党派的思想和实践都产生了直接影响，共同体的巩固或重建被视为社会整合的重要契机。不过，吉登斯和贝克的理论视野从民族国家跃进到更为广阔的全球社会，在他们看来，全球化和个体化将成为通向"世界主义共同体"的双重动力。如果说共同体主义者多少带有共和主义的倾向，那么世界主义者则更愿意保留社会主义的核心价值。

对南希来说，当前时代形形色色的共同体主义的复兴，恰恰暴露出整个西方思想传统的贫瘠，面对个人和共同体这两个主题之间的居间状态，它们根本无法给出让人满意的回答。重新发现共同体的位置（lieu），这是布朗肖和南希所面对的首要任务。它要求排除一切在理论或现实中已被错置的共同体，返回到有关共同体的"littérature"（文学/书写）经验上来。在南希的"le communism littéraire"（书文的共同体主义）和布朗肖的"la communauté littéraire"（书文的共同体）这两个重要概念中，"littérature"这个词都具有超出日常的含义，它真正要表达的是对共通经验的铭写，这种铭写包括一切写实的或虚构的、文字的或非书面的话语。[①]

布朗肖所阐释的"不可言明的共同体"，成为理解上述概念的一个关键切口。共同体之所以是不可言明的，是因为每当我们谈论共同体时，都能感受到一种言不尽意的无奈。言语很容易沦为权力的工具，只有以片段形式出现的言语才能避开系统性的暴力。言语无法持久，但共同体正是在这种失败中与书写（écriture）相联系：它们都是一种"离奇的沉默"。无能力也无权力的言语，就是走向交流的第一步，"所以要试着在文学作品中抓住一点，在那，语言中的关系无关权力，是'最原始的状态'[②]。在没有任何强制关系的空间中，每个人都是独一的，他们共享着沉默的书写和阅读，建立陌生人之间的友谊，并因此秘密地形成了共同

---

① littéraire 通常被译为"文学"，但由于布朗肖和南希赋予此概念以全新的内涵，因此二人著作的中译本通常采用"书文"的译法以区别于传统概念，本文在涉及此概念时将根据论述的语境择用这两个译法。

② ［法］莫里斯·布朗肖：《未来之书》，赵苓岑译，南京大学出版社 2015 年版，第 46 页。

体。因此，文学之力就是用缺席来呈现、用距离来展示，正是沉默使书写成为必要，因为"文学通过让自身沉默，说出了它之所说。文学中存在着一种建构文学的文学之空虚"①。

如果说布朗肖侧重于沉默的沟通，那么南希则注重言说的分享。文学就是作品的分享，而每部作品都开启了一个共同体的可能性。写作和阅读都是一种言说的方式，是在共通之中发出的声音。我们之间唯一共通的东西，就是我们都是有限的存在；有限的存在同时就是独一的存在，于是我们分享的恰恰是不可分享之物。在共同体的书写之中并通过这种书写，我们听见来自他人和世界的诸种声音。因此，文学不是理性，它既不传递信息，也不生产知识，它只是召唤人们并使之聚集。一种具有文学性的联系就意味着，共同体用"书写"这条线来穿过人们，"在那里，文学作品被混进到言语的最简单的公众的交换中去了"②。因此，对南希来说，如何在共通中存在这个命题既是政治的决断，也是书写的伦理。书文的共同体主义并不想建构任何新的政治学或伦理学，它仅仅提供一种另类的、以话语为中心的政治和伦理，展现一切写作与声音的分享者的经验。

因此，书文的共同体主义既不是指以共同体为主题的文学创作，也不是指将文学的共同性作为成员资格，它的真正含义是：文学的不适合性正是唯一适合共同体的沟通。文学产生的是不可通约的沟通：文学使每个人发现新的自己，亦即在自我之内却又具有异质性的部分；同时它也使人发现他者的不同一性，因为每个人都独有其最切身的经验。不过，不可通约并不影响分享，只要人进入书写和阅读，经验就开始传送，独一性的共同存在就发生了。至关重要的是，共通的分享不生产共同意识，不要求一致意见，因而使通过文学经验而达至的共同体摆脱了任何目的论的钳制。

---

① ［法］莫里斯·布朗肖：《无尽的谈话》，尉光吉译，南京大学出版社 2016 年版，第752 页。

② ［法］让－吕克·南希：《解构的共通体》，郭建玲、张建华等译，上海人民出版社 2007年版，第 69 页。

于是，作为一种拒绝成品的文本，书文的共同体就是创作与再创作、阅读与再阅读的重复，是自我与自我、他者和世界的每一次相遇和分离。为了标示出这种特性，布朗肖和南希共享了"désoeuvrement"（去劳作）这个关键概念，它意味着作品是对劳动、生产和制作的弃绝，是遭到中断和悬置因而无法完成的东西。共通——特别是文学性的共通——并不具备什么功能，尤其没有建立或产生一个共同体的功能。书文的共同体是一份礼物，而不是一个被计划进被完成的作品，它没有目的，不事生产，无所服务。

那么书文的共同体是如何长久维持自身的呢？在这个问题上，布朗肖和南希并未给出让人信服的解释。如果依二人所言，书文共同体不能进行内在的自我生产和繁殖，那么它就需要来自外界的进入才能持续。然而二人的论述并未明确导向这一点，他们只是不断地强调：人们处于共同体的内部与外部、里面与外面的界限上，共同面对"书写"的未完成。可以进一步追问，这些分享书文共同体的"人们"究竟是谁？尽管布朗肖和南希重新阐释了"littérature"这个概念，但它依然无法丢弃书写、阅读和文学这些基本内涵。这难道不是一种对共同体成员资格的默认设置吗？一道隐蔽的门槛，已经体面地将所有不通"书文"者拒之门外。就此而言，通过文学性联系而结成的共同体，似乎并不比其他共同体更加持久，或者更加开放。

四　结语

综上所述，由于不能破除对自足性的执迷，主体形而上学始终不能真正地思考共同体。无论是个体主义的主体，还是总体主义的主体，它们都无法摆脱共同存在的灾难场景。主体形而上学太容易屈服于一种实体化的欲望，它强调在某个组织实体中获得的主体归属感。长久以来，共同体正是这样被铭记在思想史上的，它成了一个具有专有本质的实体。对布朗肖和南希来说，即将来到的共同体是没有主体的，这就意味着共同体并不具有对自身的意识，它恰恰是对自我意识的中断。没有主体的共同体也不拥有一个有机的实体，布朗肖的"虚位"（non-lieu）和南希的"非实在场域"（aréalité）概念，表达了相同的内容：共同体是实体的悬搁和规制的缺失，这既是由独一性造成的裂缝，也是同一性不至于使人窒息的原因。正是通过保留这个"无"（rien）的位置，共同体才能拒绝一切自足的个体和集体，成为他异性的无限增补。

书文（littérature），就是将自己置身于"无"并提取和表达"无"。"文学之力并不在于呈现，而是创造性地让某事某物缺席，以缺席之力让它在场。"布朗肖和南希对文学经验进行了重新开掘，确认了这种经验的分享性和未完成性的价值。在共同体问题传统的社会性构想之外，他们增加了一种文学化想象的可能性：书文的共同体只能被经验，不能被生产，对书文共同体的筹划就是排除一切筹划。布朗肖和南希相信，我们真正的命运是一种"没有共同体的共同体"，它像这个悖论句式一样向一切可能性开放，邀请所有人来书写和阅读。这就是为什么南希谈论一种共通的"到来着"，亦即共同体总是不停地在到来，正如他的良师益友布朗肖将未来共同体的不可预测性确认为一种无限的临近。德国学者恩斯特·罗伯特·库尔提乌斯曾指出，法国文化基本上是文学性的。作为浸润于卓越文学传统的法国思想家，布朗肖和南希的确格外青睐文学性的力量，他们将书文的事实本身视为一种文学的行动。然而，就人们如何共同生活这个宏大议题来说，书文交流的理想共同体方案并不十分有力。如果个体能因对同一性的诉求而进入共同体，也能为坚持独一性而选择退出，那么仅仅诉诸文学性的分享，恐怕不足以克服这种进退的随意性和偶然性。如果希望文学上的沟通能成为人与人之间的纽带，但同时又承认文学经验的不可通约性，那么所谓的在共通之中的存在，就同时缺乏真实性和现实性。一种书文的共同体，似乎不能也不打算摆脱文学的"虚构"命运。

于是，德里达式的幽灵始终在发问：如果书文共同体的实现就是其自身的废除，那么这样的共同体是否还值得追求？作为一个共同体之缺席的书文共同体，与其说这个理想是自相矛盾的，不如说它是具有空想性的，以至于书文的共同体主义似乎定格在了"不去实现"的节点上，并将此节点作为终点来维持自身。布朗肖和南希对共同体的文学化想象，拒绝一切政治化和实体性的解读，这种过于文人化的思路一旦被推到极限，恐怕就会陷入无政府主义的深渊。

[原载《同济大学学报》（社会科学版）2021 年第 2 期]

元政治学：穿越资本主义国家的幻象

——论巴迪欧关于政治内涵的全新界定

张莉莉*

一　解开国家与理念的关联

综观西方政治哲学，国家问题无疑占据一个重要位置。尽管在黑格尔以前，现代意义上的"国家"并未直接出现在西方政治学著作中，但放眼从亚里士多德到康德之间的历史，它仍可以在与自然状态相对的诸如"城邦""政治共同体""城市生活""政治社会"以及"市民社会"等概念中找到自己的多重身影，并见证自己由于对法律所保障的公共权利的凸显而获得的存在的必然性和无以复加的强大力量。因此，相关理论一般站在国家角度，极力论证它作为非自然物而具有的神圣性与合理性。职是之故，个体或者公民的政治生活的个中之意就是服从国家，成为国家的臣民。

虽然黑格尔解开了"市民社会"与"国家"这两个概念之间亘古以来的历史渊源，认为前者作为私利的战场和私人事务与公共事务冲突的舞台，是抽象和片面的，而后者则实现了个人与集体、特殊与普遍、现实与理念、自由与律令、主观与客观、概念和历史以及神性与人性的真正统一，因此，市民社会最终需要并且也必定得到国家的克服，并为此内在地产生相关的条件。"现代国家的本质在于，普遍物是同特殊性的完全自由和私人福利相结合的，所以家庭和市民社会的利益必须集中于国家；但是，目的的普遍性如果没有特殊性自己的知识和意志——特殊性的权力必须予以保持——就不能向前迈进。所以，普遍物必须予以促进，另一方面主体性也必须得到充分而活泼的发展。只有在这两个环节都保持着它们的力量时，国家才能被看作一个肢体健全的和真正有组织的国家。"① 所以，黑格尔认为在历史上发生变化的只是国家制度的形式，而不是作为自在自为的最高理性的国家制度本身。

不过，这种对国家的完全肯定和过分张扬在马克思那里发生了逆转。马克思早年参加青年黑格尔派俱乐部的活动，曾为黑格尔的国家理论倾倒，认可现代国家乃是普遍理性的实现以及市民社会中的个体对国家的主动服从等观点。但他目睹的当时德国的现实政治生活却不啻给了这种国家观以当头棒喝，普鲁士政府 1841 年颁布的书报检查令表明神圣的普遍理性竟然可以变成压制自由的手段，而林木盗窃法则表明本身克服了利益冲突的国家已经沦为私利之自我维护和扩张的工具。终于在 1843 年之后经过著名的克罗茨那赫时期，马克思开始逐渐摆脱黑格尔式的唯心主义国家观，基于对市民社会中个人之间物质利益的考察，开启了对现存国家及其官僚机构的客观审视和对资产阶级革命的全面反思。在马克思看来，现实的国家本质上不过是阶级统治的工具，有无法摆脱的物质基础和阶级属性。如果说国家在黑格尔看来是一个永恒理念，在马克思则更多的是一个并不完美的现实，因此，为了实现对国家的科学思考和批判，首先需要摆脱各种先入为主的偏见，从具体的现实出发。当然，在历史唯物主义视野下，国家的彻底转变，即国家的消亡仍然有赖于资本主义内部经济基础和生产力的充分发展，并通过无产阶级专政这个特殊的阶段和中介来实现。

阿尔都塞在考察了马克思和列宁关于国家的经典文本之后指出，其中谈论的国家实际上首先应该是"国家机器"："这个术语的含义不仅指

---

① ［德］弗里德里希·黑格尔：《法哲学原理：或自然法和国家学纲要》，范扬、张企泰译，商务印书馆 1961 年版，第 306 页。

（狭义上的）专门化的机器（联系到法律实践的要求），即警察、法庭、监狱，我已认识到的专门化机器的实际存在及其必要性，而且指作为最后的强制力量直接干预局面的军队（无产阶级为此经验付出过血的代价）、采取'应变行动'时的警察及其特殊部队，还有在这一切之上的国家首脑、政府和行政机构。"① 不过，他认为这种关于国家本质的界定是局部描述性的理论，是正确的，是一个对于理论发展所必需的过渡阶段，因此需要看到其中以一种"矛盾"效果来发展成为理论本身，并自我超越。这就是后来为人们所熟知的国家定义中的阿尔都塞式补充，其中涉及对两种国家机器的划分，即：除了一个靠暴力发挥作用的强制性国家机器外，还有许多意识形态国家机器，比如教育机器、宗教机器、家庭机器、政治机器、工会机器、传播媒介机器、"文化"机器等。这两个部分的结合在很大程度上保证了生产关系以及生产资料和劳动力的再生产，从而维护了资本家阶级在政治上的统治地位。因此，围绕国家展开的阶级斗争必须注意到上层建筑内在各个部分的复杂作用，不能单纯局限在强制性国家机器上，更要将意识形态国家机器置于自己的控制之下并以此来行使自己的霸权。

　　反过来说，阿尔都塞的意识形态国家机器理论也表明，资本主义国家有其深层的独立性和复杂性，因此，无产阶级对它的反抗绝非朝夕之事，认识到这一点对于今天尚存改造资本主义世界之望的西方激进左派至关重要。随着20世纪90年代以来世界社会主义运动遭遇挫折和西方自由主义保守力量强势回归，面对资本主义全球化背景，他们只有在资本主义国家内部，重新肯定过往的激进政治行动和介入活动，继续寻找承载解放政治的全新物质性主体，才能再次开启马克思呼吁的解放政治。巴迪欧早年曾经作为一个阿尔都塞主义者并深受其意识形态理论影响，他强调包括资本主义代议制民主在内的所有形式的国家都有特殊的意识形态质询和主体构建等作用②，因此国家从来都不是一个已然存在于这个

---

　　① ［法］路易·阿尔都塞：《意识形态和意识形态国家机器》，李迅译，载《当代电影》1987年第3期，第102页。

　　② Badiou, A., *Metapolitics*, London, Verso, 2005, p. 63.

世界的普遍理念，亦非一个经过基于经济基础的历史推进就可以走向自身之反面，从而最终在未来的某个时间之中使崇高的政治理念在这个世界显现的自然而然的过程。

恰恰相反，巴迪欧强调真正的政治要做的就是激进地解开理念和国家的关联，解除任何认为真理可能在资本主义国家之内部实现的假设，彻底消解资本主义国家的理想主义和普遍主义维度，而仅仅视之为一个通过虚构或者计数得到的，并且因此而永远只能处于需要被超越的现实之维中。所以，政治的最终使命不再是阿尔都塞强调的对国家政权和意识形态霸权的角逐，同时也要避免对国家进行单纯否定或者拒斥的做法。因为更深层的考察表明，与齐泽克的发现一致，如同恨必须以爱、忘记必须以铭记为前提，任何单纯的否定实际上已经暗中以肯定为前提，这恰恰导致当代资本主义的吊诡方面，即它反倒会从危机、例外或者反常等状况中一次次汲取新生的力量，从而无限期地推迟自己的死亡。所以，巴迪欧认为，反抗资本主义国家的题中应有之义是超出国家和国家主义的语域，从一个完全异质的角度出发，从一个真正的"外部"反抗资本主义国家。"通过和历史主义的最微妙的多个形式的决裂，当代的任何思想自由都预设了与国家的距离，这种距离的其中一个范式就是把（作为思想的）政治与国家清晰地隔离开。"①

当然，这并不意味着直接错失资本主义国家的真实面目或者对之视而不见。巴迪欧强调，国家作为状态（state），相对于作为纯粹的多的本体论层面和直接的实存层面而言，是一个赘生物（excrescent）、一个过剩，但它也恰恰因此有难以度量的稳定性和超级权力。② 不仅如此，他还指出，阿尔都塞除了那个颇具资产阶级意识形态特征的主体概念，他那著名的意识形态国家机器的物质性（materiality）其实也可以在国家那里找到依据。③ 归根结底，只有完成了对资本主义国家的正确认识，才能反过来更全面地把握阿尔都塞的意识形态和意识形态国家机器理论，而非

---

① Badiou, A., *Metapolitics*, London, Verso, 2005, p. 43.

② Badiou, A., *Being and Event*, London: Continuum, 2006, p. 108.

③ Badiou, A., *Metapolitics*, London, Verso, 2005, p. 63.

一开始就堕入国家主义的藩篱。为了理解这一点，我们需要返回巴迪欧的数学本体论。

二　资本主义国家：现实及其超级权力

数学本体论集中体现在巴迪欧的模仿笛卡尔《沉思集》著成的《存在与事件》之中。这是他的一个基本假设，集中体现为一个命题：数学等于本体论，意即数学（确切地说，是集合论）乃是一门关于作为存在的理论。这基于如下两个理由，其一，数学公理及定理具有普遍的客观性，即它们并非只对（某个）数学家，而是对于所有人都有效；其二，数学本身的发展，特别是康托尔超限集（the transfiniteset）以及集合论公理表明，存在作为纯粹的多（the pure multiple），本身是不一致和无限的，因而区别于关于存在的任何计数（count）并对于后者而言必然有一种过剩，最终也不存在一个囊括一切的至大无外的大写整体（a whole）。尽管数学本体论引起广泛疑惑，甚至有人怀疑巴迪欧对集合论的真实挪用与其公开声明的并不一致①，但它确实为"存在""事件""真理"以及"主体""国家"等概念提供了一个独特的讨论框架。

数学本体论首先认为，每个境遇（situation）都有一个结构（structure），甚至可以在这个意义上直接将一个境遇等同于其结构。结构表明，所有的境遇都必然以某种机制计数了其内部的实存者（existent）。这可以用集合论中的"属于"（belonging to）关系来表示，即境遇内的实存者都根据前者的结构而属于前者，构成前者的一个元素（dement）。比如，对于法国这个境遇，人们在其中可以直接列举的任何人、事和物都是它的元素。或者，也可以借用巴迪欧《主体理论》中的术语，境遇的结构直接相关于实存者在境遇内占据的位置（place）。

---

① Lynn Sebastian Purcell, "Two Paths to Infinite Thought: Alain Badiou and Jacques Derrida on The Question of The Whole", *Cosmos & History the Journal of Natural & Social Philosophy*, Vol. 8, No. 1, 2012, p. 152.

但是，除这个结构之外，数学本体论接着指出，境遇还有另一个结构，与前述第一个结构一样，它也是一种计数，也与境遇内的实存者密切相关。但它针对的并非直接给定的实存者，而是针对第一个结构、第一个计数，意即它是通过对第一个结构进行再次构造而得到的结构，是对第一个算子再次进行计算而得到的结果。在这个意义上，巴迪欧把这第二个结构或者计数叫作元结构（metastructure）。如果说第一个结构对应于集合论中的"属于"关系，那么元结构自然可以同"被包含"关系联系起来。不同于属于关系，被包含关系针对的不是一个集合的元素，而是其子集。仍以法国为例，在其内部实存的一切存在者除了在实存（身体）的意义上属于这个境遇，他们总是且必须被贴上其他标签，否则，为什么有些实存者是能够被言说的、合法的，而其他实存者似乎与之完全相反？

元结构为何必要，难道结构不足以构建一个境遇以及人们对此境遇的理解吗？我们依然把目光放在集合论上，根据幂集定理（the axiom of powerset），对于任何一个集合，其子集的数目都远远大于其元素的数目。换言之，被包含关系对于属于关系而言始终具有一种过剩，在两者之间横亘着一个不可逾越的鸿沟，弗雷格根据这个定理表明自然数 1（或者也可以说元素数目为 1 的集合）是可以从 0（即空集，元素数目为 0 的集合）构造出来，以及接下来的所有自然数可以在此基础上逐步构造出来（空集为 0，空集的幂集是 1，1 的幂集是 2，以此类推）。这至少表明了两点，其一，任何结构都必然以一个"空集"或者"零度"作为起始点，因而，不仅必须严格区别于实在的存在，而且具有一种内在的失衡（dyftmction）。其二，结构有其自身的独立性和所谓的一致性，并为了维持这些特性而进行自我复制，但这也导致它与作为纯粹的多的存在本身之间的裂隙最终无法弥合。

巴迪欧虽然没有明确说明在数学本体论（集合论）与政治学之间究竟如何建立起关联①，但他直接将境遇的元结构等同于其状态，并在隐喻

---

① 阿兰·巴迪欧在《元政治学概述》（参见汉译本，蓝江译，复旦大学出版社 2015 年版，第 55—56 页）中结合阿尔都塞讨论了科学和政治之间的区别，同意科学是一个无主体的过程，但有客体并以客观性作为自己的独特标志，而政治则既消除了客体和客观性，又消除了主体。

的意义上将其引向国家（state），霍华德（Peter Hullward）则指出他也有将其引向现状（statusquo）之意。① 那么，元结构与结构，或者说被包含关系和属于关系之间的鸿沟就可以翻译成如下激进政治的话语：一方面，国家关乎阶级，并且只计数某个阶级的实存者并成为后者维持其利益和身份的保障，然而它不直接关乎个体，更不可能涉及所有实存者。在这个层面上，巴迪欧回应或者说重释了马克思的国家定义，亦即国家是统治阶级维护自身利益的工具，因而，事实上，只是统治阶级的国家。他也间接指出，阶级作为一个有限的算子，主要与人们现实的经济地位或者利益追求直接相关。在资本主义国家中，资本家阶级即是能被经济算子（operator）计数，从而拥有经济地位的人，对比之下，被归在无产阶级之名下的所有实存者则未被此算子计数，因而并不拥有一个确定的经济地位。另一方面，巴迪欧特别强调，由于和个体实存者之间的无限距离，国家吊诡地拥有为后者不可度量的超级权力和无限权能，因此，后者对国家的单纯否定或反抗都不足以颠覆国家，甚至试图改变国家也没有什么战略意义。② 具体就资本主义国家而言，他的第二个观点可以进行如下转述，即无产者在前述既定空间之内，如果在"接受"这种所谓的客观性的前提下，是不可能从根本上颠覆资本主义国家的。

不仅如此，巴迪欧一再提醒人们注意，人类历史上不乏一些激进运动，它们始于并成于轰轰烈烈的斗争和反叛，但却终于对某种所谓的"至高存在"的服膺。无疑，在资本主义世界当中，当教会被剥夺了作为最主要的意识形态国家机器的地位之后，这个至高存在只能是资本家阶级的国家。甚至有学者指出，尽管继承的是列宁及其领导的俄国十月革命，而且它们确实是激进政治序列中的一个重要节点，是对马克思主义解放箴言的一次断代或者历史化，但斯大林时代的苏联却比资本主义代议制民主更能表现国家官僚机构的至高无上和坚硬僵化。③ 它"为我们提

---

① Badiou, A., *Ethics: An Essay on the Understanding of Evil*, London: Continuum, 2001, p. ix.

② Badiou, A., *Being and Event*, London: Continuum, 2006, p. 110.

③ Badiou, A., *Metapolitics*, London, Verso, 2005, p. 70.

供了一个发达的'后财产'社会的模型，真正'晚期资本主义'的模型"①。其中的管理者或者干部阶层其实正是资本家阶级——尽管他们是新生成的。在这样的空间或者状态中，不变的依然是政治的死亡，不仅先前以改造世界为使命的革命主体不复存在，即便是普通的个人连最起码的人身安全也得不到保障。借用阿甘本的术语，这意味着每个人随时随地都可能沦为同时被神和人弃绝的最可悲可鄙的神圣之人（homo sacer）。

基于这个考虑，巴迪欧指出，革命运动面临的最大危险不是来自其对手，而是来自成功之后国家和政权的诱惑，来自将"人民"或"群众"（masses），以及更致命地将政治同国家直接捆绑在一起的诱惑，甚至如果激进左派不能摆脱这种诱惑，那么其所作所为最终不过是为资本主义添砖加瓦而已。巴迪欧颇为坚决地表示，与其"为了帝国业已承认其存在的那些事物，为了使它们变得可见而添砖加瓦地发明各种形式和方法，还不如什么也不做"②。既然始终需要提防和远离资本主义国家的控制，那么他推崇的政治到底是什么？这种政治如何能够将真正的变化带入西方资本主义世界？这是元政治学（metapolitics）所要澄清的。

三 元政治学：政治作为真理—程式

所谓元政治学，巴迪欧在同名著作的卷首语中告知读者，它是哲学自在地和自为地能够从作为思想的政治的诸实在例示（real instances）中得出的任何结果，并且坚决地区别于政治哲学并视后者为对手。当然，后者在当代的典型代表是汉娜·阿伦特，高扬意见，贬斥真理的姿态使她在"二战"后大放异彩。巴迪欧指出这种姿态肇始于古希腊，并可在康德那里找到其完整版本，康德对法国大革命给予极高评价和无限崇敬，但却复加地鄙视和痛恨大革命的参与者和促成者。巴迪欧认为，阿伦特

---

① ［斯洛文尼亚］斯拉沃热·齐泽克：《齐泽克自选集——实在界的面庞》，季广茂译，中央编译出版社 2004 年版，第 309 页。

② Badiou, A., 15 Theseson Contemporary Art, http://www.lacan.com/frameXXnr7.htm.

和康德这种分裂的政治态度明显比资本主义代议制民主更进一步，也与资本主义国家一致，其实是在为后者作辩护。同样，在齐泽克看来，今天在世界范围内的绝大部分"反常"现象，无论是恐怖主义、宗教原教旨主义、难民问题，还是生态危机，这一切最终都是对资本主义及其开启的现代化的一种反应或者本身就是资本主义内在造成的一种结果，因而都能从资本主义内部找到根源。如若不走出全球资本主义与作为其外部的其自身的过渡之间的恶的辩证，就不能正确把捉上述问题。①

事实上，政治领域的真理和意见之争由来已久，它还涉及哲学与政治之间的关系。在柏拉图等人那里，真理对应的是以其一元性、完美性与永恒性等特征而具有至高无上地位的理念，而意见则关乎此岸世界为数众多并且处于生灭变化过程中的现象。因此，二者有云泥之别，哲学作为爱智之学，以真理作为最终追求。当然，当柏拉图远赴西西里力图将哲学的真理追求与实际的政治实践结合起来以实现哲学王梦想时，遭遇了残酷的失败。此后尽管哲学也承认其真理指向很难与现实的政治活动有效统一起来，但真理在哲学领域的优先性并没有发生根本性变化。

但到了 20 世纪，真理和意见以及哲学与政治的这种传统对峙发生了逆转。真理因为本身的那些特性而被保罗·利科等人认为是一种不应该在此岸世界企求，更不能妄想在有限的时间里实现的无限的彼岸激情。不少学者将它同所谓的极权主义灾难联系在一起，其中更不乏要求它为后者负责者。相比之下，意见反而因其多元性、变动性，特别是向公众敞开和无危险性等特征而大受欢迎，恢复意见的地位，甚至使其获得真理曾经的尊严开始被认为是政治的题中应有之义。所以，阿伦特强调政治生活仅仅与人类行动，即公众在生命和世界性之外的第三种境况，主要表现为对政治领域发生之事进行的自由判断有关，而人类独有的这种行动或者判断的首要条件就在于其多元性或者复数性，"复数性是人类行动的境况，是因为我们所有人在这一点都是相同的，即没有人和曾经活

---

① ［斯洛文尼亚］斯拉沃热·齐泽克：《欢迎来自实在界这个大荒漠》，季广茂译，凤凰出版传媒股份有限公司 2015 年版，第 60 页。

过、正活着或将要活的其他任何人相同"①。意见政治反对哲学对政治的支配，并在政治领域推崇意见，这在巴迪欧看来有两个问题。

首先，其中暗含矛盾：意见政治虽然承认意见主体的多元共存（共同存在），但它同时认定众多人可以在主观上统一，所以所谓的多元意见彼此之间并没有本质差异，"一"自始至终已经设定了"多"的阈限，即唯一的议会制国家的主流意识形态已经预先为众多的意见确定了范围。其次，这是一种用抵制恶的保守主义伦理学来捆绑政治的做法。这种消极的伦理学把（他）人视作易受伤害和单纯抵抗肉体死亡的动物式有机体，与此一致，意见政治认为始终有一种彻底之恶在威胁众多政治主体生存于其中的那个共同体和意见主体的共存，而公众多元意见或者判断的最终依据就来自于对这种恶的必要抵制。易言之，意见政治的基底是极端之恶。但是，它所做的却只是消极否定，而非积极对抗并消除这个恶。更进一步，巴迪欧在《伦理学》中指出，关于恶的伦理学和意见政治如此贬低（他）人，以至于自 20 世纪 70 年代末以来，一再重复地将那些在关于善的激进理念周围把人民团结起来的努力以及把人等同于此规划的做法视作最终化作极权主义的乌托邦噩梦，意即"每一提倡正义或平等观念的意志都变坏了，而每一向善的集体意志都制造邪恶"②。

概言之，巴迪欧认为这种推崇多元性意见的政治哲学及其支持的资本主义国家的虚弱和庸劣之处即在于此，并在这个意义上和丘吉尔关于民主国家的名言，即"民主是最坏的政府形式，只不过要除掉所有其他已不断试验过的政府形式"有异曲同工之处。那么，以这种政治哲学为敌的元政治学就是要批判意见政治，并解开其支持的资本主义国家与政治之间的古老关联，避免将政治学同任何所谓的公共空间或者现存的某种客观标准结合起来（articulation）并借此使后者合法化的做法，强调要恢复政治本身的独立性，恢复政治领域的真理诉求。至于哲学与政治的

---

① ［德］汉娜·阿伦特：《人的境况》，王寅丽译，上海世纪出版集团，上海人民出版社 2009 年版，第 8 页。

② Badiou, A., *Ethics：An Essay on the Understanding of Evil*, London：Continuum, 2001, p. 13.

关系，不再是前者把后者当作"普遍经验的一个客观数据，甚或一个不变量"①，并对其展开分析和评价。政治现在与数学（广义的科学）、艺术和爱情一样，成为哲学的条件，易言之，哲学依赖政治，它需要对政治条件的转变、政治事件的发生及其造成的新颖性进行识辨和肯定，"哲学所能够做的就是，借助先前不为人所视的诸哲学可能性的展露，去记录一种更新了的政治'可思性'，而这种政治乃是基于自身的运作（exercise）而被构造出来"②。

在《存在与事件》中，数学本体论明确设定，存在是多，是纯粹的多。既然元政治学批判了政治哲学对意见或者判断的推崇并指认它们的多元性具有虚假性，那么多元性最终只能被归于政治，而且真正存在的只有政治例示的多元性，它们不仅不同于资本主义国家的主流意识形态，而且彼此异质，不能相互还原。"实在的多元性是诸政治例示的典型特征，而意见的多元性仅只是一种特殊政治（即代议制）的指征而已。"③在这个意义上，巴迪欧认为，阿伦特等学者甚至整个西欧世界以不能思考为借口而要求"去政治化"的那些罪恶的政治例示，如纳粹主义和反犹主义，也应该被当作一种政治例示来正视，否则就不可能阻止它们的再次发生。④由于这个缘故，他不承认有一个连续的、一致的和同质的大写历史，而认为只有由不同的政治例示组合成的一个又一个小写的、彼此异质的时间性和历史性。

更进一步，激进主义推崇的政治例示是什么？除了意见政治及其暗中支持的代议制资本主义国家，它又如何能够同纳粹主义之类的政治例示区别开来？特别是，它如何能够远离一再被表明具有超级权力和无限权能并因此而异常稳定的资本主义国家，从而将一种真正的改变注入西方资本主义世界？在巴迪欧的唯物主义辩证法看来，一切只能求助于在当代普遍被接受的语言和客体之外的真理，"人们只有在否认这个世界存

---

① Badiou, A. , *Metapolitics*, London, Verso, 2005, p. 10.
② Badiou, A. , *Metapolitics*, London, Verso, 2005, p. 62.
③ Badiou, A. , *Metapolitics*, London, Verso, 2005, p. 24.
④ Badiou, A. , *The Centry*, Cambridge：Polity, 2007, p. 26.

在诸多真理的前提下，才能说世界上只存在诸多身体和语言"①。易言之，能够颠覆虚假的意见多元性并思考邪恶的政治例示的，只有真理。这里涉及一个激剧的视角转换，犹如革命与秩序之间的关系，如果单纯从国家主义着眼，那么一切革命都是反动的，一切真理诉求也都构成对意见自由的威胁。但是，巴迪欧一再强调需要摆脱这种"合法的"视角，转而着眼于法律产生之前的存在本身，即纯粹的多？并非革命是反动的或者真理对于意见自由构成威胁，首要的是翻转视角，从纯粹的多出发，对于作为纯粹的多的存在而言，国家本身是一个双重计数，因而是过剩的和非法的，意见本身则恰恰意味着所谓的政治主体受制于自己既定的经济地位和国家的主流意识形态。"历次革命的马克思主义地位在于它们已经发生，这种已经发生乃是实在的（real）一个政治主体在此基础上才得以在当下自我宣称（pronounce oneself）。"②

所以，巴迪欧指出真正的政治不是别的，正是真理程式，即一个与国家保持距离的真理生产过程，"我把'真理过程'或'真理'称之为一种在特定境遇（或世界）里正在对事件后果进行组织的活动"③。在真理问题上，巴迪欧并不回避自己的柏拉图主义立场。我们知道柏拉图由于理念概念，一方面，以两千多年西方哲学史的作注对象而闻名；另一方面，以西方哲学之痼疾的始作俑者而深为尼采等近现代哲学家所痛斥。但对于巴迪欧而言，柏拉图主义有关数学和哲学研究对象的理论对于人们反思真正的政治依然具有当代性，它表明如同科学研究不必并且也不能依赖国家权威或者公众舆论一样，在政治领域，真理也需要超出多元的意见或者判断，更无关于议会制的投票活动，而只能为严肃的思想所把捉。

众所周知，理性思考自古希腊就被西方哲学奉为人所独有的能力，使人得以理性动物之名区别于其他动物。但苏格拉底和柏拉图强调，这

① Badiou, A., *Logics of Worlds*, London：Continuum, 2009, p. 45.
② Badiou, A., *Theory of the Subject*, London：Continuum, 2009, p. 128.
③ 参见［法］阿兰·巴迪欧《关于共产主义的理念》，王逢振译，《马克思主义与现实》2016年第6期，第173页。

种能力也需要与智者的活动严格区别开来。尽管后者以向希腊城邦青年有偿贩卖论辩、诉讼和演说等技能而著称，为此牺牲哲学对于客观真相和正确思想的寻求，使得"逻各斯"（logos）同"奴斯"（nous）成为支撑西方哲学的两大核心要素，并以这种方式影响了西方哲学、修辞学和政治学等多个领域。① 在同样的意义上，巴迪欧指出，西方哲学的语言转向表明今日的西方世界在很多方面类似于柏拉图时代的雅典，因此，今日以坚守哲学为使命的人们也和当时的柏拉图承担相同的任务：反对诡辩、语言学、非美学和民主。② 但他也告诉人们，后面这些与西方理性哲学同时生长出来的流派或者倾向其实表明了人类生来具有的一种自然倾向，那就是趋利避害，特别是获取经济利益。然而，这种必然性倾向无法凸显人类的自由和独特性，因为追逐利益不像理性思考或者政治实践等能力只能为人所独具，而是所有动物天生共具的能力。所以，与意见一样，逐利只是表现了人类的动物性和有限性。在这个意义上，巴迪欧无情嘲讽了 19 世纪保守主义政治家基佐（Fran§oisGuizot）的政治命令"发家致富"（enrich yourselves）：由于惧怕实在界及其可能带来的反传统和恐怖，资本主义国家宁愿不同实在界发生任何关系，而是宁愿复辟，宁愿将一种本来出自动物本能的倾向奉为人类的崇高的政治理念。③

四 结论：思想与行动的统一

为了超出人自然具有的动物性和有限性，元政治学强调，作为真理生产过程的真正的政治，需要人们超越资本主义世界对经济利益的狂热追求，从而超越自己对共同体意识（大他者）的想象性认同。同时还应注意到，犹如在阿尔都塞的科学和意识形态之间一样，在这个本身无限的世界和人类关于这个世界的既定意识之间永远存在距离，而后者不过是大他者构造

---

① 参见邓晓芒《论古希腊精神哲学的矛盾进展》，《华中师范大学学报》（人文社会科学版）2001 年第 5 期，第 42 页。

② Badiou, A., *Manifesto for Philosophy*, Albany, NY: SUNY Press, 1999, p. 98.

③ Badiou, A., *The Centry*, Cambridge: Polity, 2007, p. 26.

并向我们灌输的一个有限现实而已，它在给出了秩序、一致性和律法的同时，也遮蔽了危险的、不一致的实在界之荒漠，并因此阻塞了一切通达实在界的道路。所以，从肯定的意义来说，在当代西方资本主义世界，激进政治需要成为那种能表现人之欲求无限性和超越性等能力的思想，需要看到并把捉那些被作为一个超级结构的资本主义国家所僭越和掩盖的真理，因为每个真正的政治都是被真理穿越的思想的一次现实发生。"每个解放政治，或者，任何规定了一个平等主义箴言的政治例示，事实上都是思想的一个例示。但思想是这样一种特殊模式，一个动物性的人（human-animal）通过这种模式而被一个真理所穿越和克服。"①

所以，元政治学需要解决真理与此岸世界的分离问题，这也是柏拉图"分有"（participationin）难题的关键所在：对于此岸世界而言，中立无差别的无限的真理如何能在这个世界显现？否则，真理又如何值得人们为之奋斗？因此，具体来说，对于真理和世界，重要的不是像柏拉图的拥护者或批评者那样简单地在这两个端点中选择其一，而是看到连接二者的"of"。无独有偶，有人在维特根斯坦的"生活形式"概念中也发现了同样的关系。② 今天西方激进左派面临的最严厉指责也正在于此：作为时代的良心，他们确实以严厉批判资本主义而著称，但却很难给出行之有效的解决或者替代性方案。

不过事实上，此问题并非只在当代激进左派这里才成其为问题。齐泽克不止一次指出，在苏格拉底和耶稣的审判中，被审判者都向那些判其有罪的可鄙而可怜的同胞发出具有赦免性的怜悯和谅解之声：他们并不知道自己所做的。同样，他认为康德在伦理行动中发现了同样问题：人们要么知而不做，要么做而不知。而这正是意识形态的栖身之所，"这里存在着不一致，即在人们有效的所作所为与他们觉得他们在有所作为之间，存在着不一致。意识形态就存在于下列事实之中：人们'并不知

---

① Badiou, A., *Metapolitics*, London, Verso, 2005, p. 100.
② Livingston, P., *The Politics of Logics*, New York: Routledge, 2012, p. 4.

道他们实际上做了些什么'"①。针对思与行，理论与实践的上述分裂，巴迪欧强调，作为真理程式的政治本身，作为思想，是无法与行动区分的。希帕索斯（Hippasus）被毕达哥拉斯团体处死，哥白尼和伽利略面对罗马教廷时的迟疑不决和无奈沉默，康托尔在当时众多数学家的重重压力下而绝望发疯等残酷事实难道没有表明，即便在数学和自然科学领域，真正的思想并非单纯发生在理智层面的抽象沉思，而是一种本身会在这个世界中威胁现成秩序并引发断裂的巨大冒险活动吗？至少，依据同样的道理，"我们要求从头开始，从认识到这一点开始，即就其存在，就其作为而言，政治本身乃是一种思想"②。与此同时，"确定的是，有一种政治'行动'（doing），但这种行动随即也纯粹是历经一种思想，即政治行动纯粹就是其局域化。政治行动不能与政治思考相互分别开来"③。

可以说，元政治学以这种方式解决了重新界定政治的内涵，并解决了政治领域由来已久的思想与行动的统一问题，清理出一个全新而独特的政治的定义，完成了对资本主义世界的重要幻象——资本主义国家的穿越，在某种程度上也为改造当前的西方资本主义世界指出了一种可能性。这在巴迪欧本人的哲学沉思和政治介入都有所体现，但这种竭力摆脱科学的历史唯物主义，淡化甚至有意规避经济基础的决定作用的激进姿态究竟在何种程度上实现了对马克思的忠诚与回归，又能否在实质上触及并解决资本主义代议制民主政治的真正问题，从而为解放政治提供一条切实可行的道路，元政治尚有很多争议和质疑需要面对。

（原载《当代国外马克思主义评论》2021年第1期）

① ［斯洛文尼亚］斯拉沃热·齐泽克：《意识形态的崇高客体》，季广茂译，中央编译出版社2002年版，第42页。
② Badiou, A., *Metapolitics*, London, Verso, 2005, p. 24.
③ Badiou, A., *Metapolitics*, London, Verso, 2005, p. 46.